JN233159

交通まちづくり
世界の都市と日本の都市に学ぶ

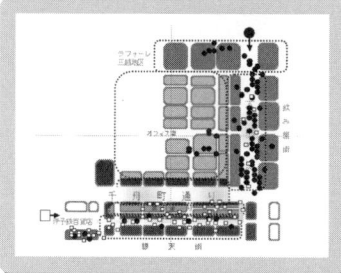

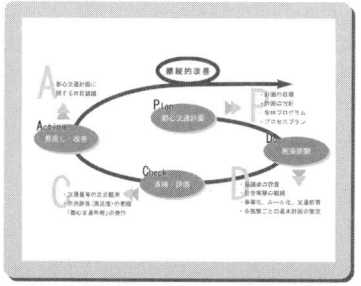

はじめに

　市民意識調査ではトップにランクインする「交通問題」が，長年にわたり解決されない現状は，交通問題解決へのアプローチを刷新する必然性を示唆しています．最も頻繁に繰り返されるのは，交通計画の目標を交通問題指標の緩和のみに限定するため，本来目指すべき「まちづくり」への貢献，市民活動や経済活動への貢献が不明瞭になるという状況です．

　すでに，都市マスタープランや地区計画では，市民や企業を巻き込んだ，市民・企業・行政の協働による新しい計画概念とプロセスが展開しています．都心交通計画，中心市街地活性化，社会的排除の緩和など，交通計画分野においても，交通計画がまちづくりにどのように貢献するか，市民や企業を巻き込んで議論するべき課題が数多く存在しています．

　目先の問題への対応に追われがちな交通計画の現状に対して，生活の質の改善や街の活性化など，「まちづくりの目標に貢献する交通計画」への転換が必要です．

　「交通まちづくり」は，この転換を促進する新しいアプローチです．本書は，その普及を目指し，交通まちづくりの基本を理解するための入門書として，また，「交通まちづくり」の悩みに応える事例集として，活用されることを想定して編集しました．

　地方分権社会における都市間競争を勝ち抜くために，まちづくりのビジョンとそれを支える交通システムの構築は，避けて通ることの出来ない重要課題です．「交通まちづくり」を通して，それぞれの町にふさわしい交通システムが構築され，都心部の衰退，社会的排除の緩和，ローカルガバナンスの構築とい

ったまちづくりの重要課題に対して，交通計画が具体的に貢献できることが示されると期待しています．

　本書は六章構成です．第一章は，「交通まちづくり」とは何か，従来とは異なる特徴は何か，そして，何が期待されるのかを解説しています．第二章は，まちづくりと絡めて交通問題を整理し，市民と行政の協働と交通まちづくりの理論的手法の必要性を説明しています．第三章は，交通まちづくりの始め方について，情報ギャップの解消に焦点をあてて解説しています．第四章は，交通まちづくりを測るために，実践的に役立つ手法を解説しています．第五章は，交通まちづくりのモデル都市として，七都市を紹介しています．交通まちづくりを成功に導くさまざまなヒントが示されています．第六章は，事業者，市民団体，学生など，交通まちづくりを担う主役たちへの期待を述べるとともに，彼らの活躍の様子を紹介しています．次の主役を目指してみませんか．

　「交通まちづくり」は，交通計画の新しい潮流です．交通問題の解決に貢献したいと考えている皆さんの一人でも多くの方々にお読みいただけることを希望します．

　最後に，本書は「交通まちづくり研究会（交通工学研究会自主研究）」の成果です．自主研究会の委員，事務局の藤枝久子氏，モデル都市の「交通まちづくり」担当の方々をはじめ，三年間の研究活動では多くの方々に支えていただいた．また出版に際しては，編集担当の幹事役をしていただいた平石浩之委員，事務局の石丸千夏氏には大変にお世話になった．ここに記して感謝の意を表したい．

平成18年7月
交通まちづくり研究会・主査
原田　昇

目次

第1章 交通まちづくりの基礎知識 …………………… 1
- **1.1.** 交通まちづくりとは ……………………………………………2
- **1.2.** 交通まちづくりの特徴 …………………………………………3
- **1.2.1.** 目標のとり方 …………………………………………………3
- **1.2.2.** プレイヤー ……………………………………………………4
- **1.2.3.** プロセス ………………………………………………………6
- **1.3.** 交通まちづくりへの期待 ………………………………………6
- **1.3.1.** ビジョン構築と交通戦略に関する「同意」………………7
- **1.3.2.** 計画制度の変革 ………………………………………………7

第2章 成功する交通まちづくり …………………… 11
- **2.1.** 交通まちづくりの問題整理 ……………………………………12
- **2.2.** 交通まちづくりのポイント ……………………………………14
- **2.3.** プレイヤーの見直しと協同作業としての交通まちづくり ………16
- **2.4.** 求められる交通まちづくりの理論的手法 ……………………17

第3章 交通まちづくりのはじめ方 ……………… 19
〜情報ギャップの解消から始めよう〜

3.1. まちのルールを変える ……………………………………… 20

3.2. 情報ギャップを埋める10のポイント ……………………… 25

- **ポイント1** プロセス設計が大切 ……………………………………… 25
- **ポイント2** 調査・活動の予算確保をしっかりと ……………………… 26
- **ポイント3** 交通問題をきっちり分析，みんなで共有 ………………… 27
- **ポイント4** 多様な視点で，影響，効果を示すことが市民や
  関係者の納得につながる ……………………………… 28
- **ポイント5** 代替案の比較検討が大切 ………………………………… 30
- **ポイント6** まちが目指す将来ビジョンを明示することが重要 ……… 32
- **ポイント7** 将来ビジョン作成段階から市民参加も有効 ……………… 33
- **ポイント8** 有機的な施策展開プログラム ……………………………… 34
- **ポイント9** 社会実験の活用 ……………………………………………… 35
- **ポイント10** PDCAサイクルが大切 ……………………………………… 36

コラム 大規模ワークショップの実際：札幌市 ………………………… 37

CONTENTS

第4章 交通まちづくりを測る(知る) ……………45
4.1. 何故交通まちづくりを測る(知る)必要があるのか? ………46
4.2. 街を測る方法 …………………………………………………48
4.2.1. 交通まちづくりを測定する ……………………………48
4.2.2. 計測のために準備する道具 ……………………………50
4.3. 街を測ると何が分かる ……………………………………54
コラム 日本にはこんなにクルマを気にせず安心して歩行できる空間がある …58
4.4. 交通まちづくりへの適用事例 ………………………………59

第5章 交通まちづくりのモデル都市に学ぶ … 73
5.1. 札幌市:対話型交通まちづくり
　　　　ー市民参加と交通政策の決定プロセスー ……………76
5.2. 金沢市:人と環境にやさしい交通まちづくり ………………98
5.3. 松山市:コンパクトシティの実現に向けた交通まちづくり …110
5.4. 伊豆地域:情報提供を充実した観光交通まちづくり ………120
5.5. フライブルク:中心市街地をとことん活かす
　　　　交通まちづくり …………………………130
5.6. クライストチャーチ:PDCA定着でオンリーワン目指す
　　　　交通まちづくり …………………………146
5.7. チャタヌーガ:都市再生の奇跡と交通まちづくり …………162
コラム 持続可能な都市交通への新たな方向性 ソウル市の取り組み …172

第6章 交通まちづくりの主役達 177

- 6.1. 事業者への期待－公共交通を活かしたまちづくり－ 178
- 6.2. 市民団体の取り組み 「LRT さっぽろ」 183
- 6.3. 市民共同方式による醍醐コミュニティバス 195
- 6.4. 社会実験を活用した国際通りのトランジットモール化への挑戦 ...200
- 6.5. 道路文化創造社会実験 「TENJIN PICNIC」 204
- 6.6. 学生の豊かな発想で日本橋再生へ 209

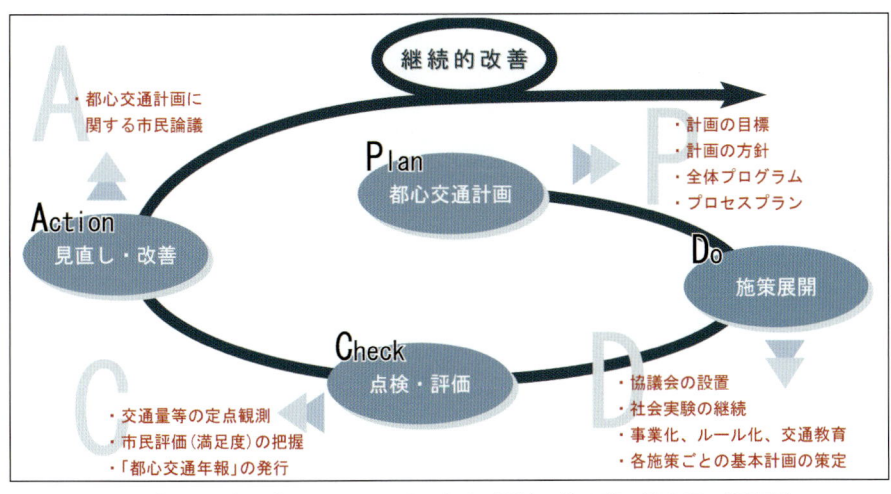

さっぽろ都心交通計画のPDCAサイクル（関連　第1章，第4章，第5章）

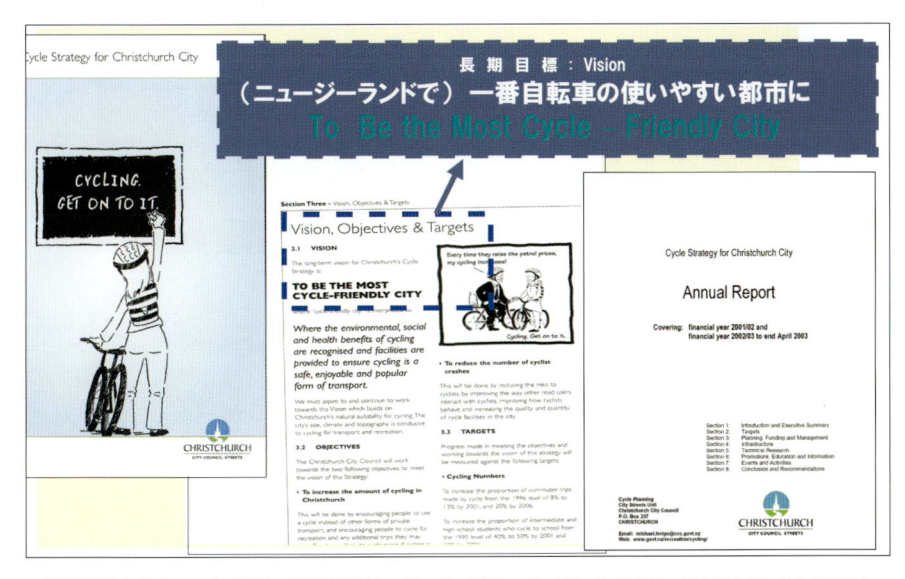

長期目標（Vision）「最も自転車が使いやすい都市になる」を目指しPDCAサイクルにより年報も公表しながら成果を上げているニュージーランドのクライストチャーチ
（関連　3章，5章）

i

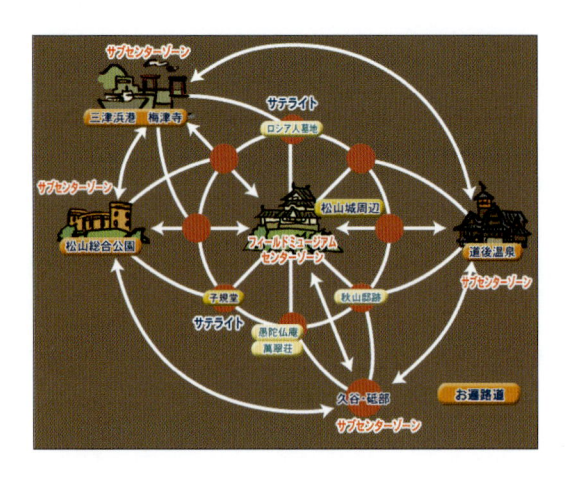

愛媛県松山市では歩行者回遊を詳細に把握する事で賑わいのある都心にむけた「坂の上の雲のまちづくり」にむけた各種取組みが進展している（関連　4章，5章）

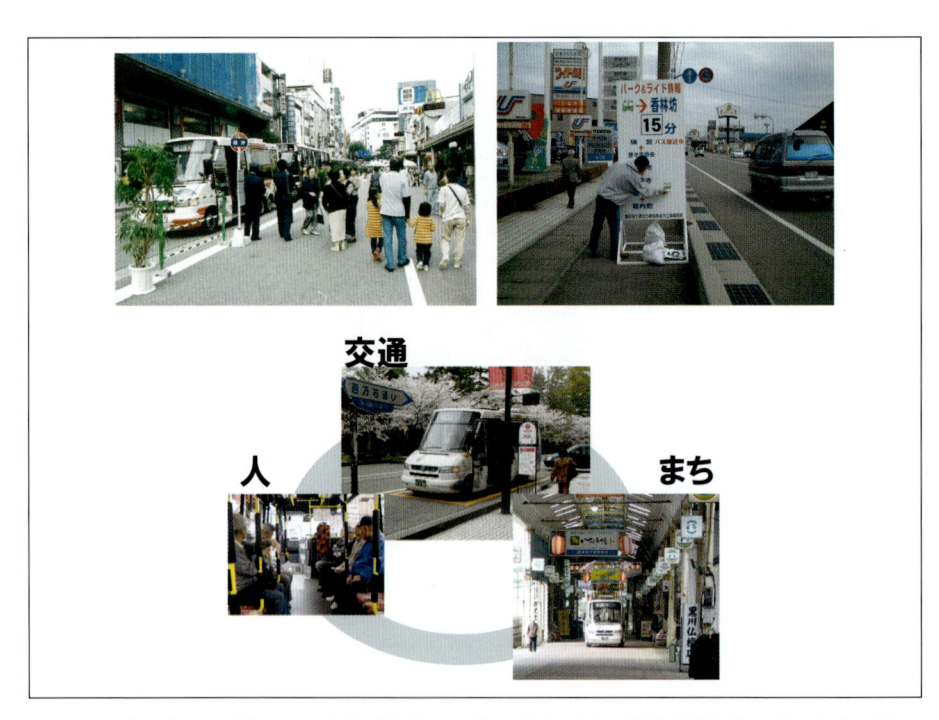

石川県金沢市では"人とまちを結ぶ交通まちづくり"を理念に社会実験を積み重ね実験の評価を繰り返しながら交通まちづくりの取組みを進めている（関連　4章，5章）

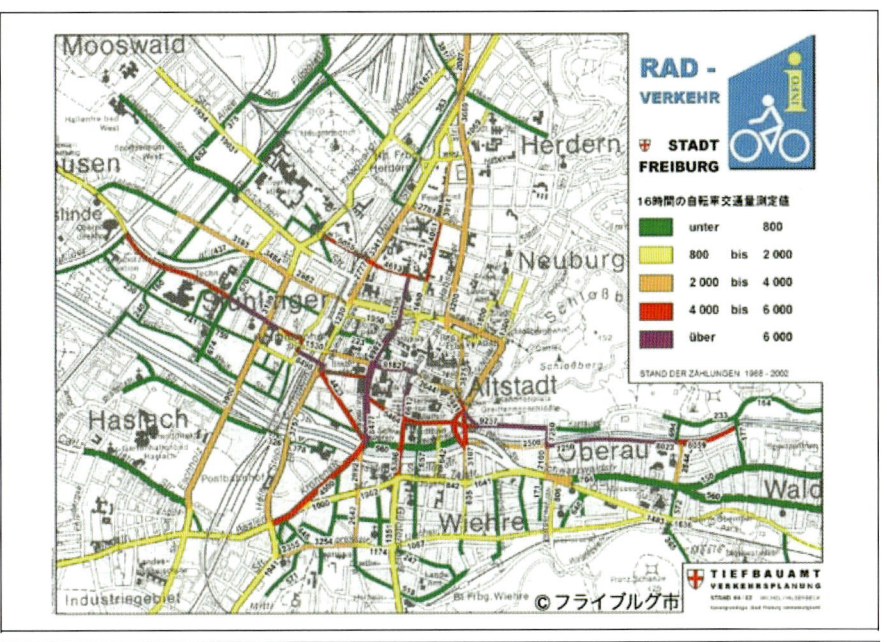

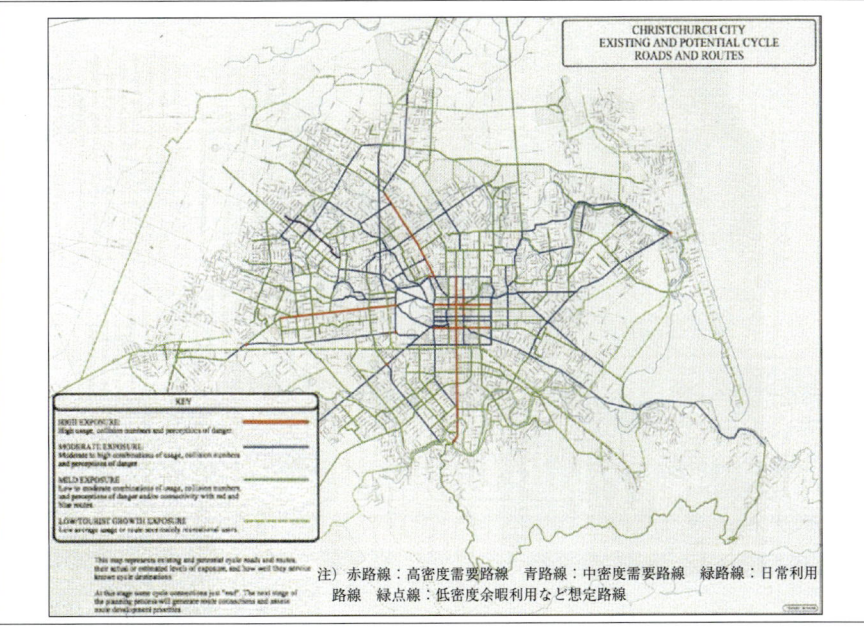

ドイツのフライブルク，ニュージーランドのクライストチャーチでは自動車交通量に加え道路区間別の自転車交通量も把握し交通まちづくりの指標としている（関連　4章，5章）

iii

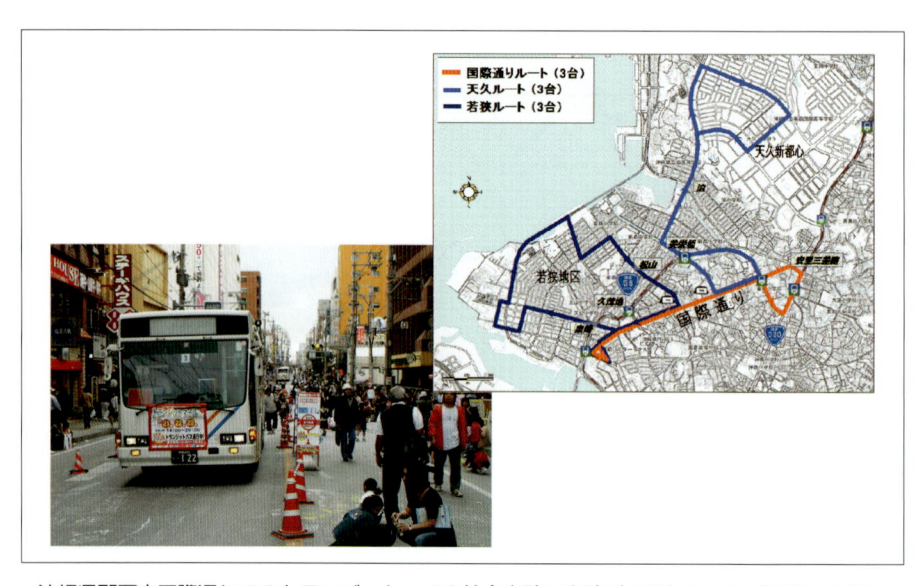

沖縄県那覇市国際通りでのトランジットマイル社会実験と実験バス運行ルート（関連　6章）

福岡県福岡市天神地区サザン通りのオープンカフェとTENJINのそれぞれの文字をカラフルに表現するイメージマーク（関連　6章）

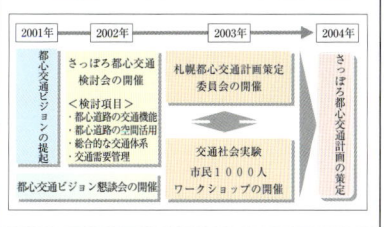

北海道札幌市では都心交通ビジョンの提起を端緒に，市民1000人ワークショップなどの市民や関係者との継続的な対話を経て札幌都心交通計画を策定した
（関連　3章，4章，5章，6章）

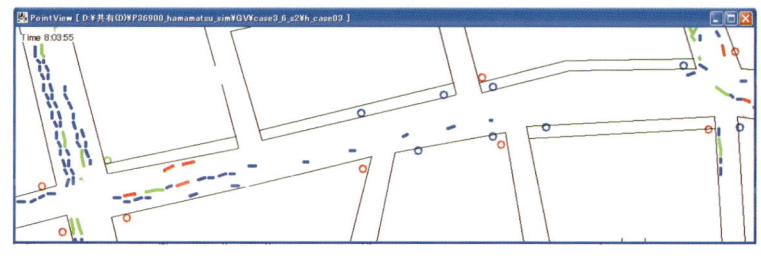

浜松市鍛冶町通りのトランジットモール社会実験は，地元商業者から厳しい反応が見られたが，ワークショップや交通シミュレーションなどを活用し情報ギャップを埋める努力が将来も見据えた市民案と，それに基づく事業に結実した．（関連　3章）

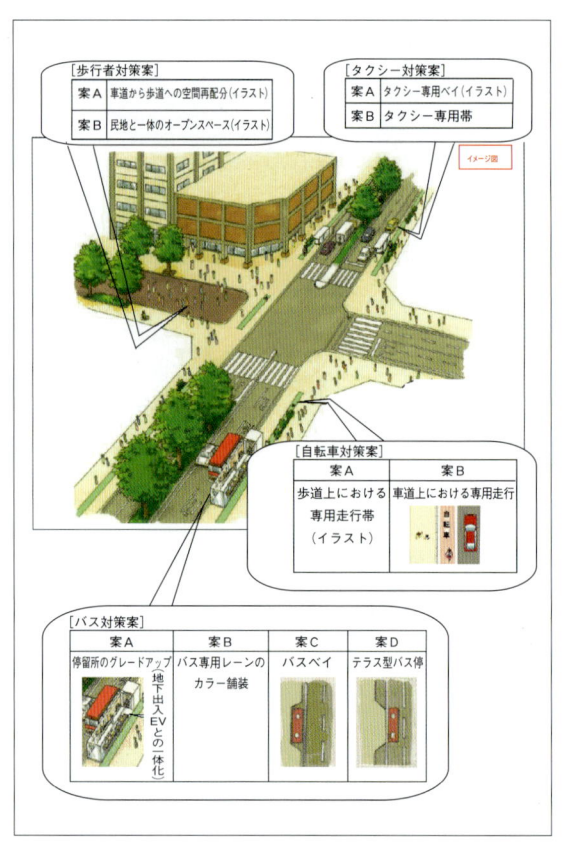

さっぽろ都心交通計画の検討における道路空間活用イメージの代替案（関連　3章，6章）

札幌駅前通のLRT走行トランジットモールイメージ写真とLRTさっぽろ構想路線
（関連　5章，6章）

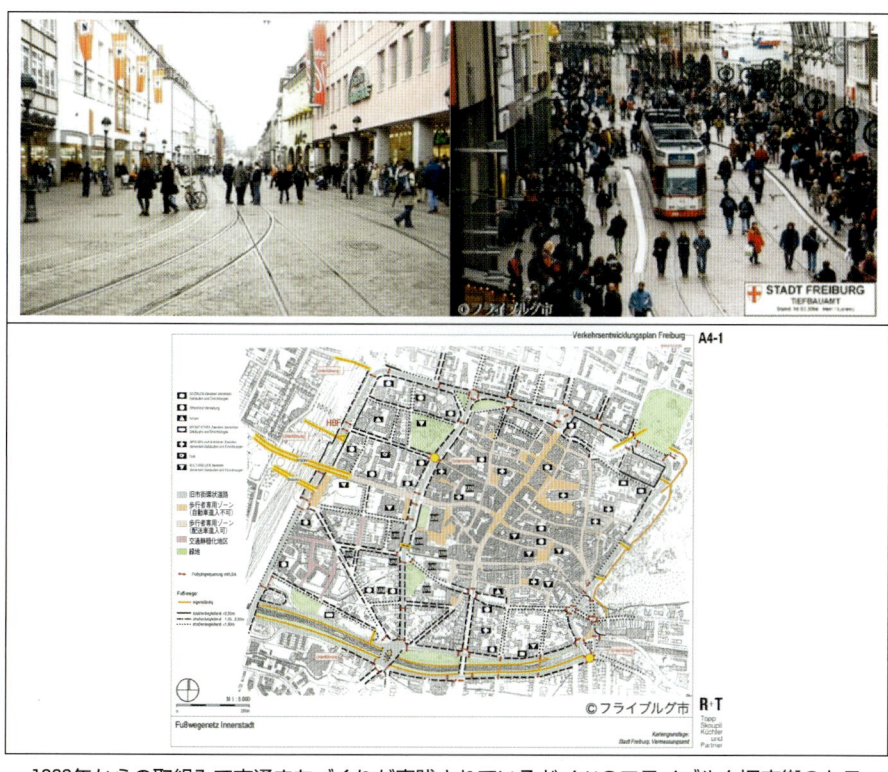

1969年からの取組みで交通まちづくりが実践されているドイツのフライブルク旧市街のトランジットモールと歩行者道路網（関連　5章）

（再生前）　　　　　　　　　　　（再生後のイメージ）

韓国ソウルの清渓川（チョンゲチョン）上の高速道路を撤去し河川空間を再現（関連　6章）

vii

韓国のソウルでは特急バスが走りやすいよう追い越し空間も含んだ中央走行バスなどの導入による高度な運用で交通まちづくりを支えている（関連　5章）

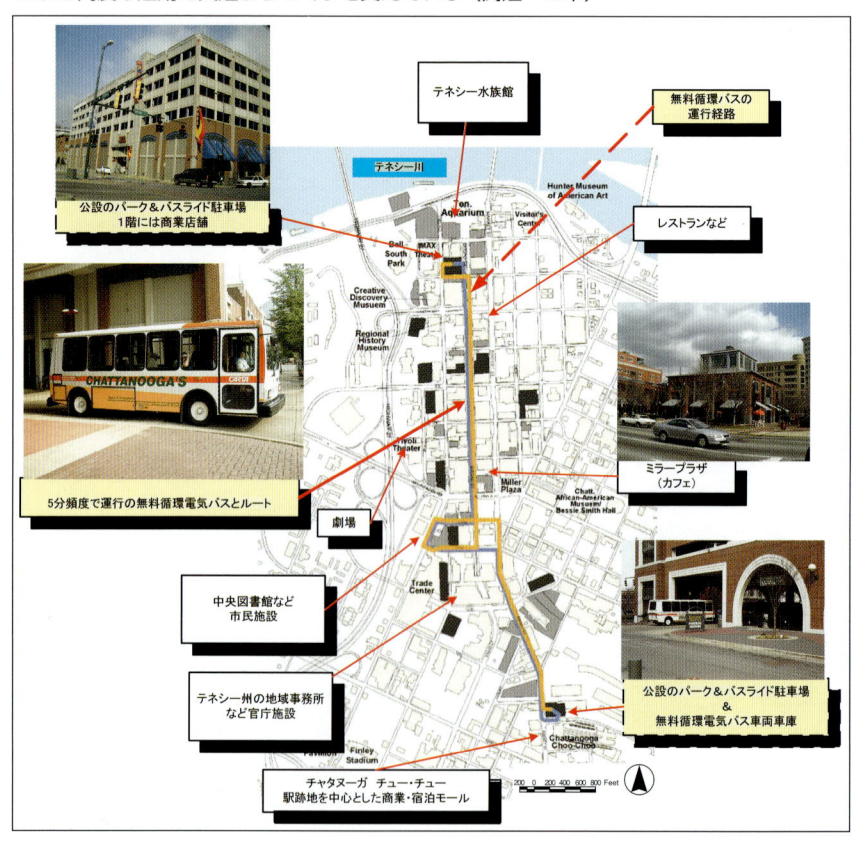

アメリカのテネシー州チャタヌーガでは中心市街の南北にパーク＆バスライド駐車場を配置し5分間隔で無料循環電気バスを走らせることで交通まちづくりを実践している（関連　5章）

交通まちづくり研究会　メンバー一覧

交通まちづくりの必要性と活用方策研究（平成15年10月～平成17年4月）
交通まちづくりの実践に関する研究（平成17年5月～平成18年3月）

■ 平成18年3月現在

座長	原田　昇	東京大学大学院 都市工学専攻 教授
委員	赤羽 弘和	千葉工業大学工学部建築都市環境科 教授
	磯　丈男	警察庁交通局交通規制課 課長補佐　16年9月～
	（高水紀美彦）	15年10月～
	今西 芳一	（株）公共計画研究所 代表取締役所長
	沓掛 敏夫	国土交通省道路局企画課道路経済調査室 課長補佐
	椎名 啓雄	警視庁交通部都市交通対策課交通調査第一係 係長
	高橋 勝美	（財）計量計画研究所都市・交通研究室 室長
	中村 文彦	横浜国立大学大学院工学研究院 教授
	羽藤 英二	東京大学大学院工学系研究科都市工学専攻 助教授
	平石 浩之	（株）日本能率協会総合研究所
		社会環境研究本部交通研究部 主任研究員
	牧村 和彦	（財）計量計画研究所交通研究室 室長
	松浦 利之	国土交通省都市・地域整備局都市計画課
		都市交通調査室 課長補佐　17年4月～
	（山川　修）	16年4月～
	（荒川 辰雄）	15年10月～

（　）は前任者

執筆者分担

○第1章　原田
○第2章　羽藤
○第3章　高橋　コラム　石塚
○第4章　羽藤・牧村
○第5章・概説　平石
　　　　5.1 城戸　5.2 牧村　5.3 羽藤　5.4 赤羽　5.5 今西　5.6 平石　5.7 平石　コラム 中村
○第6章　6.1 中村　6.2 吉岡　6.3 中川　6.4 松浦　6.5 牧村　6.6 沓掛

（敬称略）

※著者の略歴については，巻末参照
※掲載された写真については，各執筆者・関係者が本著作の掲載に限り提供しているものです．

第1章
交通まちづくりの基礎知識

第1章　交通まちづくりの基礎知識

1.1 交通まちづくりとは

　本書は，目先の問題への対応に追われがちな交通計画の現状に対して，生活の質の改善や街の活性化など，「まちづくりの目標に貢献する交通計画」への転換の必要性と有用性を主張する．

　「交通まちづくり」は，この転換を促進するための新しい概念であり，本書では，

　「まちづくりの目標に貢献する交通計画を，計画立案し，施策展開し，点検・評価し，見直し・改善して，繰り返し実施していくプロセス」

と定義する．

　中心市街地の衰退，公共交通企業の劣化，社会的排除といった地域の問題を解決するシナリオを描き出すために，政策目標貢献型の交通計画は必須である．その立案と実施なくしては，地域再生への道筋はみつけられない．

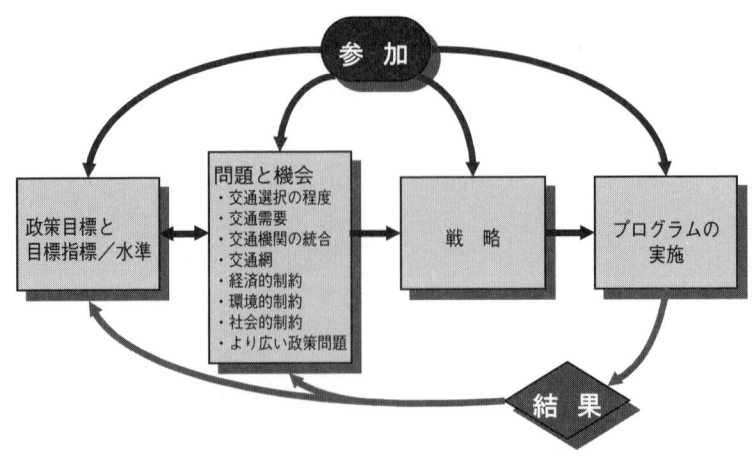

図1-1　「交通まちづくり」のプロセス
注）文献9に掲載された図を基に，筆者が修正加筆したものである．

札幌都心，松山市，金沢市，豊中市，名古屋市，豊田市など，目標貢献型の交通計画を立案し，その実現に向けて動き出す自治体は増えつつある．RACDAを筆頭に多くの市民団体がLRTやバスの新設や改善を目指して活動し，四日市市，豊田市，京都市醍醐などでは市民参加型のコミュニティバスが運営されている．規制緩和や地域再生特区など，新しい試みを可能にする制度改革も進んでいる．

本章では，まず，交通まちづくりの特徴を理解するために，従来の交通計画とは何が違うのか，そして，何が期待できるのか，の二点について，簡潔に説明する．

1.2 交通まちづくりの特徴

「交通まちづくり」は，交通計画の新しい潮流であり，従来の交通計画にはない特徴がある．ここでは，特に，目標のとり方，プレイヤー，プロセスの三点について，説明する．

1.2.1 目標のとり方

過去，予想を上回る勢いで進むモータリゼーション，増大しつづける交通需要に直面しながら，それを追いかけるように道路整備や駐車場づくりを進めてきた．この目的は，交通渋滞や交通事故を生む，交通需要と交通供給のアンバランスを解消することにある．そして，その背後には，「より遠く，より速く」移動すること，「モビリティやアクセシビリティを高めて経済成長を支えること」が望ましいとの共通認識があった．

この共通認識に疑問を投げかけたのは，当初は，騒音，振動といった公害問題であり，沿道対策などで対処したが，大気汚染や地球温暖化，あるいは社会的排除など，クルマ依存社会の問題点が認識されるに至り，異なる考え方が台頭するようになった．具体的には，「望ましい交通戦略とは，需要を満たすだけではなく，環境等のインパクトが許容範囲に収まり，財政的に実現可能，あるいは合意を取れるという意味で実現可能な戦略である」との考え方である．このパラダイムシフトは，政策目標として，経済活動の支援だけでなく，環境問題の緩和，ならびに社会的問題の緩和を取り上げて，それらをバランスよく

達成する交通戦略を策定する必要に結びつく．実際に，持続可能なモビリティを求める中で，経済（Economy），環境（Environment），社会（Society）の3Eの重要性は広く支持されている．

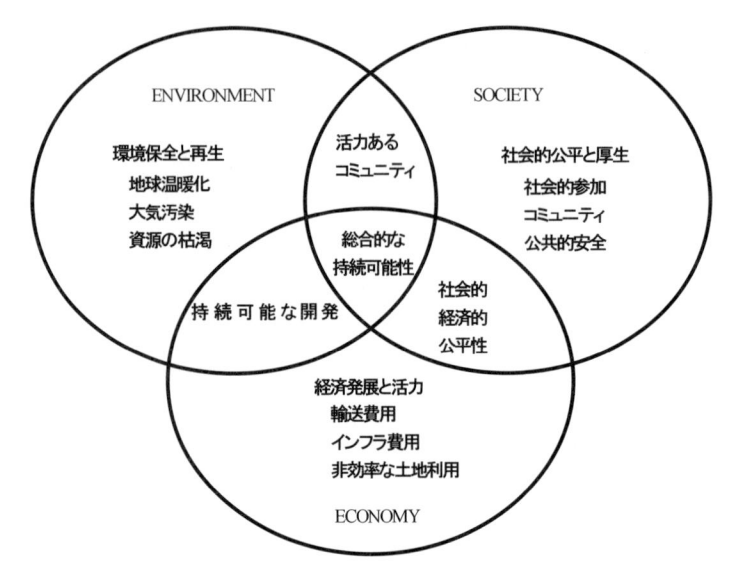

図1-2 持続可能なモビリティと政策目標（3E）
注）文献10に掲載された図を基に，著者が修正加筆したものである．

1.2.2 プレイヤー

全国各地で，「暮らしよく働きやすい都市や地域をつくろう・なおそう・まもろうとする，住民たち自らのまちづくり活動」[1]が行われている．

「人口構造や生活環境の変化が明確な姿をもって生活者の身のまわりの問題として現れてくるようになり，それに対応してこれまでとは異なる発想や価値観で都市・地域づくりを行わなければならない．そしてそれは従来の行政任せの仕事ではなく，その地域に関わる自分たちの責務だ」[1]と気がつく人々が増大している．

都市の拡大と所得の増加を伴うクルマ社会への移行は，中心市街地の衰退や高齢者の移動困難問題を伴いつつ，都市の快適な暮らしに影をおとしつつある．「このままでは，わが街に未来はない．」という危機感が，ぼんやりとではあるが，確かに存在する．

インターネットの普及によって，世界の都市の様子が時々刻々と伝わるよう

になり，現地を訪れて実際に体験する人々が増加するなど，専門家だけではなく市民の持つ情報量が大きく増大している．その結果として，海外の都市で可能なことが「なぜ，わが街でできないのか」という素朴な疑問と，「やれば出来るに違いない」という信念が拡がりをみせ，「交通まちづくり」を担う人々を突き動かしている．行政担当者が，出来ない理由を数え上げている間に，一歩前に踏み出せることは，市民の特権であり，失敗にめげずに繰り返し進んでいれば，功を奏する場合も多い．

市民は要求するばかりであるという否定的意見は，市民と行政の対立関係に根ざしたものと考えられるが，この点に関しては，「必要な情報が与えられず，サービス水準の変動が住民負担となって跳ね返らないシステムでは，住民が要求型になるのは当たり前であった」と指摘があり，新しい「協治」システムへの変革が必要といわれている．

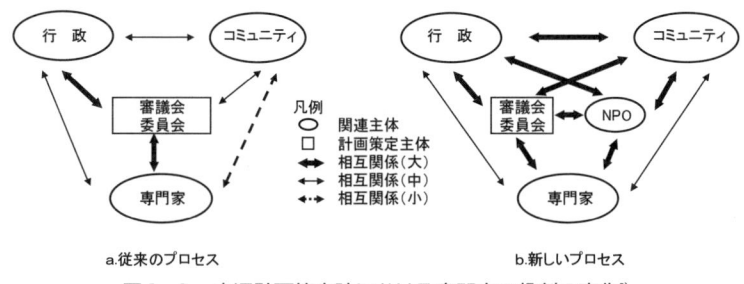

図1-3 交通計画策定時における専門家の役割の変化[8]

このように，市民参加の強化が議論される時代においては，交通政策の意思決定者として，行政のみならず，市民あるいは市民団体を想定した情報提供が求められるようになる．交通計画技術者は，市民を含む意思決定主体に，科学的客観的情報を如何に分かりやすく提供することができるのか，新たなニーズを把握しつつ，取り組んでいく必要がある．

また，市民には，行政サービスの「顧客」としての顔もある．顧客という視点からは，行政サービスの受益と負担の関係の問題や，サービス提供に際しての効率性の確保，成果に対する評価の問題，さらには民営化やNPOによるサービス提供体制などの経営的課題が焦点になる．

1.2.3 プロセス

「交通まちづくり」の実践においては，まちづくりの目標に貢献するために，「交通計画の基本プロセス」を尊守すべきである．具体的には，目標と指標の設定，現状と改善機会の把握，代替的な交通戦略の立案と比較，選定した戦略の実行，そして，モニタリングのプロセスを，参加を伴いながら繰り返し行うことが重要である（図1-1参照）．

このような考え方は，戦略的アプローチ（the Strategic Choice Approach）とも呼ばれる，比較的知られたものである．不確実性を避けることの出来ない長期計画においては，「固定した将来像を持つ完璧な計画案」は，1970年代には現実的ではないと批判され，将来像と計画内容を繰り返し見直しながら進める戦略的アプローチへの変更が進んでいる．わが国においては，この普及が遅れており，政策目標に対応した戦略の決定を透明性の高いプロセスによって行うプロセスを繰り返す方法を，展開すべき状況にある．

このプロセスの特徴は，ひとつには，計画案の策定のみでなく，実施までを含めた計画プロセスを重視することにある．Plan から Planning への移行が，必要な時代になったことを反映したものと理解できる．また，もうひとつの特徴は，経営分野における Management の発想であり，計画をし，実施し，見直すという計画プロセスの遂行によってはじめて，政策目標の達成が可能になるというものである．これは，経営分野における，計画・実施・評価（PDS；Plan-Do-See）や計画・実施・評価・見直し（PDCA； Plan-Do-Check-Action）サイクルの考え方を計画分野に適用する流れと一致するもので，ローリングによる見直しを重視したものとなっている．

1.3 交通まちづくりへの期待

「交通まちづくり」は，従来の交通計画には期待できない効果をもたらす．第一に，まちづくりのビジョンを構築することを通して，どんなまちをつくりたいか，そのためにどのような交通戦略が必要か，交通戦略に関する「同意」が形成される．この「同意」がなければ，中長期的スパンをもつ交通計画を明確な方向性をもって実施することは不可能である．第二に，「交通まちづくり」のプロセスを繰り返すことによって，従来の計画制度の限界が意識され，具体

的な制度改善提案が行われると期待する．

1.3.1 ビジョン構築と交通戦略に関する「同意」

　県や市の長期計画において，県や市の特徴に立脚した独自のビジョンが真剣に議論され，提示されることは稀である．八方美人ではあるが，金太郎飴的な内容にとどまる場合が多い．その一方で，地方分権が進む中で競争に打ち勝つ魅力を持った街を作り上げるために，独自性の高いビジョンを構築し，戦略を策定し，実践していく必要は高まっている．

　「交通まちづくり」の推進により，まちづくりの目標を議論し，交通計画の貢献方法を比較する機会が増大し，独自性の高いビジョン構築に結びつくものと期待できる．限られた資源を有効に活用しているのか，行政の説明責任を果たすためにも，合意したビジョンに基づく明確な方向性を持つ施策展開が望まれている．

　わが国の場合も，首長選挙の公約としてマニフェストを提示して争い，当選によって，提案したマニフェストに同意が得られたとする場合がある．具体的に，札幌市の市長選では，既に都市計画決定された事業ではあったが，創成川通りのアンダーパス化と駅前通りの地下歩道を含む再整備が大きな争点となり，市民からの意見収集とそれを参考とする再検討を公約した候補者が当選し，1000人ワークショップを実施するなどの対応が行われた．ここでは，事業単独の検討と同時に，都心交通ビジョンが提示され，その基本目標の妥当性を議論している．また，専門委員会がワークショップの意見を取り入れた検討結果を議会に提示し議決するという明解な流れの中で，市民参加が扱われた．ワークショップや専門委員会の資料として，技術的検討結果が活用されており，市長の投げかけた課題に対して，議会決定に至る意思決定プロセスに，意思決定支援情報を適切に提示することに努めた事例である．

1.3.2 計画制度の変革

　わが国の都市交通計画の今日的課題のひとつは，歴史的蓄積の結果であるクルマ社会を変革することにある．モータリゼーションの影響は，車の保有から利用の増加，車依存の施設立地の出現，そして車依存のライフスタイルの確立と歴史的に蓄積されてきた．まず，人口増加と同時並行的に進行した自動車の

普及は，都市の拡大を伴ったことから，人口よりも自動車保有台数を，自動車保有台数よりも自動車利用台キロをより高い率で増加させる結果となり，次に，普及した自動車利用を前提とする施設立地が進み，その自動車依存型の土地利用と高い自動車普及率を前提とした車依存のライフスタイルが確立されてきた．そして，この歴史的な動向を追いかけるために，車需要の増加や施設の郊外立地を妨げない財源制度や土地利用規制が実施されてきた．

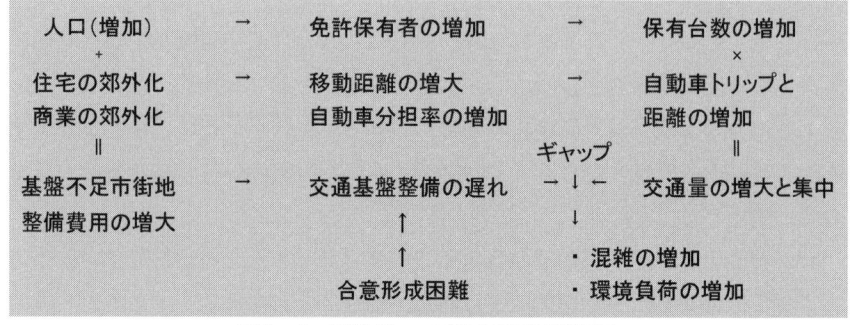

人口(増加)	→	免許保有者の増加	→	保有台数の増加
＋				×
住宅の郊外化	→	移動距離の増大	→	自動車トリップと
商業の郊外化		自動車分担率の増加		距離の増加
＝			ギャップ	＝
基盤不足市街地	→	交通基盤整備の遅れ	←↓→	交通量の増大と集中
整備費用の増大		↑	↓	
		↑		・混雑の増加
		合意形成困難		・環境負荷の増加

図1-4　需給ギャップ拡大の歴史的要因

　クルマ社会の財源制度や土地利用規制は，このように，増大する車利用を前提とした施設立地やライフスタイルを支えるものであるが，持続可能性の観点から車利用の抑制を求めるとすれば，計画制度の中にクルマ社会の負の側面の拡大を許容している面がないかを検討し，その変更が政策目標の達成にどのような効果をもたらすかについての客観的な情報を意思決定者に提供していく必要がある．たとえば，県庁，市役所，総合病院などの郊外移転などのトレンドが継続する場合の負荷や，LRT整備の財源新設を県や政令市に認めた場合のLRT整備効果や，中心市街地の活性化を支援する土地利用・交通戦略を可能とする土地利用規制などを検討することが重要である．
　具体的には，赤字体質が蓄積し，サービス改善意欲をなくしつつある交通企業に関しては，公共性のある交通サービスを提供する役割に照らして，地方自治体からの財政補助を前提とした「契約」によって，地方自治体から提示された条件を満たす交通サービス提供を最も費用効率的に行える企業が落札する仕組みを導入することが考えられる．この契約システムは，働きぶりや能力を適

正に評価し報酬に反映する仕組みであり，うまく機能することができれば，バス会社にサービス改善に対するインセンティブが働くことになり，地域特性に応じた公共交通の改善に結びつく可能性が高まると考えられる．

また，地方自治体が，国の外発的開発に依存しやすい状況から抜け出して，独自性の高い内発的発展へと転換するために，独自財源拡大を実行する権限を強化していく必要がある．例えば，知事や市長が地域特性に応じた政策を推進する場合に，地元の合意があれば地方税を新設・改訂できるようになれば，地方独自の政策提言が活発化するに違いない．

「交通まちづくり」が各地で展開されると，各地から，「制度変更があれば，こんなにステキな街にできる」という確信を持った声が巻き起こり，制度変更の大きな推進力になると期待している．

参考文献

1) ～稚内から石垣まで～全国都市再生まちづくり会議趣意書（20050701版）
2) 後藤春彦，佐久間康富，田口太郎，まちづくりオーラルヒストリー，水曜社，2005年3月
3) 石塚雅明，参加の「場」をデザインする，学芸出版社，2004年11月
4) 札幌市，交通まちづくりガイド，2004年11月
5) LRTさっぽろ，ひと中心の都心，2001年9月
6) 岡本義行編，政策づくりの基本と実践，法政大学出版局，2003年12月
7) 交通工学 特集号 市民主導の交通計画，38-3，2003年5月
8) 太田勝敏，市民参加と「交通まちづくり」の勧め，34-5，1999年9月，p.1-2
9) A Good Practice Guide for the Development of LTP, 2000.4
10) The Centre for Sustainable Transportation, Definition and Vision of Sustainable Transportation, 2002.10

第2章
成功する交通まちづくり

第2章　成功する交通まちづくり

2.1　交通まちづくりの問題整理

　地域において景観的に優れた場所や，文化的魅力のある空間，歴史的な商業空間は，時間の経過とともに都市の中で集積してきた．しかし，形成されてきた集積のある「場」は，単にそこに在るだけでは存在を維持することは難しく，集積が失われる場合が散見される．こうした「場」を一旦喪失してしまった都市が，都市間競争を生き抜くことは困難である．このため都市における「場」の維持・再生を促す諸施策を講じる事がまちづくりの基本となる．

　「場」の再生と活性化に主眼を置いたまちづくりでは，NPOや都市住民によるまちおこし運動などを通じて活性化するとともに，「都市再生プロジェクト」などにより，交通条件の悪化する都心の交通ネットワークを再整備することで立て直す必要がある．都市における「場」と，それらの集積と偏在に関連して生成される「移動−活動パターン」は，交通ネットワークの整備によって大きく変化するため，まちづくりを考える上で都心における人の移動と活動を活性化させようとすれば，「交通」はまず最初に考えるべき問題であるといえる．

　松山市の事例で考えてみよう．松山市では環状線周辺の商業施設立地が進んだ結果，中心市街地の衰退が深刻となっている．平成15年度の大街道−銀天街エリアの歩行者数は2年前に比べ約25％落ち込んでいる．交通ネットワーク上の優位性がある環状線周辺へ商業集積が進むことで，アクセシビリティの低い中心市街地の地盤沈下が進んでいる．都市が郊外へと発展を続けていく際，開発そのものは容易となるが，郊外部の自然環境が奪われるなどの問題も多い．現状の延長線上ではない，人々が集まる「場」を都心に集約させ，移動エネルギーの省力化を目指したコンパクトシティのような方向転換型のまちづくりに対する期待は大きい．

　伊豆は観光地であるが都心からのアクセス条件が悪い．このような観光を主たる産業とする地域では，都心から遠いことが非日常という観光地としての魅力度を高めている反面，交通情報が少なく都内住民からみれば旅行計画をたてることが難しいというイメージが固定しやすい．観光地としての交流圏人口の

確保のためには，いかにして観光地の情報と交通アクセス情報をセットにして観光客に情報配信するといったITS（Intelligent Transport Systems）を活用したまちおこしの必要があろう．

　札幌のような，地域ブロックを代表する100万人以上の都市では，多様な移動-活動パターンを支える交通ネットワーク整備と，都心の魅力を高めるための歩行者空間の確保などが欠かせない都市戦略となる．既にある集積の魅力度をさらに高めるためのハード施策とソフト施策の一体的な導入が求められる．またこうした地域ではまちづくりの合意形成のために様々なプレイヤーが存在しており，社会実験やワークショップといった，交通まちづくりの進め方そのものも重要となる．

　このように交通まちづくりといっても，その手法や進め方を一概に括ることは困難であり，都市の集積と交通ネットワークのパターンに対応したアプローチを採用する必要がある．欧州のストラスブールのように都市規模は小さくても中心地に歴史的な集積がある魅力的な小都市，米国のナッシュビルに代表される米国の都市のように中心地の集積はほどほどだが郊外に大きな面的整備がなされている街，集積が薄く散らばっている街では，それぞれごとに，必要な交通インフラ，目指すべき都市像は異なる．

　街の規模と集積パターンを念頭に，その町らしさを探し出す必要がある．同じ都市規模であっても，企業城下町や観光都市，総合中核都市では重視すべき戦略が大きく異なる．街区単位で構成される魅力的な「場」や就業地などの様々な「場」同士をどのような交通ネットワークで結びつけていくのか．場そのものに個性があると同様に，ネットワークのつなぎ方や結節点，道路空間の再配分そのものにも，住民の暮らしぶりが反映された都市の個性が存在すべきである．交通まちづくりによって変化するのは街に住む人の暮らしぶりである．街に住む人々の暮らしぶりの問題と個性を想定した上で，魅力的な交通まちづくりの必要性が今高まっている．問題解決を行った上で，新たな価値を創造するために，街のイメージを徹底的に分析し，街区ごとに関連し合う問題を分類した上で交通まちづくりに挑まなければならない．

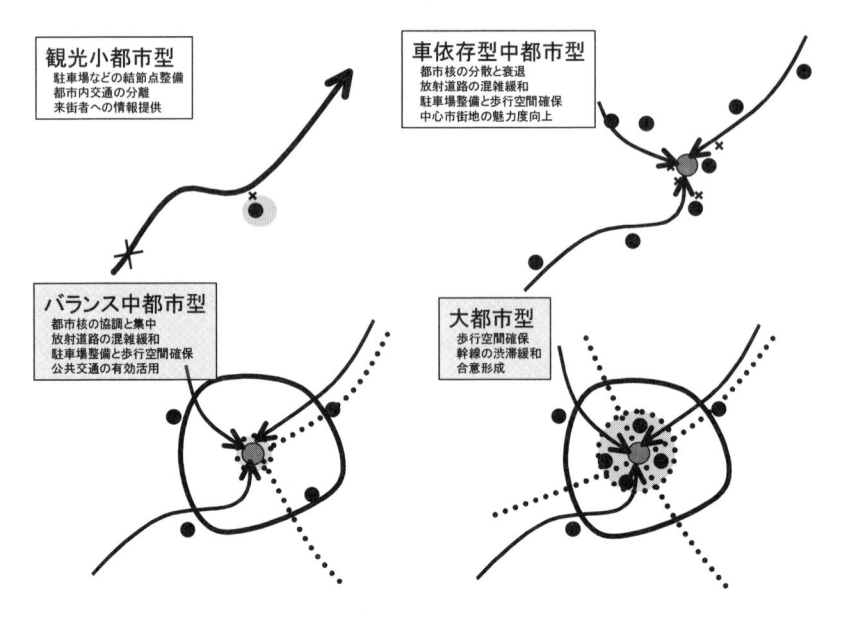

図2-1 都市のパターンとネットワーク

2.2 交通まちづくりのポイント

　本書で取り扱う交通まちづくりでは「都心の交通計画」に焦点が当てられる．従来から行われてきているパーソントリップ調査の対象が都市圏全体の総合交通計画であったのに比べると，計画のスケールがより詳細で狭域における計画に焦点が当てられている点に特徴がある．都心や観光地に来る人が，一体どこからどういう交通機関を使って，どこで乗り換え，どこに車を止め，何時間くらい滞在し，何をして遊び，何をどこで買い，どこで食事をして，何を感じて帰って行くのかを吟味した上で，よりよい魅力的な都心の交通まちづくりを推進する必要がある．
　市民の価値観やライフスタイルは社会の成熟とともに大きく変化し多様化・多元化している．高度経済成長時代に十人一色といわれた個人のライフスタイルは，80年代十人十色となり，90年代後半には一人十色になったといわれる．動物化しているといわれる市民の消費行動と相まって，ディベロッパーの資本投資に見合う減価償却を目指す短視眼的な都市開発が進められており，魅力的な郊外型ショッピングセンターが展開され大規模な集客に成功している．一方，

旧態然とした交通機能のみに特化した面白みのない駅前広場や，使う人の少ない公園，魅力のない街路や，重厚で趣きのある町並みの解体，車優先の全国一律の道路，著しい交通渋滞などを理由として，既存の都心の地盤沈下は著しい．こうした問題を解決するためにミクロレベルの実践的な都心交通計画の枠組みが求められている．

このように，伝統的な公共空間のあり方が大きく変わろうとしている中，都心交通計画が交通まちづくりの中で果たすべき役割は大きい．以下に交通まちづくりのポイント整理する．

表2-1 交通まちづくりのポイント

①集中的な投資によるその町に応じた公共空間の再生
②多様なプレイヤーに対応した合意形成手法の採用
③都心の問題把握と目標設定のための定量調査の実施
④交通まちづくりの多様な評価指標と目標の設定
⑤実践的で修正可能な計画実行方法の確立

財政逼迫の背景の下，都市への選択的社会資本投資が求められている．公共インフラ整備を公平かつ均質に進めることは困難になってきており，都心活性化のための課題を正確に捉え，都心における問題が解決されたか否かを検証する手法の採用が必要不可欠である．また，政策によって問題解決を図り，新たな価値を創造するためには，従来のように縦割りの委員会方式を前提にまちづくりを進めるのではなく，様々なプレイヤーを対象とした新たな計画実行のプロセスが求められているといえよう．

このような交通まちづくりを進めていく上で，経営分野におけるPDCAの概念の導入が重要となる．従来の都市交通計画ではプランづくりが重視されてきたが，長期計画において経済成長などのフレームが大きく変化することなどに起因して，立案されたプランどおりに政策が実施されるケースは少なかった．そこで今重要なのはCheckとActionすなわち，計画実行の評価と改善プロセスに焦点を当てることであろう．定量的な指標で評価可能な多様な評価指標の設定により，交通まちづくりの継続的な推進が初めて可能になると考える．またPDCAのプロセスをより細分化し，問題の発見，公共的問題の選択，問題

解決手法の選択，組織間調整，政策決定，合意形成，実行，評価，フィードバックなどについて，それぞれ問題をより詳細に把握し，分析することで，実行力のある新たな交通まちづくりが可能となる．

2.3 プレイヤーの見直しと協同作業としての交通まちづくり

　交通まちづくりでは従来の縦割り組織のみによる社会資本整備の進め方ではうまくいかない．問題解決型の社会資本整備では行政主導でうまくいっていた作業も，目標設定そのものが複雑化する中で，市民そのものが参加しながら目標を設定していく必要性が高まっている．ボトムアップ型の住民参加がまちづくりでは求められているといえよう．しかし一方で正しい知識に裏打ちされた明確なリーダーシップも求められており，その遂行は一筋縄でいかない．

　ここで，交通まちづくりのプレイヤーを整理してみよう．古くから存在する自治会などの地縁型住民組織との関係がややマンネリ化するなか，消費者団体や国際交流団体などの分野・領域ごとの集団が縦割りに街づくりに関わってきた．また地域に存在する大企業なども街づくりに大きな関心をもってきた．行政や大学は実務知と専門知を有しており，これらのプレイヤーがまちづくりに関わってきたといえよう．

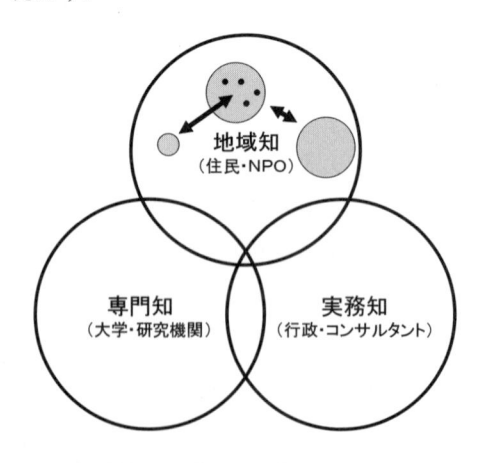

図2-2　交通まちづくりのプレイヤーとその役割

2000年4月に地方分権一括法が施行され，分権化が加速する中，地域における自律的な優れた意思決定主体の存在が必要不可欠といわれている．まちづくりに関する多くの活動は使命志向と営利志向の双方を持っているが，ボランティアという活動が活発化するなか，NPO法の成立により，様々なNPOが地域に生まれつつある．活発な住民活動は交通まちづくりに必要不可欠である．これらのプレイヤーが一体的にまちづくりに参加していくことが求められている．交通まちづくりにおいては，従来のトップダウン型から，ボトムアップ型の地域知を有する住民やNPOとの協同作業が重要となる．

2.4　求められる交通まちづくりの理論的手法

　1日10万人の客が来るショッピングセンターは町そのものである．POSによりIT化され，カメラによって客の出足の分析がなされ，ポイントカードで顧客の購買履歴が分析され，インセンティブがコントロールされる．GoogleとAmazonが一体化したような街は,実空間上に既に存在しているといえよう．
　このような街の出現に対して，旧来からの街づくりを進めていては，中心市街地の相対的な魅力低下に歯止めはかからない．どのような人が街を訪れ，どんな属性の人がどの通りを通過し，どのくらい滞在し，何を買い，どのようなイメージを持って，街を後にするのか．一年のうちの平均的な一日を対象として，平均的な交通目的を持った人のトリップを大雑把なスケールに集約して考える伝統的な都市交通計画の問題が浮かび上がってくる．こうした街を訪れる人の詳細な行動を把握できなければ，街は虫食い的に開発され，消費されていくのは明らかである．
　議論を集約させ，目標をはっきりさせることが様々な都市交通事業を展開していく上で必要不可欠である．あるスケールに集約させなければ計画をたてることすらできない．通常のパーソントリップ調査データを用いた都市交通計画のスケールは数10平方キロメートル程度の比較的大きなゾーンメッシュ上の行動を集約させて考える．しかしながら前節で述べたようなミクロスケールの地域核創出のためには，対象エリアにおける多様で多元的な移動-活動パターンのより詳細なスケールでの正確な把握が前提となる．政策課題に合致した適切な計画スケールの選択が重要である．例えば商業地域での人のニーズに応じた

マーケティング情報を引き出すためには，数平方キロの大きさのゾーンではなく，より詳細な中心市街地を訪れた回遊客が認識するイメージマップ上のランドマークやディスクリクトとすることが適切である．

都市空間のもつ意味やイメージは，人すなわち主体によって大きな差が生じる．主体によって，都市空間の中における行動内容・行動時間が大きく異なるためである．実際の回遊行動を通じて，認識している都市空間そのもののイメージは変化し，新たな活動は促される．こうした再帰的行動は個人の内面的な空間知識の量と回遊行動に対する認知的関与の程度に依存する．多くの回遊行動を引き出す魅力ある都市空間をデザインするためには，プローブパーソン技術などを活用し，こうした意識構造と回遊行動を定量的に分析していく必要性が高い．

従来の都市交通計画における解析手法は道路建設や公共交通そのものを取り扱うことに主眼が置かれてきた．交通量の総計とその結果計算される所要時間が，道路計画や交通計画を行うための基礎であり，費用便益分析を行う上で必要であったためである．これに対して地域における核形成では，量としての交通量ではなく都市における人の動きそのものに着目し，立ち寄る施設，よく利用するパス，個別施設における滞在時間と，これらの項目の関連性についてより詳細な分析フレームワークが求められよう．

第3章
交通まちづくりのはじめ方

～情報ギャップの解消から始めよう～

第3章 交通まちづくりのはじめ方
～ 情報ギャップの解消から始めよう ～

3.1 まちのルールを変える

交通まちづくりの特徴　～まちのルールを変えるということ

　交通まちづくりは,「交通を重要なキーワードとしてまちづくりを進める取組み[1]」や「交通に軸足を置いたまちづくり」などといわれている．交通施策の効果,影響は,いうまでもなく市民生活や経済活動に及ぶ．まちづくりのアウトカムは,交通施策,交通に関連する取組みによって実現される側面が多い．例えば,歩行者空間整備や公共交通サービス向上は,来街者数の増加や商業売上などのまちづくりのアウトカムに結実する場合がある．そのような交通まちづくりの特長を踏まえると,交通まちづくりは,「まちづくりのアウトカムを交通面から実現しようとする取組み」ということもできよう．

　その交通まちづくりを進めると,市民の日常生活や経済活動,ちょっとした生活習慣,ライフスタイルまで,人々の生活の様々な側面に影響を及ぼすことが多い．言わば,交通まちづくりには,「まちのルール」を変えるという側面が付きまとう．その実施にあたっては困難な状況,場面に直面することが多い．

情報ギャップを埋めるということ

　この状況を打開するために重要なアプローチは,交通まちづくりに関係する主体（プレイヤー）の間の"情報ギャップ"を埋める努力,工夫をすることである．

　例えば,住民は本当は何が気になっているか,何を問題と考えているか,住民の問題意識はどこにあるのか,といったことが十分に把握されていないために行政の取組みが適切な処置になっていない場合がみられる．また,行政の問題意識が住民に十分に伝わっていないために,行政の姿勢や取組みが住民の誤解を招く場合もある．これは,住民やNPOなどの地域が持っている情報（地域知）と,行政やそれをサポートするコンサルタントが持っている情報（実務知）にギャップがある場合である．

　大学や研究機関が持っている研究成果は交通まちづくりを進める際に活用可

能な多くの情報（専門知）を含んでいる．しかしながらこれらの専門知は住民や行政がその存在を知らなかったり，それらにアクセスできる環境になっていない場合が多い．

　このような3つの「知」の間の情報のギャップを埋めることが，プレイヤーの相互の理解を深め，真の政策論議を行い，まちのルールの変更について住民の理解と協力を得て，本当に必要な施策を実施することにつながるはずである．

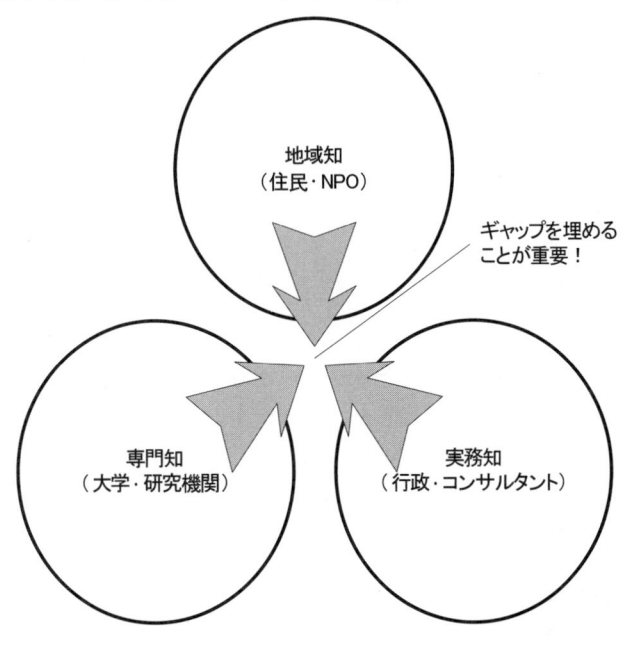

図3-1　交通まちづくりのプレイヤーの情報ギャップを埋める

浜松トランジットモール社会実験のフォローアップ活動に見る交通まちづくり

　浜松市では，平成11年3月に中心市街地の活性化をねらいとしてわが国初の本格的なトランジットモール社会実験を実施した．実験時には天候等の影響もあって歩行者通行量の減少や初日の著しい道路混雑が生じ，地元商業者からの厳しく激しい苦情が寄せられた．その結果，トランジットモールのみならず対象路線の鍛冶町通りや中心市街地の交通施策全般について進めることが難しい状態に陥ってしまった．

　このような状態に至った理由を言い尽くすことは簡単ではないが，行政，交通管理者，地元商業者，地元住民など関係主体が，それぞれの立場や考え方，

交通問題や都市問題に関する認識の違いを相互に理解，納得できないままに社会実験が進んでしまったことが大きく影響していることは確かである．社会実験を議論し始めてから社会実験実施に至るまでに，関係者間の情報ギャップをついに埋めることができなかったことがその後前進できない状態に至った大きな原因になっているといえよう．その一方で，中心市街地の活性化，再生が待った無しの状況に直面し，交通面からの取組みも進めなければならない状況となっていた．

浜松市はこのような状況を踏まえ，歩行者優先の中心市街地整備を推進するために，学識経験者や市民団体等も含めた関係団体から構成される「浜松21世紀都市交通会議」の設置（平成12年11月～），幅広い市民層から構成される「中心市街地発　鍛冶町通りを考えるオープンサロン」の実施（平成13年1月～平成14年2月），「鍛冶町通りワークショップ」の実施（平成14年3月～平成15年3月），ワークショップ市民案の公表・意見収集の実施（平成15年度），再び「鍛冶町通りワークショップ」の実施（平成16年7月～平成17年2月）と継続的かつ注意深く，関係者間の情報ギャップを埋める取組みを実施してきた．

そして，ワークショップの成果として「将来の浜松都市交通の整備方針」がまとまり，現在はそれに基づいて，車線削減による歩行者空間拡大を基幹施策とする事業に着手したところである．社会実験後6年が経過してようやく前進することができたということである．

図3-2　浜松市鍛冶町通りの社会実験時の反響と現在できあがった市民案（口絵参照）
写真出典）財団法人計量計画研究所
図出典）浜松市，平成16年度都心交通規制計画推進調査図面作成業務報告書，平成17年3月

浜松市はこの一連の取組みについて1年の間を費やして注意深くプロセス設計を行った上で実施している．それが今日の成果につながっているものと考えられる．浜松市の取組みは情報ギャップ解消そのものであり，その大切さを示唆する事例である．

情報ギャップ解消のための取組み

交通まちづくりの関係主体間の情報ギャップを解消するにはどのような手法を用いればよいのか．近年は，わが国においてもパブリックインボルブメントなどの多くの市民参加型の取組みが実施されるようになってきている．ワークショップの利点，欠点を考えず，安易にワークショップを選択し，市民の誤解や混乱を助長してしまう危険性をはらんだ事例もあると聞く．市民参加型の手法は様々であり，抱えている問題や，情報をやり取りする相手・主体，情報の内容など，現在の状況，場面に応じて適した手法を選択する必要がある．

情報ギャップを解消するために大切なアプローチとして，まずは，計画段階における工夫を挙げることができる．何が本当に問題なのかを実態調査等を行って十分に把握・分析し，それを踏まえて交通計画を策定する．浜松の事例からも分かるとおり，初動期に生じた情報ギャップとそれに起因するボタンのかけ違い，紛争を解消することは容易ではない．わが国の交通施策に関わる紛争の大部分は，初動期に生じた情報ギャップに起因するのではないだろうか．

次に，計画段階を経て，"Do-Check-Action"に移行，そしてPDCAサイクルのフィードバックループを内包した展開プロセスに入ることが重要である．施策を実施した結果を点検・評価し，目標が十分に達成されない場合や施策が計画どおりに実施できない局面になった場合には，施策の見直し，改善を柔軟に実施していくことが重要である．

このPDCAサイクルは，関係者間で計画とその実行結果を共有し，それに対する各主体の認識の相互理解を助け，建設的な議論を促す下地を整える効果が期待できる．つまり情報ギャップの解消そのものに効果が期待できるといえよう．施策を実施した結果と成果，そのときの問題を継続的に公表することにより，まちの交通環境を良くするためには何が必要かといった点について議論し，施策を改善する仕組みである．

また，交通まちづくりの様々な場面において直面する問題は，交通まちづく

りの様々な要素が持つ不確実性に起因する問題と言ってよいと思われるが，そのような問題に対処し，本当に必要な施策を実施するには，PDCAサイクルのようなフィードバックループを内包した柔軟なアプローチが有効である．

近年は，IT技術の進展により，実態把握や分析，事前・事後の評価において活用できる調査手法が開発され，順次実用化が進められている．これまで精度高く把握することが難しかった交通の実態が，最新の技術を活用することによって安く精度高く把握できるようになってきていることから，それらの技術を有効活用することが重要である．

本章について

本章は，「交通まちづくりのはじめ方～情報ギャップの解消から始めよう！」と題して，交通まちづくりを進める際に重要と考えられる「情報ギャップの解消」に焦点をあてて，そのために必要な工夫や考え方について主として筆者の経験に基づいて10のポイントとして解説する．

筆者のこれまでの経験は，中心市街地，都心部を対象とした取組みが多い．そのため，ここでの記述内容や取り上げる例は，中心市街地や都心部をフィールドとしていたり，その文脈で記述する場合がある．対象フィールドによって関係する主体の種類や数に差異が生じると思われるが，ここで述べるポイントは，他のフィールドでも十分にあてはまるものと考えている．

また，交通まちづくりの担い手は，第1章や第2章で触れたように，行政に限らない．市民やNPOなど多様な主体が担い手になってきているのが最近の交通まちづくりの特長である．対象とする空間の広がりや広域性，公共性が高いほど，行政主導に近くなり，低いほど市民主導に近くなる傾向があると思われる．ここで述べるポイントは，いずれが主導しようとも，交通まちづくりという交通面からまちづくりのアウトカムを達成する営みに対して適用できるものと考えている．

なお，各ポイントの解説の中で，近年発展の著しいIT技術を活用した分析手法など，最新の手法に触れることがあるが，それらの詳細は，第4章で解説する．

3.2 情報ギャップを埋める10のポイント

ポイント1　プロセス設計が大切

　情報ギャップを解消するポイントの1つ目に挙げておきたいのが，プロセス設計である．市民や関係者が本当に気にしていること，市民や関係者の問題意識を踏まえ，どのような主体にどのような内容，手法，手順でアプローチするのがよいのかを十分に練ることが大切である．交通まちづくりを闇雲に進めるのではなく，まずは十分に戦略を練り，それに基づいて交通まちづくりを進めていくべきである．

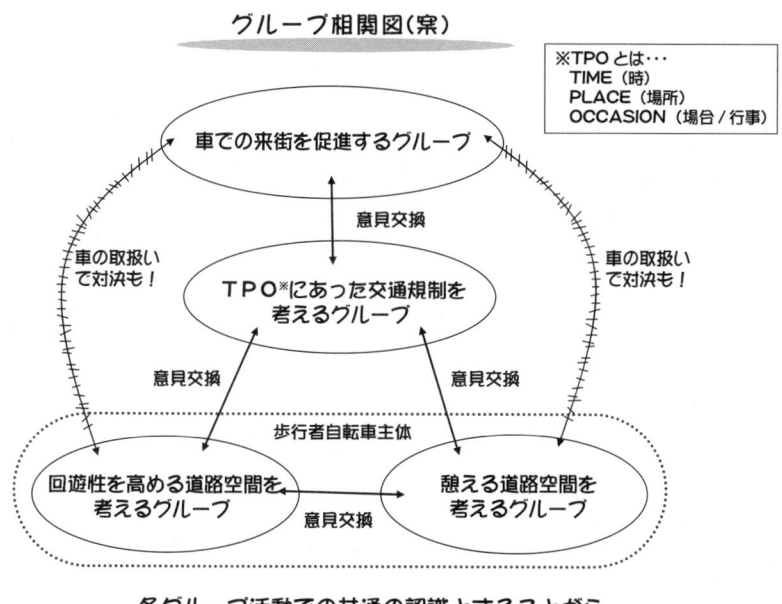

グループ相関図（案）

※TPOとは…
TIME（時）
PLACE（場所）
OCCASION（場合/行事）

車での来街を促進するグループ

意見交換

車の取扱いで対決も！

TPO※にあった交通規制を考えるグループ

車の取扱いで対決も！

意見交換　　　意見交換

歩行者自転車主体

回遊性を高める道路空間を考えるグループ　　意見交換　　憩える道路空間を考えるグループ

各グループ活動での共通の認識とすることがら

・まちなかで買物がしやすいようにしよう．
・広がりの中で回遊性を高めよう．
・総合的な交通対策との関係を考えよう．
（・費用対効果も意識しよう．）

図3-3　プロセス設計の基礎資料となる主体相関図の例
出典）浜松市鍛冶町通りワークショップとりまとめ報告書，平成15年3月

| ポイント2 | 調査・活動の予算確保をしっかりと |

　交通まちづくりの活動，関連する調査・研究，社会実験などを適切な水準で実施するためにはそれ相応の費用がかかることを十分に認識しておく必要がある．そのため，交通まちづくりを始めるにあたり，プロセス設計の結果に基づいてしっかり予算を確保することが大切である．

　現在，わが国では交通まちづくりの活動に対する支援制度がいくつか存在していることから，それらを活用するとともに，地方公共団体の一般財源を活用する，市民や企業や各種団体から会費をプールして活用するなど，様々な工夫が考えられる．

表3-1　交通まちづくりに関わる調査・活動への財政支援制度

支援主体	制度・支援内容
国土交通省 道路局	・交通需要マネジメント推進調査（道路事業の一部として実施） 　TDM導入に向けての検討や，調査，実験等に対しての補助．主に各地方建設局などを通して行われる． ・社会実験の実施地域公募 　道路に関わる先進的・新規性のある取組みについて国の支援のもと社会実験を行う地域を選定し，選定地域の応募団体と国とが協力のもと施策導入に向けた問題，課題を明らかにするための社会実験を実施． 参考）国土交通省道路局ホームページ 　http://www.mlit.go.jp/road/demopro/
国土交通省 都市・地域整備局	・まちづくり交付金 　市町村が作成した交付期間が概ね3～5年の都市再生整備計画に基づき実施される事業の費用に充当するために国費（事業費の概ね4割）を交付する制度．道路，公園，多目的広場，市街地再開発事業等の基幹事業に加え，まちづくり活動推進事業，地域創造支援事業，各種調査や社会実験等の提案事業も交付金の対象となる． 参考）まち交ネットホームページ 　http://www.machikou-net.org/ ・総合交通体系調査（街路交通調査の一部として実施） 　総合都市交通体系調査は，総合的な都市交通体系のマスタープランを策定するための調査．交通関連計画の策定調査，計画策定における住民を含めた合意形成のための調査及び施策導入に向けた社会実験の実施を行うことが出来る． 参考）国土交通省都市交通調査室ホームページ 　http://www.mlit.go.jp/crd/tosiko/index.html
経済産業省 国土交通省 総務省	・中心市街地活性化支援 　中心市街地の活性化を支援する目的で，社会実験，調査・研究に対しての補助等．原則的に単年度補助． 参考）中心市街地活性化推進室ホームページ 　http://chushinshigaichi-go.jp/kyogikai/h17yosan/ichiran.htm
国土交通省	・オムニバスタウン整備総合対策 　バス交通を活用したまちづくりを推進するオムニバスタウン計画を策定し，これに基づいて事業を実施する場合，必要な調査（実験費），施設整備等事業全体に対して補助． 参考）国土交通省自動車交通局ホームページ 　http://www.mlit.go.jp/jidosha/sesaku/koukyo/omuni/omuni.htm

ポイント3　交通問題をきっちり分析，みんなで共有

　プロセス設計を適切に行うためには，市民や関係者が本当に気にしていること，市民や関係者の本当の問題意識，交通や都市活動の実態，問題が生じている地点やその内容について，十分に把握する必要がある．実態の把握がすべての基礎になることを十分に認識する必要がある．

　実態を把握する方法としては，既存の調査データを有効活用するとともに，アンケート調査を実施して市民意識を把握する方法なども考えられる．

　現状の問題を把握するため，地元の生の声を直接聞くことは有効である．これは，まちづくりのプロセスの透明性，説明性の向上，問題の共有化，パートナーシップの構築につながり，まちづくりの実施環境が整うことも期待される．そのためにワークショップを活用することも考えられる．ただし，ワークショップを実施する際には，その地域の社会的な背景，交通を取り巻く市民，関係者の意識を十分に考慮し，企画準備に十分な時間と労力を投入することが重要である．また，参加者の混乱を招かないように，ワークショップのねらいの明確化，行政のスタンスの明確化，成果の取り扱い・位置づけの明確化を図ることが重要である．

　交通実態の把握については，時間変動，日変動，曜日変動，月変動など，交通実態の特徴をきちんと把握できるようにデータを収集し，蓄積することが重要である．交通実態は，日々，時々刻々と変動している．それにも関わらず，限られた日にちや時間帯のデータのみを用いると，間違った分析結果，結論に至る可能性があることに留意する必要がある．近年技術進歩が目覚しいＩＴ（Infomation Tecnology）機器を用いたデータ収集，分析方法を用いることにより，データを豊富に収集，蓄積し，比較的容易に分析することも可能となってきていることから，それらを有効活用することが大切である（4章参照）．

図3-4　浜名湖南岸都市圏交通問題ワークショップの様子
写真出典）財団法人計量計画研究所

ポイント4　多様な視点で，影響，効果を示すことが市民や関係者の納得につながる

　交通政策を議論したり，市民等に示す際には，その交通政策が市民生活や経済活動にどのように影響を及ぼすのかといった視点から分かりやすく具体的に示すことが重要である．交通政策は市民の生活や経済活動の多様な側面に影響を及ぼすことから，関連する行政機関や民間事業者の種類，数は多い．多様な視点で交通政策の影響，効果を示すことが，交通政策の意義や必要性への市民や関係者の認識を高め，施策実施環境の整備に繋がるものと期待される．

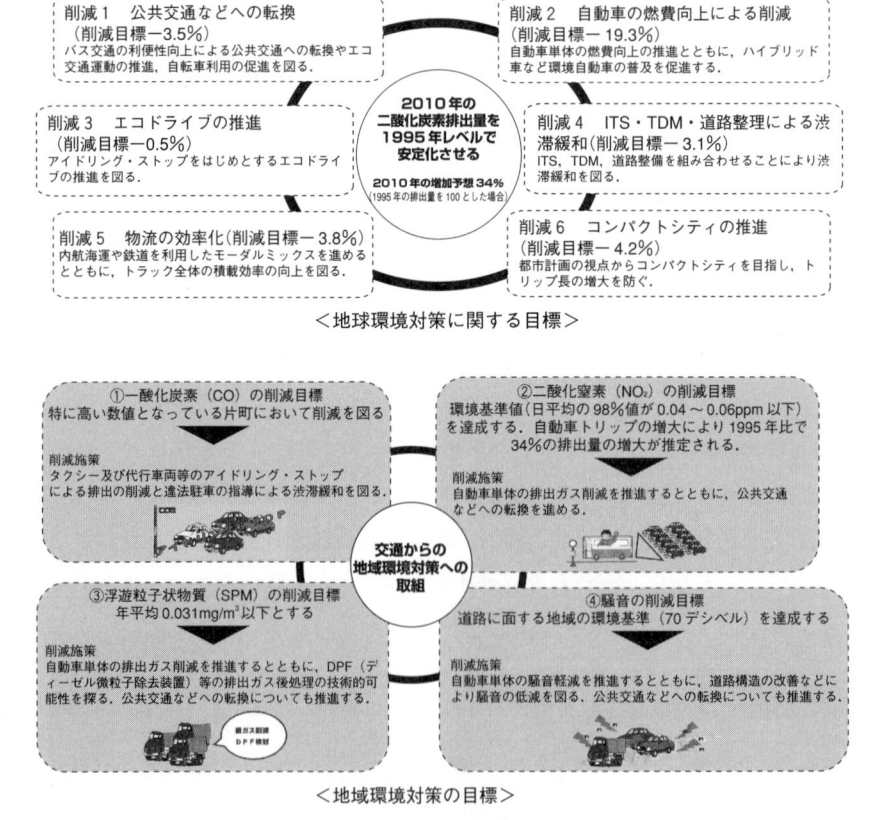

〈地球環境対策に関する目標〉

削減1　公共交通などへの転換（削減目標－3.5%）
バス交通の利便性向上による公共交通への転換やエコ交通運動の推進，自転車利用の促進を図る．

削減2　自動車の燃費向上による削減（削減目標－19.3%）
自動車車体の燃費向上の推進とともに，ハイブリッド車など環境自動車の普及を促進する．

削減3　エコドライブの推進（削減目標－0.5%）
アイドリング・ストップをはじめとするエコドライブの推進を図る．

削減4　ITS・TDM・道路整理による渋滞緩和（削減目標－3.1%）
ITS，TDM，道路整備を組み合わせることにより渋滞緩和を図る．

削減5　物流の効率化（削減目標－3.8%）
内航海運や鉄道を利用したモーダルミックスを進めるとともに，トラック全体の積載効率の向上を図る．

削減6　コンパクトシティの推進（削減目標－4.2%）
都市計画の視点からコンパクトシティを目指し，トリップ長の増大を防ぐ．

2010年の二酸化炭素排出量を1995年レベルで安定化させる
2010年の増加予想 34%
1995年の排出量を100とした場合

〈地域環境対策の目標〉

①一酸化炭素（CO）の削減目標
特に高い数値となっている片町において削減を図る

削減施策
タクシー及び代行車両等のアイドリング・ストップによる排出の削減と違法駐車の指導による渋滞緩和を図る．

②二酸化窒素（NO₂）の削減目標
環境基準値（日平均の98%値が0.04～0.06ppm以下）を達成する．自動車トリップの増大により1995年比で34%の排出量の増大が推定される．

削減施策
自動車車体の排出ガス削減を推進するとともに，公共交通などへの転換を進める．

③浮遊粒子状物質（SPM）の削減目標
年平均 0.031mg/m³ 以下とする

削減施策
自動車車体の排出ガス削減を推進するとともに，DPF（ディーゼル微粒子除去装置）等の排出ガス後処理の技術的可能性を探る．公共交通などへの転換についても推進する．

④騒音の削減目標
道路に面する地域の環境基準（70デシベル）を達成する

削減施策
自動車車体の騒音軽減を推進するとともに，道路構造の改善などにより騒音の低減を図る．公共交通などへの転換についても推進する．

交通からの地域環境対策への取組

図3-5　金沢市総合交通計画における目標

出典）金沢市，新金沢総合交通計画，平成13年4月

施策の評価は，定量的で分かりやすいアウトカム指標を活用することが効果的である．しかし，使用可能なデータの有無や，技術面からみた計測可能性，計測に要する費用と時間等を勘案すると，定量的な指標に加えて，文言表現による定性的な指標を用いることが考えられる．その際，交通施策が及ぼす影響を定性的なシナリオ分析によって論理的に明らかにすることも有効である．

近年は，行政の取組みへの市民の関心が高まってきており，交通まちづくり，交通政策を進める上でも客観性，透明性をもった説明がより強く求められている．交通まちづくりを進める上で，基礎的な判断材料を提供する事前評価においては，論理性，客観性，透明性を重視し，評価の前提条件や方法，プロセスについて選定，実施していくことが重要である．

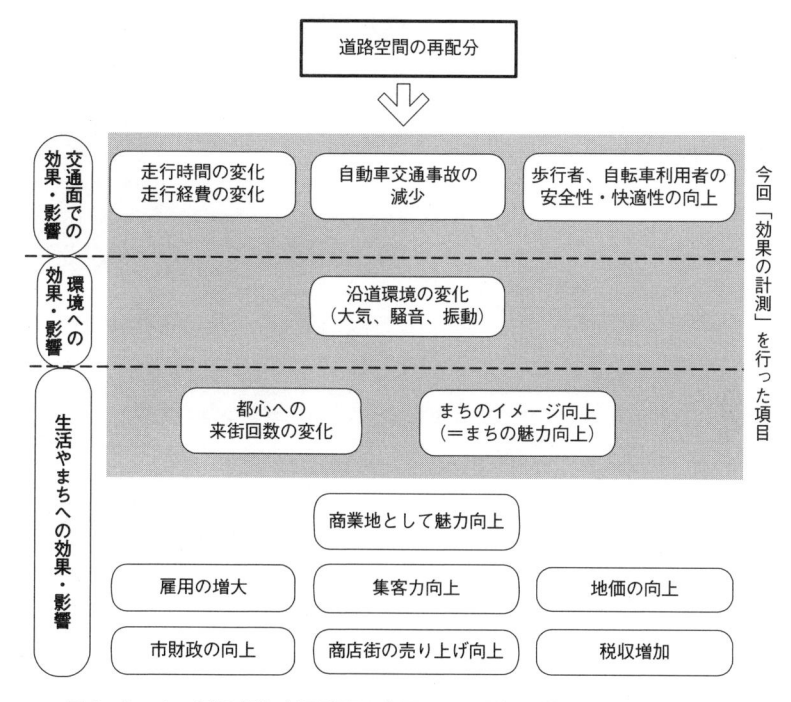

図3-6 さっぽろ都心交通計画の実現による影響，効果の分析スキーム
出典）札幌市資料より作成

ポイント5　代替案の比較検討が大切

　事前評価を多様な視点で実施することに加え，複数代替案を比較することにより，より効率的で効果の高い施策を選択できるようにすることが望ましい．複数代替案は，各案に実施可能性があってそれらを比較するために設定する場合や，ある1つの有望な案の特徴を明確にするためにその案とかけ離れた特徴を持った案を設定する場合，評価結果に幅を持たせるためにフレーム等の前提条件に複数案設定する場合など，分析の目的に照らして設定する必要がある．

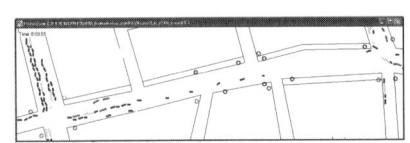

ワークショップメンバーに示した
交通状況のシュミレーション画像
（口絵参照）

ワークショップメンバーへの
シュミレーション説明の様子

浜松市は，中心市街地のメインストリートである鍛冶町通りの交通改善計画市民案を検討する市民ワークショップにおいて，計画代替案を比較する際に，周辺を含めた交通流への影響の分析に，マイクロシミュレーションを活用しました．

図3-7　マイクロシミュレーションを活用した代替案評価の例

出典）浜松市の中心市街地の交通を考えるワークショップ，活動報告～鍛冶町通り交通計画に関する市民案，平成17年3月

第 3 章　交通まちづくりのはじめ方

[歩行者対策案]

案 A	車道から歩道への空間再配分(イラスト)
案 B	民地と一体のオープンスペース(イラスト)

[タクシー対策案]

案 A	タクシー専用ベイ(イラスト)
案 B	タクシー専用帯

イメージ図

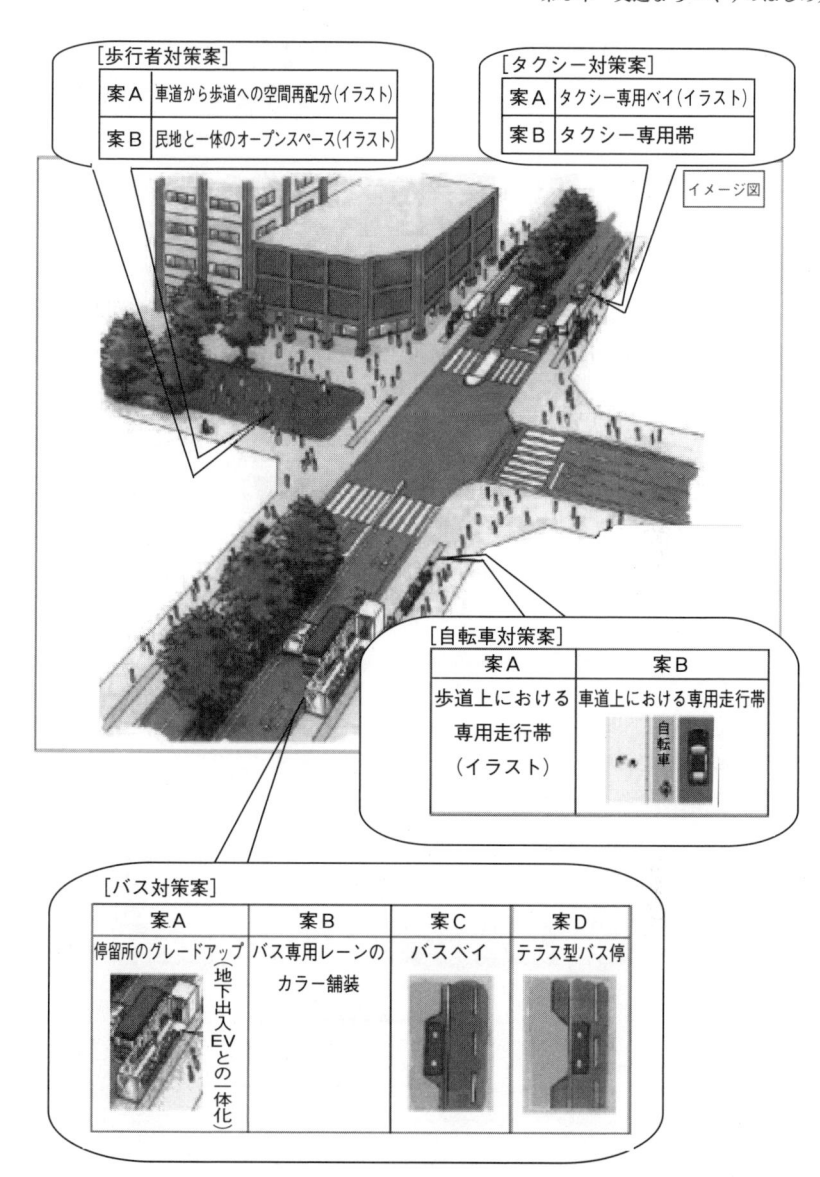

[自転車対策案]

案 A	案 B
歩道上における専用走行帯（イラスト）	車道上における専用走行帯

[バス対策案]

案 A	案 B	案 C	案 D
停留所のグレードアップ（地下出入EVとの一体化）	バス専用レーンのカラー舗装	バスベイ	テラス型バス停

図 3-8　さっぽろ都心交通計画の検討における道路空間活用イメージの代替案
（口絵参照）

出典）さっぽろ都心交通検討会，10年後の都心交通を考えてみませんか　〜魅力的な都市と交通の再生を目指して（さっぽろ都心交通検討会報告書），平成15年3月

ポイント6　まちが目指す将来ビジョンを明示することが重要

　まちが目指す将来ビジョンを明示し，それを市民や関係者間で共有することが重要である．交通まちづくりを進める過程では，市民等の関係主体が交通まちづくりの目指す方向について確認を求めることが多い．例えば「行政は何を目指しているのか？」，「行政はいったい何をやりたいのか？」といった声が市民等から挙がる場合が多い．交通まちづくりが目指す将来ビジョンが，画餅に帰することなく，具体的な施策に結びつき，展開されていくには，将来ビジョンの内容について市民を含む関係主体と共有することが重要である．

　わが国では高度成長期から安定成長の時代に移行し，都市化が沈静化して都市型社会になったといわれている．そのため，市街地の急激な拡大に対応して大規模な交通施設を新たに整備する局面は限られるようになっている．しかし，交通渋滞やまちの衰退など，まちを取り巻く問題は依然として解決されていない．そのため，効率と効果を考慮し，重点的な新規投資を進めるとともに，既存のストックを有効活用することが重要になってきている．このような時代においても，長期を見据えたまちの将来ビジョンを明示することは重要である．

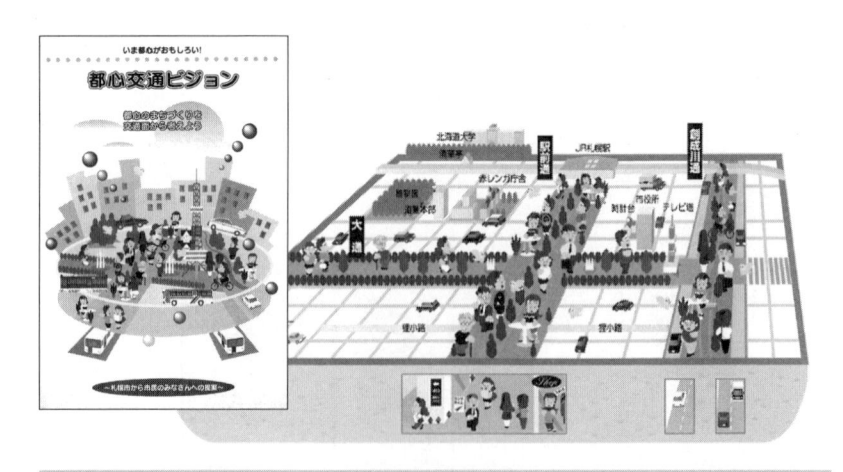

> 札幌市は，長期総合計画を受けて，歩行者や環境を重視した概ね20年後の都心交通の望ましい将来ビジョンについて，その理念と取り組むべき施策を，イメージ図等を使って広く市民に提案しました．この提案をきっかけに市民議論がスタートしました．

図3-9　札幌市の都心交通ビジョン
出典）札幌市，都心交通ビジョンパンフレット，平成13年5月

これまでは右肩上がりの成長を前提にした大規模な道路や公共交通の新たな施設を提案することが将来ビジョンや計画の大きな役割であった．これからは，少子高齢化や人口減少，環境問題など安定，成熟した社会を前提とした21世紀の課題を踏まえたまちの将来ビジョンを示すことが重要である．

ポイント7　将来ビジョン作成段階から市民参加も有効

　将来ビジョンを作成する段階から市民を巻き込み，意見を収集，反映させることも，合意形成に向けて有効である（参考事例：第3章コラムのさっぽろ都心交通計画のさっぽろ夢ストリート市民1000人ワークショップ）．ただし，まちの将来ビジョンの検討は，まち全体や都市全体，場合によってはもっと広域の問題になる可能性があることを考えると，そもそも行政の担当部局が責任をもって検討する筋合いのものである．そのような意味でも，より多くの市民の声を収集することが重要であり，一部の市民を対象にした住民参加方式は必ずしも馴染まない場合があることに留意する必要がある．市民参加のねらいを定め，そのねらいを達成するのに適した住民参加方式を採用する必要がある．また，市民参加のねらいを明確にした上で，市民参加の成果の位置づけと取り扱いを当初から参加者に対して明らかにしておくことが重要である．そのような点について市民に十分に伝わっていない場合には，その後の市民参加の成果の取り扱いについて市民の誤解と混乱を招く危険性があることに十分に注意する必要がある．

ポイント8　有機的な施策展開プログラム

　交通まちづくりの施策は多様であり，その実施主体は，交通管理者，道路管理者，都市計画，交通事業者など公共団体だけでなく民間団体にまで及ぶことが多い．そのため，交通まちづくりを効率的・効果的に展開していくには，どの主体がどの施策を担当し，いつ実施するかについて，関係主体が共有し，各担当主体が役割を分担して責任をもって実施していくことが重要である．また，

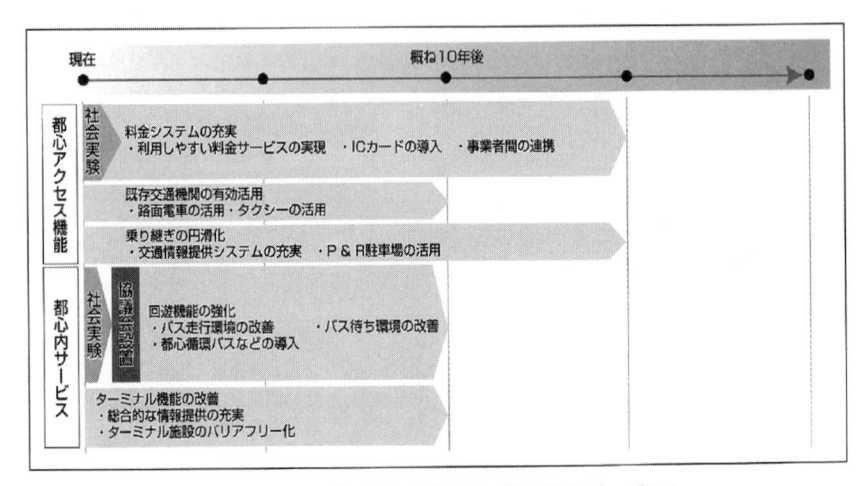

図3-10　さっぽろ都心交通計画の施策展開プログラム
出典）札幌市，さっぽろ都心交通計画－人と環境を重視した都心交通に向けて，平成16年7月

各施策は，相互に関連している場合が多く，それらが施策パッケージとして総体となって初めて期待される効果を発揮する場合が多い．一方，その施策実施順序を間違えれば，効果を相殺したり，施策実施環境を損なう関係にある施策がある．そのため，施策が効率的に効果を発揮する視点から各施策間の影響関係や適切な実施順序を考慮した施策展開プログラムを策定することが必要である．

第3章　交通まちづくりのはじめ方

ポイント9　社会実験の活用

　交通まちづくりを展開する際に社会実験を活用することが有効な場合がある．①社会実験は，施策の有効性を実際に示し，市民をはじめとする関係主体に知ってもらいたい場合，②これまであまり市民に知られていない施策を実体験してもらいたい場合，③これまでに実施した例が少ないためにその計画に必要な基礎データの収集や実施上の課題を明らかにしたい場合などが考えられる．わが国では，数多くの交通社会実験が実施されてきているが，社会実験のねらいの不明確さや，事前の実験計画が適切でないなどの原因から，「失敗した」と認識される事例もある．わが国では，成功しないと，次のステップになかなか進みにくいという状況もみられる．そのため，社会実験を実施する場合には，そのねらいを当初から明確にし，市民や関係者と共有するとともに，そのねらいに対応した綿密な実験計画を作成することが重要である．

図3-11　札幌市の「人と環境を重視した都心交通計画」社会実験
出典）札幌市，さっぽろ都心交通計画－人と環境を重視した都心交通に向けて，平成16年7月

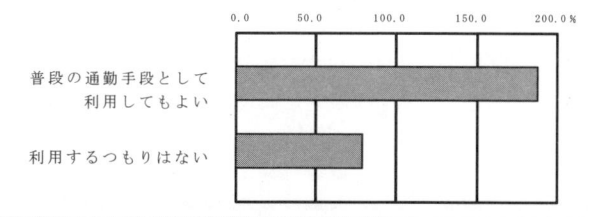

　交通施策の意義や内容を市民に理解してもらう手法として，社会実験は有効な方法の一つです．「体験」を通しての学習効果は高く，施策に対する理解が深まれば，渋滞問題や環境問題への市民の意識も高まることが期待できます．この図は，パーク＆ライド実施前後での市民のパーク＆ライドの利用意向の変化を示したものです．体験することで，利用意向が高まることがみてとれます．普段の通勤手段として利用してもよいと思っている人が，パーク＆ライドの体験により約1.8倍に増加し，利用するつもりはない人は逆に2割減少していることが分かります．

図3-12　社会実験実施による利用意向の変化の例
（実験実施前の人数を100%とした場合の，実験後の意向の変化）
資料：「静岡県都市整備総室都市計画室，平成11年度浜名湖南岸都市圏総合都市交通体系調査・TDM交通実験結果概要版，平成12年3月」をもとに作成

35

ポイント10　ＰＤＣＡサイクルが大切

　計画段階を経て，"Do-Check-Action"に移行，そしてPDCAサイクルのフィードバックループを内包した展開プロセスに入ることが大切である．そのため，そのPDCAサイクルを進める体制を構築することも重要である．施策を実施した結果を点検・評価し，目標が十分に達成されない場合や施策が計画どおりに実施できない局面になった場合には，施策の見直し，改善を柔軟に実施していくことで計画のリスクを軽減できる．PDCAサイクルは，関係者間で計画とその実行結果を共有し，それに対する各主体の認識の相互理解を助け，まちを良くするためには何が必要かといった点について建設的な議論を促す下地を整える効果も期待できる．

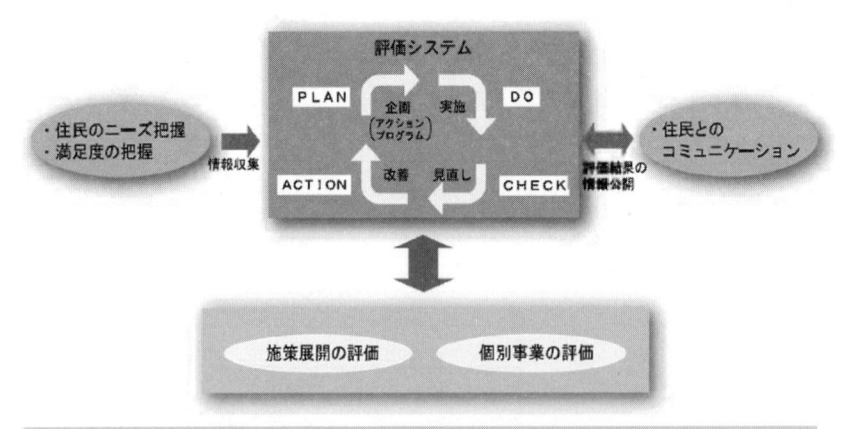

　熊本都市圏都市交通アクションプログラムでは，策定した短・中期施策（ＰＬＡＮ）を実施（ＤＯ）し，住民や地域の視点から，成果を評価，検証し，事業等の自主的な見直し（ＣＨＥＣＫ）や改善（ＡＣＴＩＯＮ）を行う一連のシステムを構築し，成果重視型事業の実現を図ることと，施策の目的や目標，成果を明らかにし，透明性を高めながら，住民への説明責任を積極的に果たしていくことが明示されています．

図3-13　熊本都市圏都市交通アクションプログラムのＰＤＣＡプロセス
出典）熊本県土木部都市計画課ホームページ
http://www.city.kumamoto.kumamoto.jp/toshikeikaku/toshikoutsuu/hp/actionprogram1.html

参考文献

1）太田勝敏編著：新しい交通まちづくりの思想　コミュニティからのアプローチ，鹿島出版会，1998年9月

コラム COLUMN

大規模ワークショップの実際：札幌市

◆ 大規模ワークショップの背景

　これまでは，将来の自動車交通需要を満足させるために道路をどのように整備するかという課題が中心であったが，これからはもっと複雑な問題に向き合うことになる．例えば，もっと安全な環境や潤いのある環境を得るために，それまでに得られていた自動車利用の利便性を若干，失うことはどこまで容認されるか．公共交通の比重を高め自家用車利用の抑制のために，財政投資も含めどこまでコンセンサスが得られるか．市民や住民のライフスタイルや事業者の業務形態に大きな影響を与える内容であり，相互矛盾的な複数の価値観を調整，止揚する合意形成のデザインが求められている．

　これまでも，アンケートから住民投票に至るまで市民意見の傾向を捉えたり，政策の是非を問う方法はあったが，問題は単純な二者択一ではない．対立する利害の中から新たな可能性を発見する創造的な討議の場が求められる．その点では，ワークショップなどの手法が注目されるが，通常の参加者数は30〜40名程度で，60〜70人ともなるとかなり大きな規模といえ，全市的な課題の政策判断の材料とするには弱い面がある．

　札幌市の場合も，都心再生の一環として人と環境にやさしい交通環境の実現を政策課題として掲げたが，果たしてそれが市民コンセンサスを得られるものか，何らかの政策判断の材料が求められていた．そんななかで2003年11月に取り組まれたのが「さっぽろ夢ストリート：市民1000人ワークショップ」であった．従来のワークショップを政策判断に影響を持たせられると思われる規模に一挙に拡大させる試みである．

　この企画を発意するきっかけとなったのは，2002年7月にニューヨークで開かれた，グランドゼロ跡地開発をめぐる5000人ワークショップ「Listening to the City」であった．これらの試みは「討議デモクラシー*」として民主主義

社会において新しい地平を開く可能性を持っているが，ここでは，技術的問題に焦点を合わせて紹介する．

写真1　市民1000人ワークショップの会場．参加人数が多いので2日間に分け同じプログラムで運営した．

*篠原一著『市民の政治学-討議デモクラシーとは何か-』
「・・・1990年前後から，参加だけでなく，討議の重要性が再認識され，とくに政治の世界の討議だけでなく，市民社会の討議に裏づけられない限り，デモクラシーの安定と発展はないと考えられるようになった．これが討議デモクラシーである．」

◆　大規模ワークショップのプログラムづくりのポイント

1000人規模のワークショップのプログラムを検討するにあたって主な検討課題となったのは次の7点であった．

① 成果をどのように政策判断に活かすのか，目的を明確にする
② 多くの市民に関心を持ってもらうには
③ 多くの偏りの無い参加者を得るには
④ 限られた時間の中で成果を上げるには
⑤ 大規模なワークショップを支えるファシリテータを確保するには
⑥ 当日の討議の成果を参加者がその場で確認できるようにするには
⑦ 政策判断の結果を市民に広く伝えるには

1番目の目的と成果の活かし方については，最も重要な課題だったが内容的に普遍性のあるものでは無いので，検討の体制だけ触れる．都心の交通とまちづくりといっても，計画部局だけではなく事業部局にも大きな影響を与えるし，

対象も道路だけでなく公園や河川など様々な分野に関係する．これら関係部局の横断的調整会議を頻繁に開催し，何を市民に問い，どのように政策に反映していくか討議を重ねた．大規模ワークショップの企画を所管する課のみがプログラムの検討をするのでは，結果についてどこも対応をしない，あるいはできない状況を生む危険性があるので，最もエネルギーをかけたところといえる．その他の検討課題について，どのような対処をしてどのような成果に結びついたか順にふれてみたい．

❖ 市民団体とのコラボレーション

多くの市民に関心を持ってもらうために，市内14カ所で大規模市民ワークショップの開催趣旨や関連する計画の内容をまとめたパネル展を行った．会場のほとんどが市役所や区役所のロビーだったこともあり，効果は今ひとつだったかもしれない．大きな成果を上げたのは，都心の交通問題に関心の高い市民団体が連携して開催した全12回にわたる「都心の交通を考える連続ミニ・フォーラム」であった．ほぼ週1回のペースで開催され，各回60名から200名の参加があり延べ1000人近くの方が，都心の交通のあり方について様々な角度から学び，討議した．

この企画は，発意から実施まで1ヶ月程度というハイスピードで行われた．ポイントは，いくつかの市民団体の代表が呼びかけ人になり，各回の運営はそれぞれの団体が責任を持つ形で実施する形態を取ったことである．札幌市は，ポスター・チラシ・ホームページなどによる告知と会場提供をお手伝いした．このフォーラムをきっかけに大規模ワークショップに参加された方も多かった．

❖ 参加者の募集の方法と結果

最も難航したのが参加者の確保である．人口180万人といっても，午前10時から午後5時までの長時間にわたって討議に参加する方が1000人集まるのか．また，参加者に極端な偏りが生じないかも懸念材料であった．結果的には，参加者は517名にとどまった．目標からすると半数をようやく超える程度であったが，それだけの参加を得るにもポスター，チラシはもとより，市広報特集号，新聞広告などで詳しい告知を行った他，無作為抽出で1万2千人に参加案内のダイレクトメールを送るなどした．最後は，職員による街頭チラシの配付もお

こなうまでしたが，参加者へのアンケートによると，いろいろな手段がそれぞれに機能し積み重ねられた結果の517名だったといえる．

懸念された参加者属性についても，年代別，居住地別にみてもかなり偏りのない構成となったといえる．詳しい分析のできる情報を持ち合わせないが，おそらく1000人規模で参加者を募集するがために取った多様な手段が，多様な受け手に情報が届くことにつながり，結果，偏りの無い参加者構成を得ることになったといえる．

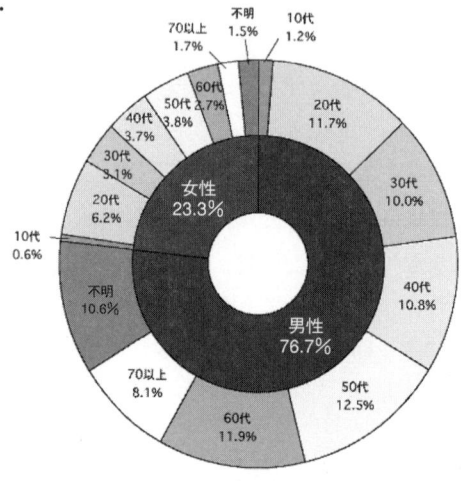

図1　男女別・年代別参加者割合

❖ 論点の明確化と討議に向けての情報提供

当日は，大きなテーマが3つあり，実質の討議にさけるのは各1時間45分という限られた時間の中で，テーマの説明から結果の確認まで含め密度の濃い討議と分かりやすい成果を導くにはどうすればよいかというのも難問であった．そのために，事前に100人規模のプレ・ワークショップや関連団体へのヒアリングを実施し，論点の抽出と討議に必要な情報として何が求められるのかをリサーチした．抽出された論点は，討議に際しての選択肢として示し，討議の前後によって参加者の意見傾向がどのように変化したのかを数量的に把握することを可能にした．

討議に必要と指摘された情報の中には財政的な問題も含まれ，できるだけ簡潔にしようとした参加者への事前配付資料も46頁にのぼった．また，当日は関係課の課長が必要に応じてワークショップのテーブルに出向き質問に答える体

制をとった．この方法は，市民と行政の垣根を低くするのに効果的で，後々，いろいろな場面で応用されている．

❖ ファシリテータの確保

　参加者が500人ちょっとと言っても，延べ100テーブルのワークショップを運営するには延べ各100人のファシリテータと記録係を必要とした．ファシリテータは市内の民間プランニング事務所や大学研究機関等に公募したが，100人ともなると経験豊富な方がそれだけ集まるか不安はあった．そのため，経験の浅い方には事前に1日間の実技研修を用意した．

　結果的に，2日間にわたってファシリテータを引き受けていただいた方もいて77人のテーブルファシリテータと，各テーブルの進行調整，補佐を行う全体ファシリテータ5人，総合ファシリテータ1人という体制でのぞむことができた．記録係は市の職員が担当したが，ファシリテータも含めこれだけの市民討議の場を経験したことは札幌市の大きな財産になったのではないかと考える．

❖ IT活用による討議の集約

　討議で出された意見は付箋に記録され，後日，全文が報告書にまとめられたが，当日の参加者がその場で討議の結果を確認する仕組みも大切と考えられた．そのため各テーブルにコンピュータの端末を配備して，論点に関する選択肢への投票結果と，主要な意見をメインコンピュータに集約し，討議終了時点で結果を速報できるシステムを組んだ．投票結果は自動的にグラフ表示され，主な意見は総合ファシリテータが全体の傾向を要約して報告した．

　論点に関する選択肢への投票は，討議の前後で行っており意見傾向がどのように変化したかが把握できるようにした．1時間弱の討議ではあるが，お互いの意見を聞き合うことにより確かな変化が読み取れた．さらに興味深かったのが，2日間，同じプログラムで運営した結果，両日とも意見傾向や，討議の前後による変化傾向に，ほとんど大きな違いが見られなかったことである．このことは，当日の討議の結果が，政策判断のひとつの材料として一定程度の重みを持っていることを，対外的に示す大きな材料となったといえる．

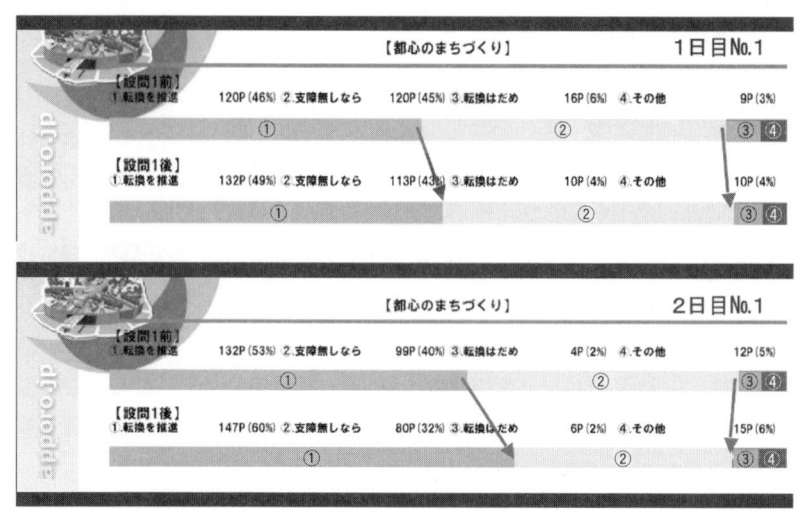

図2　1日目と2日目の討議前後の意見傾向の変化

❖ 市長自らの政策判断結果の報告

　大規模ワークショップの結果が，政策判断にどのような影響を与えたかについては別稿にあるので，ここでは詳しく触れないが，個々の施策に対しては厳しい注文がついたものもあった．結果報告についても内容や報告方法についてかなりの議論が行われた．しかしながら，先にも触れたとおり，事前に関係部局の横断的議論の場が設けられていたこともあり，議論が大きく混乱することは少なかった．

　報告としては，広報特集号はもとより，市長自らが市民に政策判断の結果を語る「都心まちづくりフォーラム」が開催された．議会の場以外で，市長が直接市民に政策判断の結果や，判断に至る経緯などを詳しく説明するのは異例であったが，大規模ワークショップという新しい参加のシステムの総括としてふさわしいものだったといえる．

◆ 大規模ワークショップの意味

　このような大規模ワークショップは，かなりの費用とエネルギーを必要とする．費用対効果も含めこれが最善の手法かどうかについては議論が分かれるかもしれない．モデルとなったニューヨークのワークショップでは，6つの再開発案にNOの声が寄せられ，結果的に国際コンペによる再検討の道をひらき，分かりやすい結果を残した．札幌の場合は，そのようなドラマが無かったこともあり，参加者の評価が気になるところでもあった．本格的な事後調査の機会が無いので正確なところは分からないが，何人かにヒアリングしたところでは共通して次のような感想を得た．「結果が政策にどのように反映されたかについても気になるところだが，これだけ多くの市民が長時間にわたり自分たちのまちのあり方について情熱を持って語り合った経験は得難いものであった．」ファシリテータとして参加したプランナーや記録を担当した市の職員も同様の指摘をしている．

　大規模ワークショップは，政策判断の材料を得るひとつの手法であるのと同時に，「討議」という過程を通じ，市民のまちづくりへのモチベーションを高めるきっかけとして，大きな役割を果たすのではないかと考えている．

第4章
交通まちづくりを測る（知る）

第4章 交通まちづくりを測る（知る）

4.1 何故交通まちづくりを測る（知る）必要があるのか？

　読者の皆さんは，都心で今，何が起こっているか？果たしてどれだけの事実を挙げることができますか？例えば，自分の街について，以下の問の答えを考えてみて下さい．

①あなたの街では，人はどれだけの距離歩いていますか？
②日曜日に来街する人の年齢構成や属性はどうなっていますか？
③ベビーカーや体の不自由な方が公共交通を利用して都心に来ていますか？
④人はどのような経路や順序で回遊しているか知っていますか？
⑤どのような目的で都心に来ているか知っていますか？

どれだけの項目に回答できただろうか？
　地方自治体が保有している都心交通に関するデータには，商店街等が実施している歩行者交通量や都心の自動車交通量等が一般的である．人を中心としたまちづくり，人が主役のまちづくりなどと言われて久しい状況にも関わらず，人（歩行者）に関する質的なデータがほとんどないのが実状ではないだろうか．
　質的なデータが整備されていないということは，これまで**計画者や市民は何も実態を知らない，知らなかった**ということが事実であり，第3章で述べたようにステークホルダー間や行政と市民との情報ギャップを埋めるためには，客観的な情報やデータが必要不可欠である．
　中心市街地の活性化や都心再生プロジェクトが目白押しの現在，様々な施策の実施により，都心の魅力がどのように変化し高まったのかを計測し，そのノウハウや知識を共有していくことが大切である．

・横断歩道のない交差点は歩行回遊にどのような影響を与えてきたのか？
・歩道橋は交通まちづくりの阻害要因になっていないのか？
・歩行者天国は本当に周辺の道路環境を悪化させているのか？
・地下街を整備すると都心の活性化が低減してしまうのか？
・車道を歩行者モール化すると商店の売り上げは減少してしまうのか？

第4章　交通まちづくりを測る（知る）

写真4-1　アウグスブルグ（独）のトラムの様子
（欧州では，トラムやバス車内にお年寄りやベビーカーを押す女性を数多くみかける）

写真4-2　ミュンヘンの歩行者モール
（戦災復興により総合交通計画に基づき整備された全長1000mのフルモール（ノイハウザー通り）．平日の日中にもかかわらず，多くの市民がクルマを気にせず，安心してショッピングを楽しんでいる様子がうかがえる．）

など，科学的なデータがないが故に，政策の意志決定がミスリードされてはいないだろうか？

　本章では，交通まちづくりの視点から街を計測する方法を紹介し，街を測ることで何を知ることが出来るのか，具体的な事例を交えて解説する．

4.2 街を測る方法

4.2.1 交通まちづくりを測定する

　交通まちづくりの視点から，都心来街者や人の詳細な交通行動や回遊行動を測定する方法として，①アンケートによる方法，②ヒアリングによる方法，③携帯デバイスによる方法，④観測による方法などがある．

　アンケートによる方法は，被験者が回遊行動の結果を紙に記入するものであり，例えば来街手段や立ち寄り施設や立ち寄った時刻を記入する「回遊行動実態調査票」と経路を地図上に記入した「経路調査票」を組み合わせた方法や（図4-2），立ち寄り施設を記入する方法（図4-3）などが実施されている．

　ヒアリングによる方法は，来街者が帰宅するタイミングで都心での回遊行動を被験者に聞く方法である．

　携帯デバイスによる方法は，近年の位置計測技術やIT（情報技術）の進展により可能となった調査手法であり，携帯型のデバイスを被験者が付帯することで自動的に回遊行動を計測することができる．位置計測技術には，PHS（Personal Handyphone System）やGPS（Global Positioning System），RFID（Radio Frequency Identification）タグなど方法があり，数多くの適用事例がある．また，移動中にインタラクティブに調査を行ったり，ブログやメールで立ち寄り理由や気づいた点などを自由に回答する方法などと組み合わせた調査も可能である．

　観測による方法は，特定地点で来街者の属性を目視やビデオで観測したり，市民が自ら歩きながら街の問題点を観測するなどの方法がある．近年は自動的に属性を推計する技術が進展しており，年齢や属性などを自動的に観測できる日も近い．

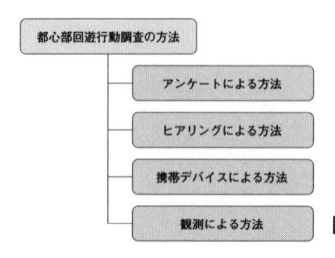

図4-1　都心の回遊行動を計測する方法

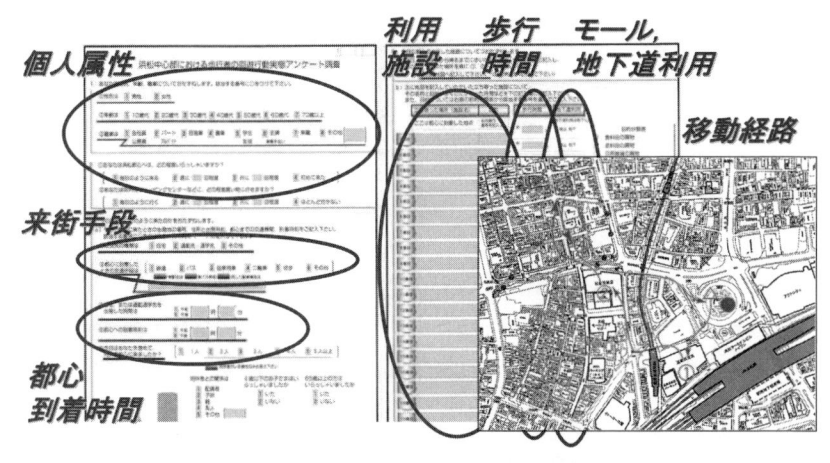

第4章　交通まちづくりを測る（知る）

図4-2　アンケート調査の調査票例（旧建設省の調査）
出典5）中心市街地活性化と歩行特性パンフレット，建設省（国土交通省）より

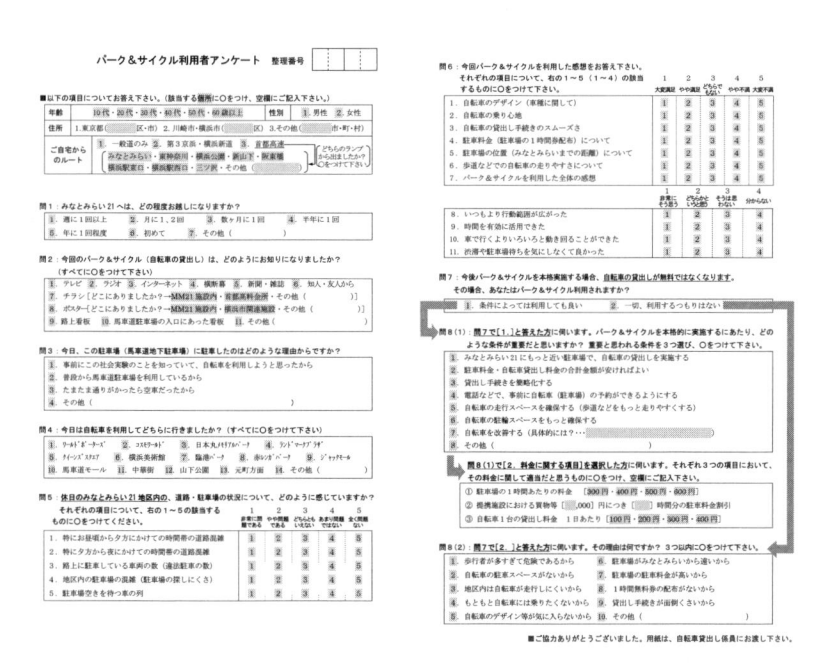

図4-3　アンケート調査の調査票例（横浜パーク＆サイクル実験）
出典）横浜市資料より

49

4.2.2 計測のために準備する道具

本節では携帯デバイスによる方法について，計測するための道具（デバイス）について，5つの方法を解説する．

①PEAMON（ピーモン）

PEAMONはPHSと加速度センサーを組み合わせた機器であり，街中に多数設置してあるPHSアンテナの情報を取得し，どの場所に何時にいたかを特定できる（位置座標と時刻）．PHSアンテナの設置場所の情報が収集できると，どの建物にいるか，何階にいるかといった情報も把握可能である．また，加速度センサーにより，立ち止まっているのか，歩いているのか，あるいはバスなどの交通機関に乗っていたか（移動状態）が推計可能なデバイスである．

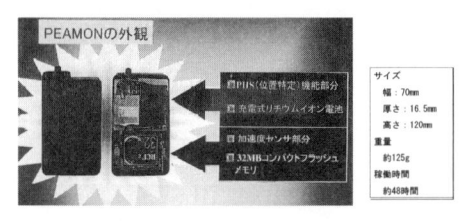

図4-4　PEAMONの概要[3]

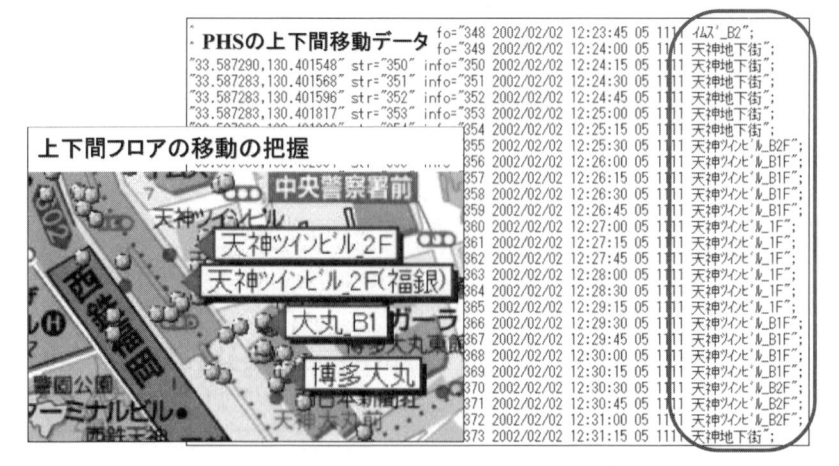

図4-5　PEAMONによるデータ取得例[8]

②電波タグ

電波タグは，アンテナを設置している場所に近づくと，アンテナが電波タグを感知し，時刻とタグの番号をアンテナ側に記憶するものである．図4-6はマラソンなどで既に実用化されている技術を利用し，都心の回遊行動を調査した時の様子である．

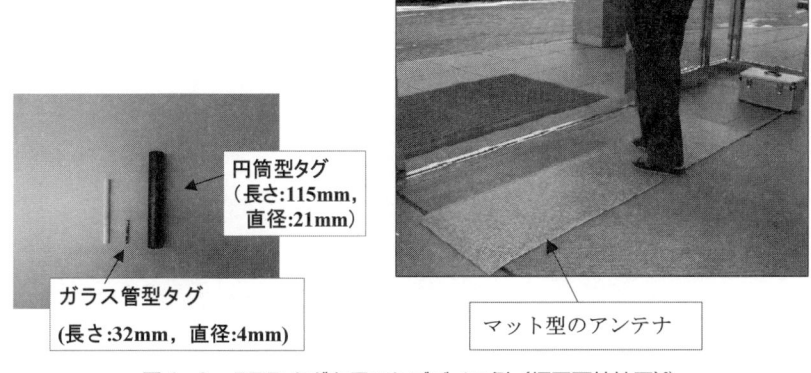

図4-6　RFIDタグを用いたデバイス例（福岡天神地区）[8]

③GPS携帯

GPS内蔵の携帯電話を用いて被験者の位置を把握する方法である．例えば，図4-7は携帯電話とウェブダイアリー調査を組み合わせた調査手法であり，プローブパーソン調査の一つの代表的な調査手法である．携帯電話では，出発時，経由時，到着時に携帯電話を操作することにより，移動目的や利用交通手段のデータ取得を行うことが可能である．また，携帯電話より収集された移動情報の確認や，機器の操作を忘れてしまった際の修正を行うため，WEBダイアリーシステムを利用する．WEBダイアリーシステムは，インターネットに接続可能であれば，いつでも利用することが可能であり，携帯電話による移動データの取得とWEBダイアリーシステムによるデータの修正を組み合わせることにより，より精度の高いデータを取得することが可能となる（図4-8）．

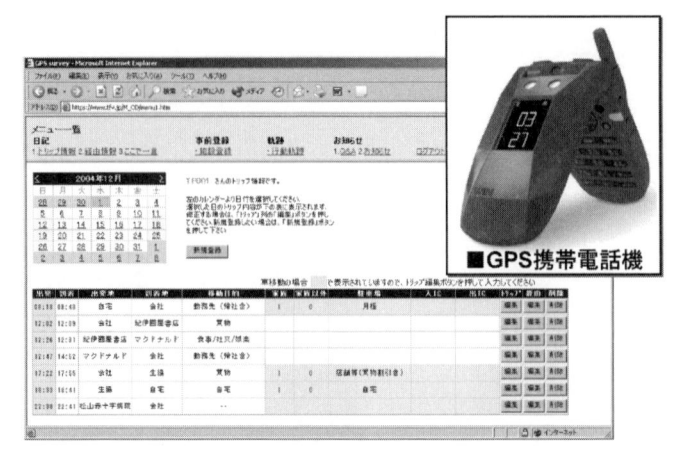

図4-7　GPS携帯とウェブダイヤリー調査を組み合わせた調査例[4]

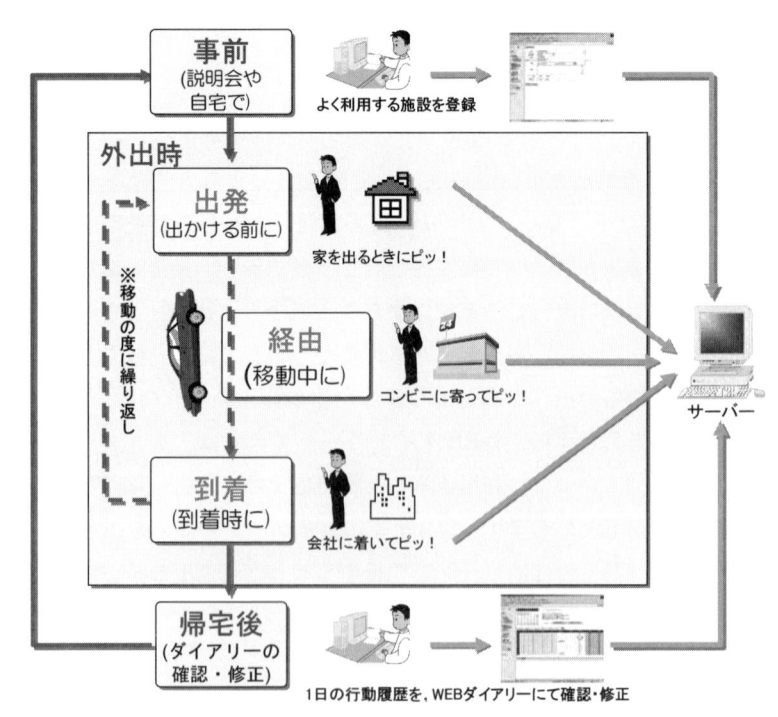

図4-8　携帯GPSとウェブダイアリーを組み合わせた調査の流れ[4]

第4章 交通まちづくりを測る（知る）

④ICC（INTELLIGENT CALORIE COUNTER with GPS）

　GPSアンテナ，上下加速度センサーと気圧センサー，温度センサーを内蔵した小型デバイス．上下加速度から，移動における段差が把握でき，気圧センサーより移動による高度が推計可能である．移動に伴う消費カロリーの算定も可能である．自転車の走行上の障害となるポイント抽出やシニアカーの走行上の障害（段差や歩道の傾斜），二輪車走行による簡易トラカンの性能検証など，調査実績がある．

写真4-3　ICCのデバイス（アイティリサーチ社製）

⑤BCALS（Behavioral Context Addressable Loggers in the Shell）

　BCALSは，GPSアンテナ，3軸加速度センサー，気圧センサー，温度センサー，湿度センサー，紫外線センサー，音センサー，ジャイロセンサー，方位センサーを超小型のシェルの中に内蔵した携帯型の行動文脈計測装置である．（写真4-4）複数のセンサー情報を利用して，個人の交通行動を自動的に識別する．音は施設の種別を，気圧はフロアを識別し，加速度とジャイロの組み合わせで交通機関や建物内の歩数などの識別が行われている．都心の回遊消費行動調査などへの適用や，3軸加速度計を用いた路面性状の分析などへの適用例がみられる．

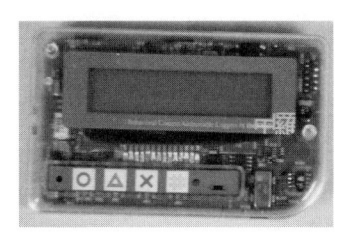

写真4-4　BCALS　（東京大学羽藤研究室開発）[13]

4.3 街を測ると何が分かる

街を測ることで，街が抱える交通問題やまちづくりの問題を発見できるだけではなく，交通施設とまちづくりとの関係が明らかになる．

例えば，図4-9は，中心市街地来街者を対象に回遊に関するアンケート調査結果であり，静岡県浜松市中心部における利用駐車場別の平均回遊歩行距離を示したものである．大規模施設付帯の駐車場（例えば遠鉄百貨店パーキング）の利用者は，百貨店の中で閉じてしまうような回遊行動が多く，都心の外縁部（フリンジ部）に立地する駐車場（丸倉モータープールやビオラ田町駐車場）は歩行距離が大規模付帯の駐車場に比べ大きく，駐車場の配置が回遊行動に影響を与えていることがうかがえる．現状では，交通まちづくりの視点から今後の附置義務駐車場基準や駐車場整備計画を見直していくためのデータが乏しく，街を測ることで新たな事実を知り，今後の政策に結びつけていくことが大切である．

また，図4-10と表4-1は歩行者モールを利用した人と利用しなかった人の都心内での滞在時間，立ち寄り施設数，総回遊歩行距離を示したものである．歩行者モールがまちづくりに寄与する可能性を示唆した図である．表4-2は，来街手段別に総歩行回遊距離，立ち寄り施設数を示した図であり，来街する交通手段がまちづくりに大きく関係していることが分かる．

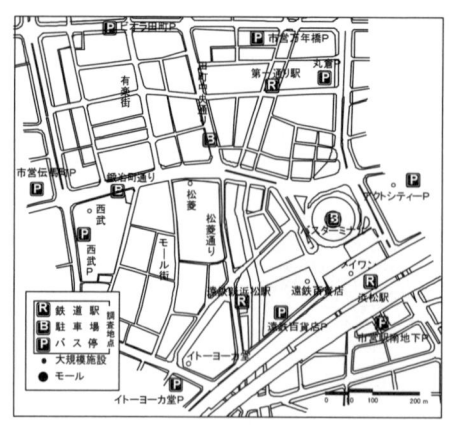

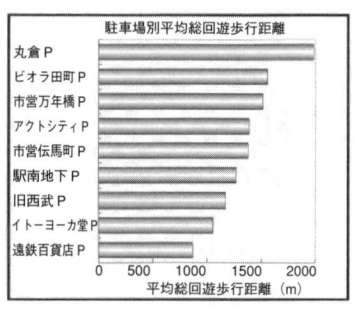

図4-9　駐車場別平均総回遊歩行距離[5)]

第4章 交通まちづくりを測る（知る）

表4-1　モール利用有無別回遊歩行特性[6]

	有無	浜松	宇都宮	高崎	沼津
トリップ数 （回）	あり なし	5.4 3.7	4.9 2.6	5.0 3.3	5.5 3.7
総回遊歩行距離 （m）	あり なし	2,030 1,154	1,332 431	1,809 767	1,359 792
1トリップあたり 歩行距離（m）	あり なし	393 297	286 163	385 225	266 227

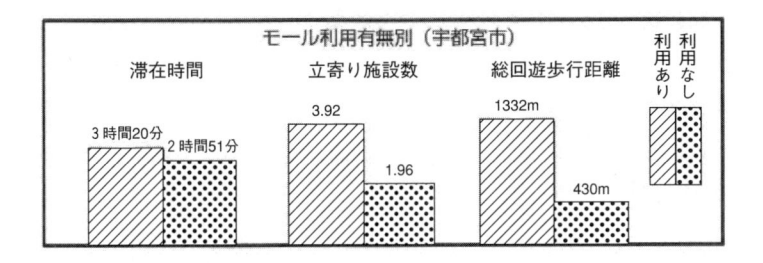

図4-10　歩行者モール利用有無別の回遊特性（宇都宮）[5]

注）左がモール利用者，左が非利用者

表4-2　来街手段別歩行回遊特性[6]

	来街手段	浜松	宇都宮	高崎	沼津
トリップ数 （回）	鉄道 バス 自動車	5.1 4.9 4.0	4.7 4.4 4.0	5.3 4.5 3.7	4.9 5.6 4.2
総回遊歩行距離 （m）	鉄道 バス 自動車	1,868 1,604 1,389	1,585 995 964	1,774 1,592 1,025	1,429 1,229 926
1トリップあたり 歩行距離 （m）	鉄道 バス 自動車	374 325 332	338 236 235	345 359 264	312 228 228
都心における 滞留時間 （分）	鉄道 バス 自動車	255 222 167	285 266 151	258 240 155	267 287 125

注）①各指標は平均値である．
　　②総回遊歩行距離は，建物外のみの歩行距離とした．

さらに，都心への移動経路や駐車場へのアクセス経路が容易に把握でき，特定経路の集中を改善するための計画策定や事業後の改善効果の把握が容易に可能となる．図4-11はGPS携帯を用いた調査結果を示しており，地点間の利用経路が容易に把握できることを示している．また，公共交通アクセスにおける手段別の移動時間やバス停や鉄道駅での待ち時間の実態が容易に計測でき，改善すべき問題箇所が視覚的にも把握できる（図4-12）．

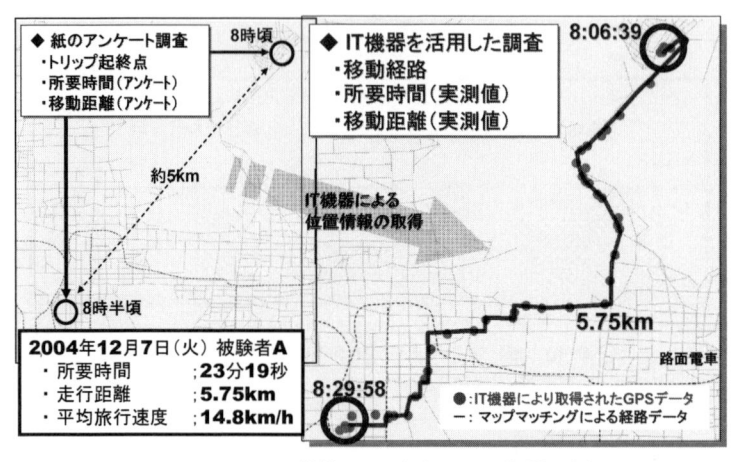

図4-11　GPS携帯により把握された移動経路[4]
左図は紙のアンケートによる結果，右図はGPS携帯による取得された被験者の位置をプロットした

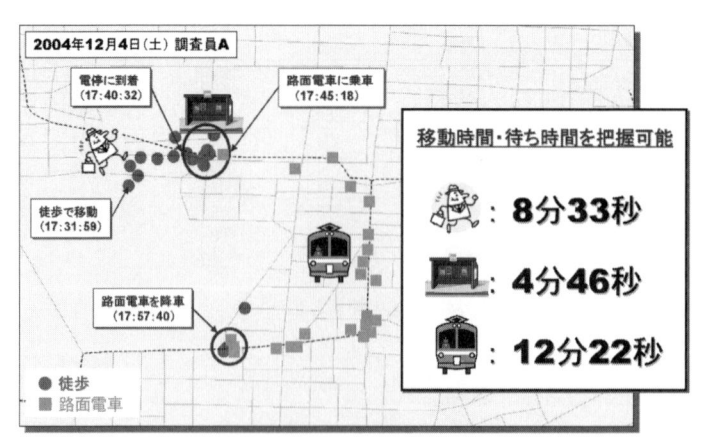

図4-12　公共交通を用いた移動の移動時間と待ち時間の例[4]
公共交通の移動における手段別所要時間や待ち時間の実態が容易に把握できる

第4章　交通まちづくりを測る（知る）

　このように街を知ることで，人（歩行者）の移動に関する実態の把握，人の移動に関する問題の発見，施設の利用実態の把握，モビリティマネジメントの効果計測，関係者の問題認識の共有や合意の醸成，都心再生プロジェクトなどの施策の事後評価，トランジットモールやバスモール，モール化，オープンカフェ，フリンジパーキング，都心循環バスなどのソフト施策などの事後評価など，様々な場面での利用が期待できる．

表4-3　まちを測ることに何が分かる？

- ❖ 人（歩行者）の移動に関する実態の把握
    - ・属性別の活動諸量実態（子供連れ，高齢者，学生，一人，カップル他）
    - ・利用経路，回遊パターン
    - ・回遊と消費性向の関係
- ❖ 人（歩行者）の移動に関する問題の発見
    - ・回遊を阻害する問題箇所の発見
    - ・移動上のバリアの発見
- ❖ 施設の利用実態の把握
    - ・駐車場，駐輪場，商店街，大規模施設，地下街
    - ・地下通路，横断歩道橋
    - ・休憩施設
    - ・施設間の利用パターン
- ❖ モビリティマネジメントの効果計測
    - ・CO_2排出量，走行距離
    - ・歩行諸量（消費カロリー，歩数）
- ❖ 関係者の問題認識の共有や合意の醸成
- ❖ 都心再生プロジェクトなどの施策の事後評価
- ❖ ソフト施策などの事後評価
    - ・例えば，トランジットモールやバスモール，モール化，オープンカフェ，フリンジパーキング，都心循環バス他

コラム COLUMN

日本にはこんなにクルマを気にせず安心して歩行できる空間がある

　都市地図をもとに主要な都市における歩行者モール延長を計測すると図に示したように多くの歩行空間が物理的には存在することが分かる．わが国はアーケード街や商店街といった線としての空間は多く存在し，西高東低の傾向である．

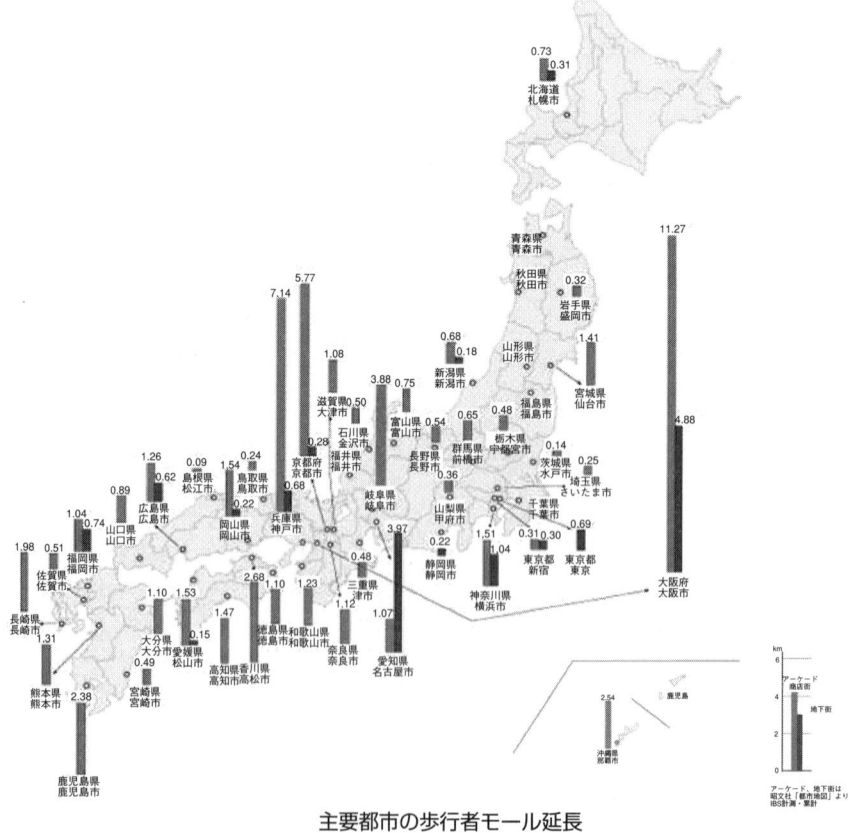

主要都市の歩行者モール延長

注）アーケード・商店街の延長は，都市地図よりアーケードや商店街の中から自動車の流入規制を行っていると思われる延長を計測した

4.4 交通まちづくりへの適用事例

　本節では，交通まちづくりを測る手法の中で，携帯デバイスを用いた方法やアンケート調査を用いた方法を採り上げ，具体的に都市に適用した事例を紹介する．

　本節では交通問題の実態把握に活用された事例，交通まちづくりの実施事例，社会実験の事前事後評価事例を紹介する（図4-13）．

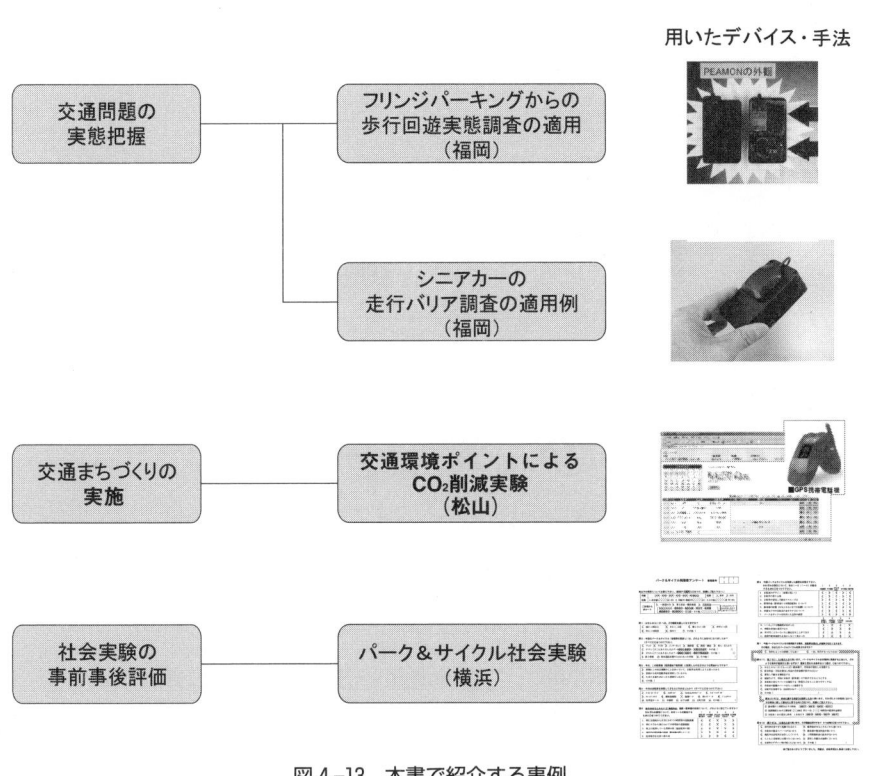

図4-13　本書で紹介する事例

事例1：フリンジパーキングからの歩行回遊実態調査の適用（福岡）

　一つ目の事例は，特定道路に集中する自動車交通をフリンジ部に誘導する可能性を検討するため，PHS（PEAMON）を用いてフリンジパーキングや都心部パーキングにおける回遊行動や回遊特性を分析した事例である．実施主体は国土交通省福岡国道事務所であり，平成14年2月2日（土），3日（日），9日（土），10日（日）の計4日間，被験者643名を対象に行われた．

　図4-14は調査対象とした駐車場の位置を示しており，天神周辺の3箇所の駐車場（フリンジ部の駐車場）と天神の繁華街の中の駐車場3箇所（都心部の駐車場），計6箇所である．

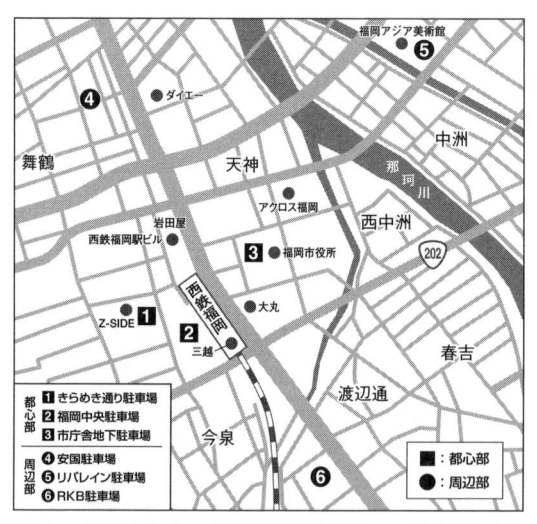

図4-14　駐車場からの回遊行動調査を行った駐車場の位置

　得られた結果の一部を以下に紹介する．PHSを被験者が携帯するだけで，駐車場からの回遊圏域や回遊特性，立ち寄り施設の性向，街路の利用特性など，様々な交通まちづくりの実態を把握することができる．

■天神での回遊行動調査結果（抜粋）

広範囲に行動するフリンジ部駐車場利用者
○駐車場からの移動範囲は，都心部よりフリンジ部の駐車場を利用した方の方が広い結果となっている

表4-3　移動範囲　　　　　　　　単位：m

	駐車場名	距離
都心部	きらめき通り駐車場	333.5
	福岡中央駐車場	403.2
	市庁舎地下駐車場	414.9
フリンジ部	ＲＫＢ駐車場	906.1
	安国駐車場	608.8
	リバレイン駐車場	596.7
	計	541.8

注）平均到達距離とは，駐車場から最も遠い位置座標を直線距離で計測

女性は，都心に長時間滞在
○都心の滞在時間（駐車場を出てから戻るまで）は，男性より女性が長い．
○男女ともに歩行時間は同時間であることから，女性は施設内での過ごす時間が長いことがうかがえる．

表4-4　都心滞在時間，歩行時間
単位（時：分：秒）

	滞在時間	歩行時間
男性	2：06：15	0：28：28
女性	2：18：23	0：28：45

注）全年齢階層を対象に集計

若年より中年層で長い都心滞在，短い歩行時間
○男女ともに，若年層（20～39才）より中年層（40～59才）の方が，都心滞在時間は長く，歩行時間は短い傾向にある．

表4-5　都心滞在時間，歩行時間
単位（時：分：秒）

		滞在時間	歩行時間
男性	20～39才	2：02：06	0：28：46
男性	40～59才	2：05：27	0：26：15
女性	20～39才	2：14：48	0：30：21
女性	40～59才	2：31：15	0：28：01

注）参加者の多かった20～59才を対象に集計

女性に人気の高いZ-SIDE
○天神地区を約50の街区に分け，街区への立ち寄り率をみると，Z-SIDE街区は女性の人気が特に高く，年代を問わず約半数の方が立ち寄っていることが分かる．

表4-6　立ち寄り率の高い街区

		第1位		第2位		第3位	
		街区名	立寄率	街区名	立寄率	街区名	立寄率
男性		天神駅・三越	32.0%	Z-SIDE	31.4%	大丸・エルガーラ	25.7%
女性		Z-SIDE	47.1%	天神駅・三越	41.0%	岩田屋・ソラリア	30.4%

		第1位		第2位		第3位	
		街区名	立寄率	街区名	立寄率	街区名	立寄率
男性	20～39才	Z-SIDE	31.7%	天神駅・三越	29.8%	天神駅	26.9%
男性	40～59才	天神駅・三越	31.7%	Z-SIDE	28.7%	大丸・エルガーラ,コアビル	24.8%
女性	20～39才	Z-SIDE	47.5%	天神駅・三越	40.3%	大丸・エルガーラ	27.3%
女性	40～59才	Z-SIDE	47.9%	天神駅・三越	42.3%	岩田屋・ソラリア	36.6%

地下街は女性の利用が高い

○ 男女別に地下街の利用率をみると，男性の38%に対し，女性は52%と過半数を超えている．

○ 都心部とフリンジ部に立地する駐車場利用者では，都心部駐車場を利用した方の，地下街利用率は高い傾向にある．

表4-7　男女別の地下街利用率

単位：%

男性	38.4
女性	51.8

表4-8　駐車場位置による地下街利用率

単位：%

都心駐車場	54.0
フリンジ部	33.1

利用の多い渡辺通り

○ 駐車場利用者ごとに，利用した道路をみると，リバレイン駐車場を除き，最も利用率が高いのは，渡辺通りであった．

○ 駐車場の位置によって，利用区間は異なり，渡辺通りの利用率は概ね20～50%となっている．

表4-9　渡辺通りの利用率

単位：%

	天神交差点以北	天神交差点～渡辺通4丁目交差点	渡辺通4丁目交差点以南
きらめき通り駐車場	1.0	19.2	0.0
福岡中央駐車場	0.9	31.1	0.9
市庁舎地下駐車場	1.2	23.2	2.4
ＲＫＢ駐車場	1.0	40.6	52.1
安国駐車場	0.0	11.8	1.2
リバレイン駐車場	0.0	5.3	0.0

駐車場ごとの行動範囲

○ 下図は，調査参加者の15秒ごとの位置をプロットした図であり，駐車場の位置と回遊行動の関係が一目で理解することができる（実線がフリンジ部の駐車場からの主な回遊圏域，波線が中心部の駐車場からの回遊圏域）．

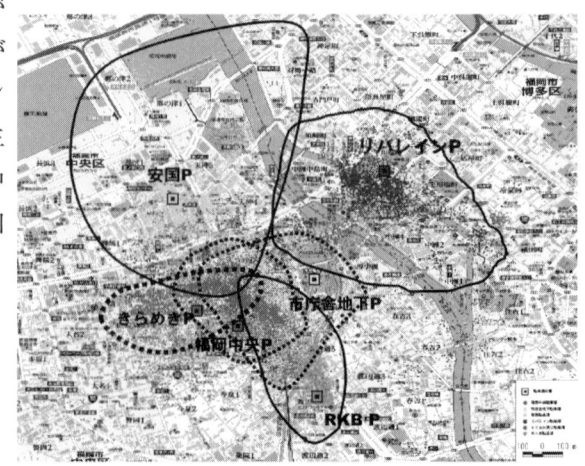

図4-15　駐車場別の歩行回遊圏域

第4章　交通まちづくりを測る（知る）

事例2：シニアカーの走行バリア調査の適用例（福岡）

　事例は，シニアカーのかごの部分に上下加速度が計測可能な端末（Icc withGPS）を設置し，シニアカーの走行経路上のバリアフリー度を計測し，バリア箇所の抽出が可能であることを実証したものである．実施主体は国土交通省福岡国道事務所であり，2003年度に実施された福岡タウンモビリティ社会実験に合わせ，実施された．

　上下加速度のデータから歩行の段差などが発生した状況が推計でき，GPSの位置情報より発生した場所の特定が可能である（図4-16，図4-17）．図は抽出されたバリアの位置を図示したものである．

図4-16　シニアカーのバリアーポイント（左），シニアカーと調査デバイス（右）

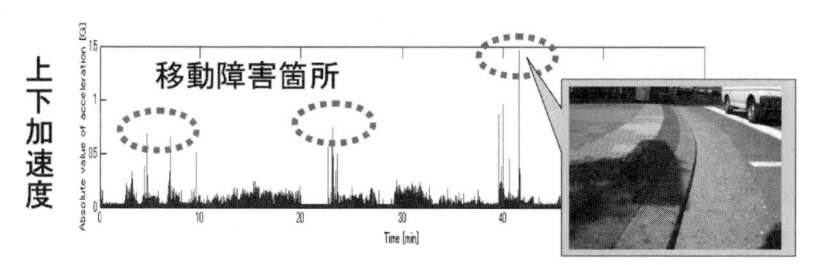

図4-17　移動障害ポイントの挙動の様子
　　注）上下加速度データと気圧センサーより移動障害の場所などが推計可能

63

事例3：交通環境ポイントによるCO_2削減実験

　都市の渋滞がますます悪化する一方で，CO_2排出削減に向けて，まちぐるみでのCO_2排出の少ない交通行動の変更促進に向けたより一層の工夫が必要となってきている．本事例は，「交通環境ポイント」を導入し，一般市民に対しCO_2削減について，「意識の向上」と，「楽しみ」を持って，実際の行動に反映してもらうことを目的として，公共交通機関利用時や，早朝出勤時にポイントを発行し，ポイント数に応じたインセンティブを与えることによるCO_2削減効果について調査したものである．（出水・羽藤，2005）

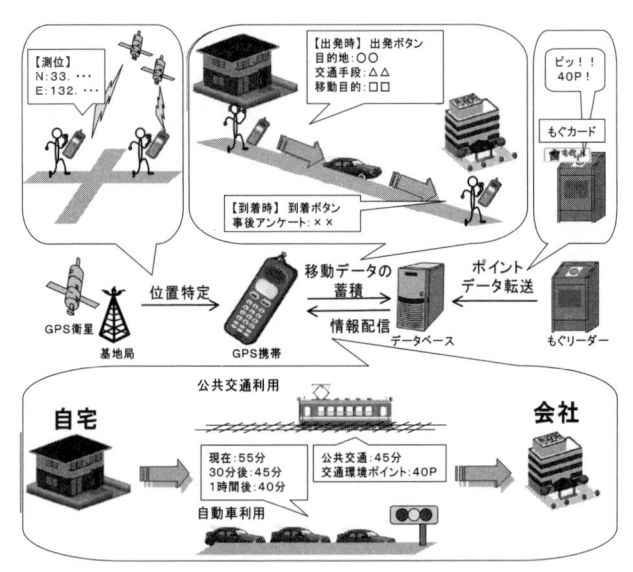

図4-18　交通環境ポイントの概念

　調査機器として，ＧＰＳ携帯電話，Ｗｅｂダイアリー，もぐカード（μチップ搭載）を使用した．調査内容は，ＧＰＳ携帯電話を用いた「トラッキング調査」，Ｗｅｂダイアリーを用いた「ダイアリー調査」，Ｗｅｂを用いた「アンケート調査」である．行動変更を促すために，「交通環境ポイントシステム」，自動車と公共交通の予測情報を配信する「マルチモーダルナビシステム」を導入している．

(1)交通環境ポイントシステムについて

> ・環境に貢献したモニター(交通手段変更,出発時刻調整)に対する交通環境ポイントの付与(ポイント上位モニターにインセンティブの提供)！

　交通環境ポイントとは,交通手段変更や出発時刻調整等の移動の変更により環境に貢献したモニターに対して与えるポイントである.
　交通環境ポイントの与え方は以下の2通りであり,交通環境ポイント取得者のうち,ポイント上位者には粗品が提供される仕組みとなっている.

①交通手段の変更

> ・公共交通利用者に交通環境ポイントを付与！
> (道路混雑時間帯に利用したモニターはさらにポイント増)

　公共交通利用者には,交通環境ポイントを与えている.対象とする公共交通は伊予鉄道郊外電車とし,松山中心市街地の駅(松山市駅)で乗車,降車をする場合にのみ,交通環境ポイントを付与する.μチップを搭載した「もぐカード」を駅構内に設置した「もぐリーダー」(写真4-5参照)にかざすことで行動認証を行うものである.また,道路混雑時間帯を考慮した時間帯別のポイントの変動を表4-10に示す.道路混雑時間帯に公共交通を利用した人には,ポイントが多く与えられる仕組みである.

写真4-5 もぐカード(左),もぐリーダー(右)

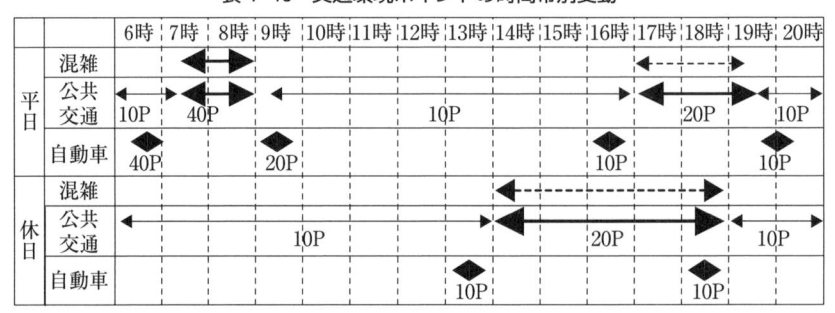

表4-10 交通環境ポイントの時間帯別変動

		6時	7時	8時	9時	10時	11時	12時	13時	14時	15時	16時	17時	18時	19時	20時
平日	混雑		←→										←--	--	--→	
	公共交通	←10P→	←40P→		←--------10P--------→								←20P→		←10P→	
	自動車	◆40P		◆20P							◆10P			◆10P		
休日	混雑								←--	--	--	--	--	--→		
	公共交通	←--------10P--------→									←20P→			←10P→		
	自動車								◆10P					◆10P		

②出発時刻の変更

・自動車の移動で,混雑時間帯を避けるように出発時刻を調整した自動車利用者に,交通環境ポイントを付与!

道路交通の混雑が激しい時間帯前後に,松山中心市街地(松山市駅から半径2km以内)へ到着,または松山中心市街地から出発を行ったモニターに交通環境ポイントの付与を行う.また,ポイントを付与するのは移動距離が2km以上のトリップのみとした.時間帯別のポイントの変動は表4-10の通りであ

る．モニターの出発位置，到着位置，移動距離等の認証はGPS携帯電話で取得されたドットデータを用いて行った．

・交通環境ポイントにより，自動車の出発時刻調整を確認！
・詳細な交通行動の変更を把握！
---

(2)交通環境ポイント取得回数

・交通環境ポイント取得が最も多い時間帯は平日9時！
・公共交通は，道路混雑時間帯利用者が多数！

図4-19に，交通手段別，獲得時間別の交通環境ポイント取得回数を示した．公共交通は，自動車混雑時間帯にポイントを獲得している人が多く見られる．自動車は，平日と休日で傾向が異なっており，平日は，道路混雑時間帯後の獲得者が多く，休日は道路混雑時間帯前の獲得者が多いことが分かる．

公共交通より自動車の方が交通環境ポイント取得者数は多く，自動車における出発時刻の調整という行動変更が人々には抵抗が少なく，行いやすいと考えられる．

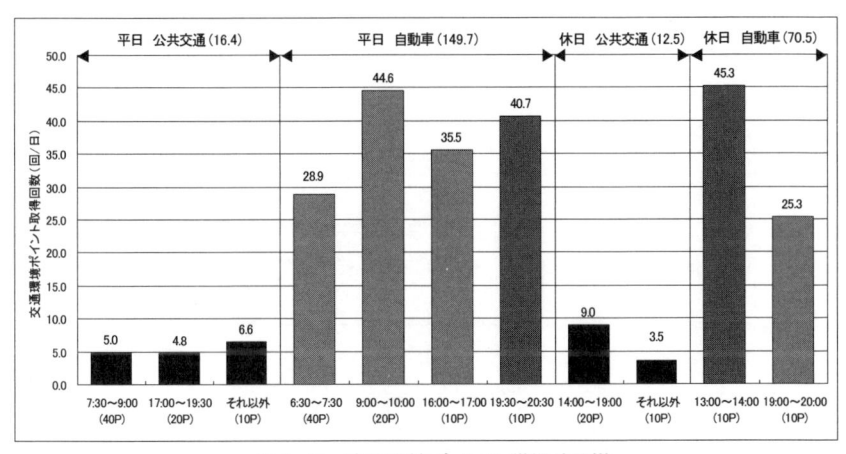

図4-19 交通環境ポイント獲得時間帯

(3) 交通環境ポイントによる自動車交通の増減

> ・交通環境ポイントにより，混雑時間帯の交通量が朝は約6％，夕方は約18％減少！

　交通環境ポイント付与前後における時間帯別自動車交通量の増減のグラフを，図4-20に示した．朝，夕方ともに，道路混雑時間帯の交通量が減少し，道路混雑時間帯前後の交通量が増加していることが分かる．交通環境ポイントによって，混雑時間帯の交通量を前後に分散できたと考えられる．

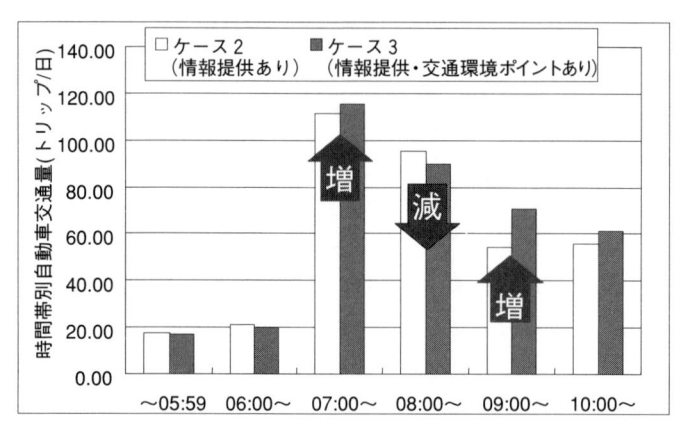

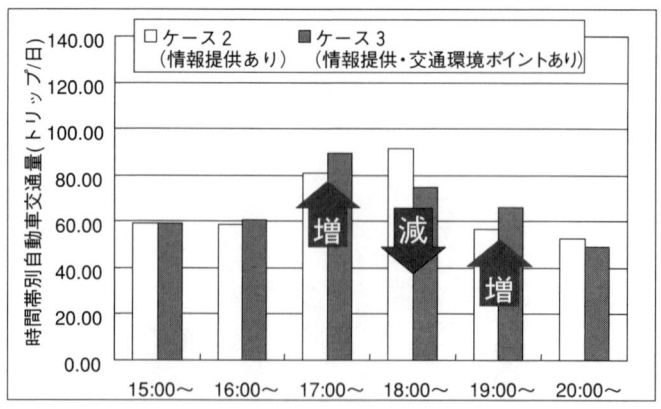

図4-20　平日の自動車交通量の変動（上：朝，下：夕方）

第4章 交通まちづくりを測る（知る）

(4)調査後アンケート結果

> ・約45％のモニターが，交通環境ポイントにより交通行動を変更！

　調査終了後，アンケートで交通環境ポイントによる行動変更の有無を尋ねた結果を図4-21に示した．

　交通手段を，自動車から鉄道に変更したモニターが約8％確認された．交通手段の変更が無かったモニターの理由として，自宅と公共交通駅の地理的要因が大きく，公共交通機関への変更が難しかったと考えられる．

　また，自動車の出発時刻を調整したモニターが約39％確認された．交通環境ポイントが出発時刻調整を促すインセンティブとなる可能性を確認できた．

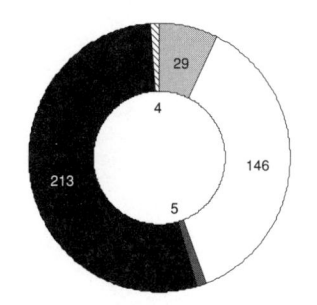

図4-21　調査終了後アンケート結果

事例4：パーク＆サイクル社会実験（横浜）

事例は，都心のフリンジ駐車場にレンタサイクルを設置したことによる回遊行動を来訪者にアンケート調査し，分析したものである。平成12年度に横浜で行われたパーク＆サイクル（P&C）社会実験は，平成12年10月14日（土）～29日（日）の期間に馬車道駐車場にレンタサイクルを設置し，レンタサイクル利用者と非利用者の回遊行動特性を比較し，また，パーク＆サイクル利用者と他施設利用者の回遊行動などを比較し，パーク＆サイクルの有効性を実証したものである。

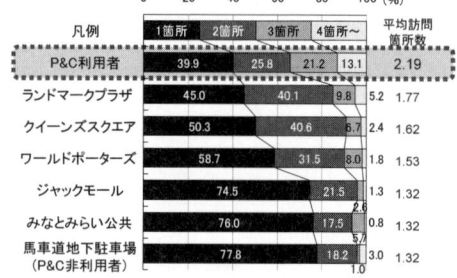

凡例	1箇所	2箇所	3箇所	4箇所～	平均訪問箇所数
P&C利用者	39.9	25.8	21.2	13.1	2.19
ランドマークプラザ	45.0	40.1	9.8	5.2	1.77
クイーンズスクエア	50.3	40.6	6.7	2.4	1.62
ワールドポーターズ	58.7	31.5	8.0	1.8	1.53
ジャックモール	74.5	21.5	2.6	1.3	1.32
みなとみらい公共	76.0	17.5	5.7	0.8	1.32
馬車道地下駐車場（P&C非利用者）	77.8	18.2	1.0	3.0	1.32

図4-22　P&C利用者と他施設利用者の平均訪問箇所数[9]

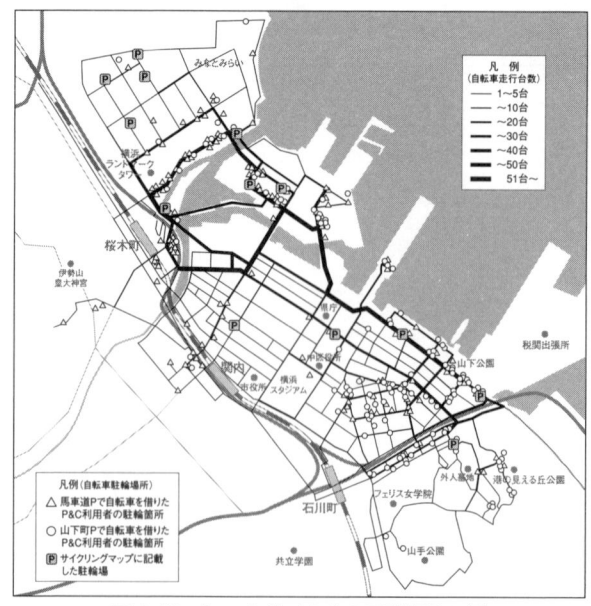

図4-23　レンタサイクルの回遊経路の例

第 4 章 交通まちづくりを測る（知る）

馬車道 P&C 利用者

凡例
100%
50%
25%

馬車道地下駐車場利用者訪問施設構成（％）

ワールドポーターズ	
コスモワールド	
クロスゲート	
日本丸Mパーク	
ランドマークプラザ	
クイーンズスクエア	
横浜美術館	
パシフィコ横浜	
臨港パーク	
赤レンガパーク	
ジャックモール	
横浜メディアタワー	
馬車道モール	
関内ホール	
情報文化センター	
横浜市庁舎	
横浜公園	
伊勢佐木モール	
カレーミュージアム	
中華街	
山下公園	
横浜マリンタワー	
横浜人形の家	
元町商店街	
港の見える丘公園	
外人墓地	
山手公園	
その他施設	

■ P&C利用者
□ P&C非利用者

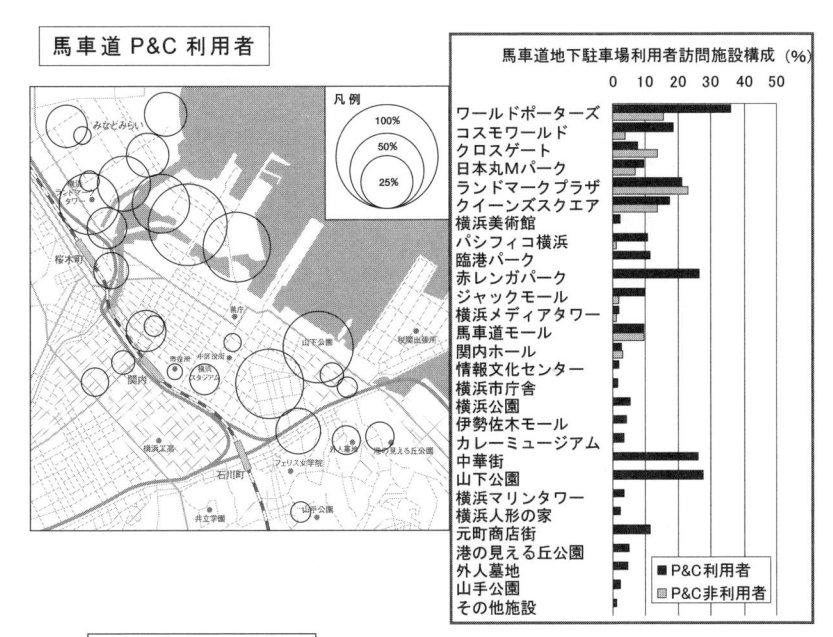

馬車道 P&C 非利用者

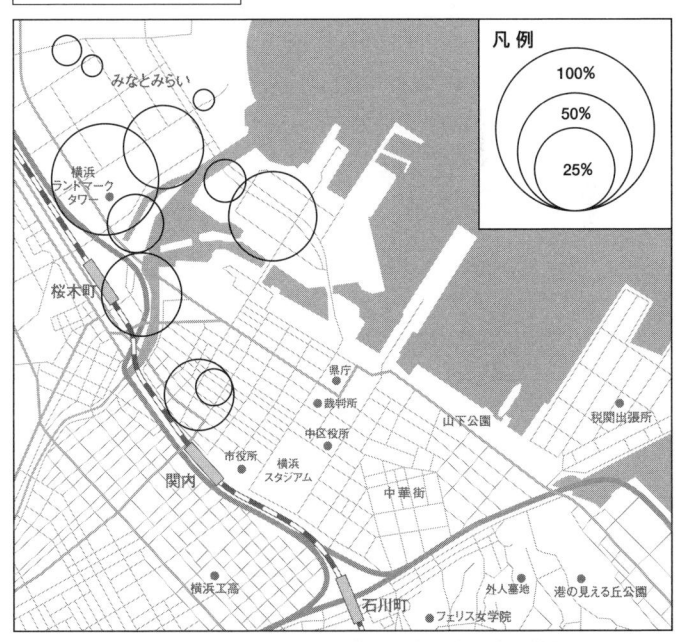

凡例
100%
50%
25%

図 4-24　P&C 利用者と非利用者の立ち寄り施設
（上：P&C 利用者，下：P&C 非利用者）

参考文献

1) Makimura, K., Nakajima, Y., and Ishida, H., Study on the effectiveness of performance monitoring PHS and GPS, 7th ITS World Congress (CD-ROM)
2) 朝倉康夫，羽藤英二，大藤武彦，田名部淳，PHSによる位置情報を用いた交通行動調査手法，土木学会論文集　No. 653／Ⅳ-48，2000年
3) 岡本篤樹，鈴木明宏，李竜煥，田名部淳，朝倉康夫，PEAMON(Personal Activity MONitor)の開発と機能実験，土木計画学研究・講演集　Vol. 23, No. 1，2000年
4) 井坪慎二，羽藤英二，中嶋康博，情報技術の活用による交通行動調査の効率化・高度化に関する研究，第31回土木計画学研究・講演集　Vol. 31, (CD-ROM), 2005年6月
5) 建設省都市局都市交通調査室，中心市街地活性化と歩行特性～地方中心市街地における歩行回遊調査結果から～パンフレット
6) 木下瑞夫，田雑隆昌，牧村和彦，浅野光行，都心地区における歩行者回遊行動調査とその有用性に関する研究，土木学会論文集　No. 625／Ⅳ-44，pp161-170，1999年7月
7) 交通工学研究会プローブ研究会，第1回プローブ研究会～プローブ技術の今後の方向性を考える，交通工学研究会プローブ研究会主催，2005年6月15日
8) 中嶋康博，西山良孝，矢部努，牧村和彦，田中利行，移動体通信機器を用いた歩行者交通行動のモビリティ指標化に関する基礎的研究，第25回土木計画学研究・講演集　Vol. 25, 2002年
9) 中村文彦，松尾寛，酒井博之，矢部努，石川友保，髙橋勝美，地下駐車場を活用した横浜パーク&サイクル社会実験，土木計画学研究講演集　Vol. 24, No. 1, 2001年
10) 羽藤英二，森三千浩，移動体通信によるドットデータを用いた交通行動文脈の解析手法，第23回交通工学研究発表会論文報告集，2003年
11) 牧村和彦，中嶋康博，長瀬龍彦，濱田俊一，PHSを用いた交通データ収集に関する基礎的研究，第19回交通工学研究発表会論文報告集　pp. 105-108, 1999年12月
12) 牧村和彦，高度情報機器を用いた歩行者行動モニタリングと移動支援，交通工学　Vol. 35, No. 4, 2000年
13) Hato, E. and Kitamura. R., Data oriented activity analysis based on probe person systems, TRB Special Conference Innovation In Travel Demand Modeling, working paper
14) 出水浩介，羽藤英二，CO_2排出削減のための交通環境ポイントシステムの実装と評価，土木計画学研究・講演集　Vol. 32, (CD-ROM)

第5章
交通まちづくりのモデル都市に学ぶ

第5章　交通まちづくりのモデル都市に学ぶ

　海外や国内の都市では，交通に関わる目標をきちんと設定し，モニタリングを定期的に行いながら，着実に交通の問題を改善し，街のにぎわいを取り戻し，維持してきている都市がある．

　他方，定量的な目標の設定までは行っていないが，特定の交通課題や問題に対して地域として一環となって取組むような場合には，交通まちづくりの視点での取組みとしてみなせるものもある．

　本章では，このような都市や地域について，「テーマ型」と「目標管理型」のふたつの種類（図5-1）での区分を示しつつ紹介する．

　テーマ型は直面した問題の解決，例えば中心市街地の再生や観光の活況，交通不便の解消などがあたる．これを深化させた取組みとして考えられるのが「目標管理型」である．目標管理型では，一つのテーマに対してもまちづくりの将来構想までを見すえた数値や概念などの目標を設定し，それに向かいPDCAサイクルを繰り返しながらの交通まちづくりを進めていくものである．

　「交通まちづくり」をお考えの自分達の都市に近いタイプを，表の解説（表5-1，表5-2）も踏まえながら是非参考としていただきたい．

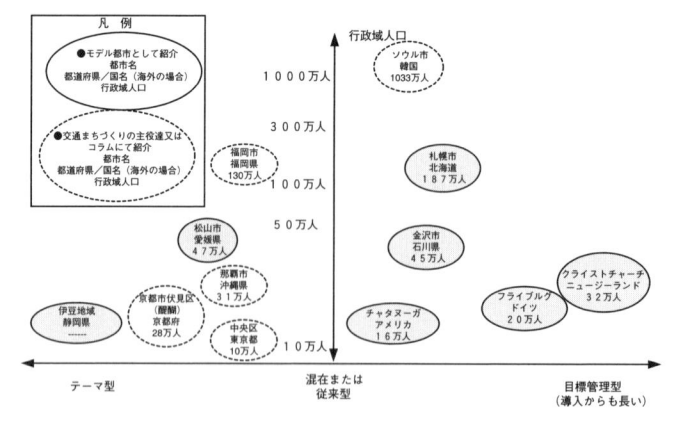

図5-1　交通まちづくりタイプと都市人口規模

第5章 交通まちづくりのモデル都市に学ぶ

表5-1 交通まちづくりのモデル都市

取組みタイプ	対象都市	特徴
目標管理	5.1 札幌市（北海道）人口 187万人 面積 1,121km²	日本初の都心交通まちづくりを提唱し、PDCAサイクルによる取組みを進め、本格的に着手を開始している．特に市民1000人ワークショップなどを介し対話型交通まちづくりとしても特徴がある．
目標管理	5.2（観光）金沢市（石川県）人口 45万人 面積 468km²	わが国で社会実験という言葉が定着する以前から試行錯誤を繰り返しながらの交通まちづくりに取り組んできた．近年は、市の新総合交通計画の目標達成に向けて、交通実験、パークアンドライド、フラットバス、交通市民会議の取り組みを展開している．
目標管理	5.5 フライブルク（ドイツ）人口 20万人 面積 153km²	1969年に「自動車交通の削減」1979年に「環境に配慮した交通政策」を総合交通計画において明示し、以降コンパクトシティの良さを導き出す交通まちづくりを継続中である．
目標管理	5.6 クライストチャーチ（ニュージーランド）人口 32万人 面積 510km²	"ニュージーランドで一番自転車が使いやすい都市になる"を目標に、自転車道や幹線施設の重点整備、交通運用の変更、TFPなどを包括的に活用し、毎年モニタリングを行いながら着実に取組みを進めている．緑が多くガーデンシティとして世界的に有名でもあり、PDCAの先進都市である．
テーマ型	5.3（中心市街地の再生）松山市（愛媛県）人口 47万人 面積 289km²	交通まちづくり特区の認定も契機に、"坂の上の雲のフィールドミュージアム"構想による都心回遊型のまちづくりを民間交通事業者と連携で取組み開始してきている．交通移動指標の不十分さに悩まされながらも取組みを進めつつある．
テーマ型	5.4（観光）伊豆地域（静岡県）人口 ---- 面積 ----	観光を核としたまちづくりを進める上で、身の丈に合った情報技術やITS技術を選択・適用し、かつ地域の実態に適合するように、観光情報を作りこんで提供している．情報提供内容をPDCAに即して、継続的に検討している特長がある．
テーマ型	5.7（環境再生）チャタヌーガ（米国）人口 15万人 面積 370km²	都市荒廃期からの再生を果たし「都市開発と環境改善を両立させた街」として国連から表彰されるなど、軸線上の都市整備と無料都心バス運行など組み合わせた交通対策などの先進都市．
テーマ型	5章コラム（バス）ソウル市（韓国）人口 1,033万人 面積 605km²	市内の渋滞削減対策としてBRT導入により効果を挙げるとともに、高架高速道路の撤去による暗渠河川の復元などにより生活環境と調和した交通まちづくりが進展中．

表5-2 交通まちづくりの主役達で紹介の都市

取組みタイプ	対象都市	特徴
テーマ型	6.3（住民の足）京都市伏見区醍醐地域（京都府）人口 28万人 面積 61km²	人口密度が高いながら交通不便地域であった醍醐地域では、従来の行政などに要望してバス運行を行ってもらう方式から、市民自らの手で運行することを目指し、地元の企業の協力を得ながらコミュニティバスの運行を実現させたものであり、継続的な運行が進められることが注目されている．
テーマ型	6.4（都心再生）那覇市（沖縄県）人口 31万人 面積 39km²	奇跡の1マイルと称されてきた那覇市中心部の「国際通り」も近年は周辺での大規模商業開発などにより停滞感が増してきた．そこで同通りでのトランジットマイル化構想を契機に中心市街地への賑わい回復に向けた取組みが進んでいる．
テーマ型	6.5（都心再生）福岡市天神地区（福岡県）人口 132万人 面積 339km²	福岡市の天神地区は九州の一大商業地でありながら、回遊性の不足、駐輪問題の悪化などの課題は残ってきた．そこで「憩い」と「賑わい」をキーワードに「TENJIN PICNIC」と称した文化創造型の社会実験を用いながら都心テーマパーク構想とも言うべき取組みの第一歩を歩み出した．
テーマ型	6.6（学生工房）中央区日本橋地域（東京都）人口 10万人 面積 10km²	5街道の起点であり、歴史と老舗が息づく日本橋地域だが、東京都の他地域の活況からは取り残されつつあった．ここで、日本橋と川の上を屋根状に覆っている首都高速道路の移設問題なども背景とする日本橋学生工房発足取組みが発足した．古くて新しい街の両立に向けた取組みが進んでいる．

75

5.1 札幌市：対話型交通まちづくり
―市民参加と交通政策の決定プロセス―

2003年11月14日，15日の2日間，札幌メディアパーク「スピカ」において，「さっぽろ夢ストリート　市民1000人ワークショップ」が開催された．都心部の交通計画策定に向けて，公募による老若男女517名の市民が参加し，熱い議論が展開された．

札幌における，市民参加による交通まちづくりの第一歩であった．

翌年7月に，札幌市は新しい時代に向けた総合的な交通対策の基本方針として，人と環境を重視する「さっぽろ都心交通計画」（以下，都心交通計画）を策定した．

本節では，都心交通計画における市民参加と政策決定のプロセスを概括し，札幌市を例に，今後の交通まちづくりに向けた方向性と課題を提案する．

5.1.1 都心交通ビジョンの提起

札幌市は，20年後に目指すべき都心交通の方向性を2001年5月に，「都心交通ビジョン」として市民に提案，これを契機に札幌における交通政策に関する市民議論が始まった．

都心交通ビジョンは，活力ある都心の実現を図るため歩行者や環境を重視し，あらゆる人々が都心の魅力を享受できる交通体系を構築することを基本目標に，以下の4つの方針を掲げた．

①歩行者中心の快適な空間の創出
②限りある空間や道路の有効活用
③都心へのアクセス性の向上
④都心内における過度な自動車利用の抑制

具体的には，札幌都心部の骨格軸である駅前通のモール化と地下歩行空間の整備（図5－2），大通公園の連続化（図5－3），そして，創成川通の憩いと潤いの空間化（図5－4）を行い，都心部にトラフィックセルシステム（図5－5）を構築し，自動車交通の抑制とともに快適な歩行空間を拡大するもので，同時に，公共交通のサービス向上を図るとした．

第 5 章　交通まちづくりのモデル都市に学ぶ

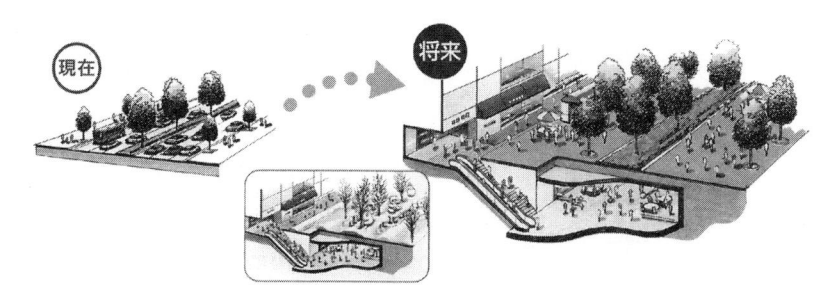

図 5 − 2　札幌駅前通のイメージ[1]

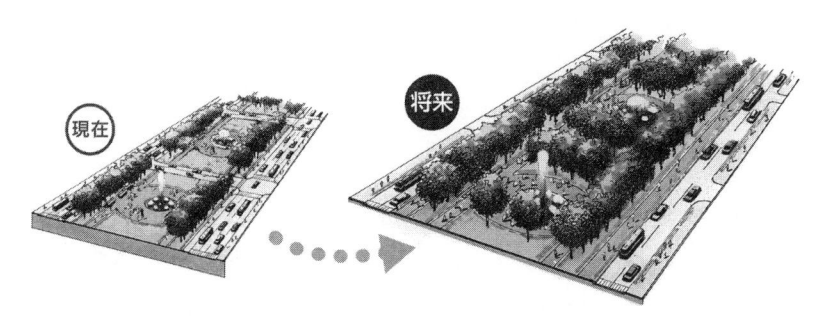

図 5 − 3　大通公園のイメージ[1]

図 5 − 4　創成川通のイメージ[1]

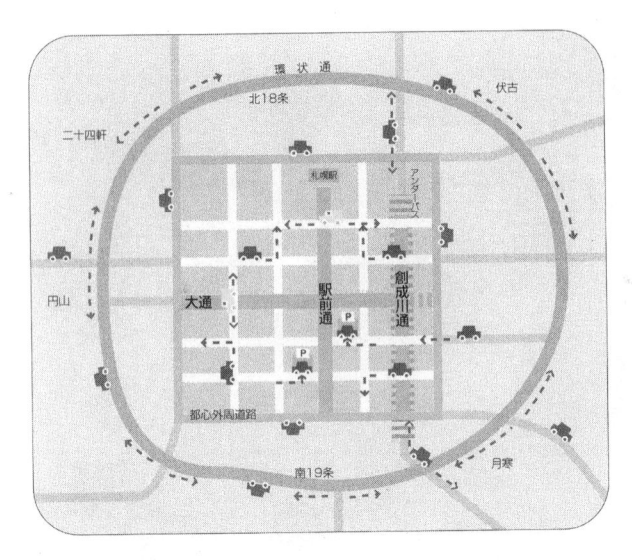

図5−5　トラフィックセルのイメージ[1]

　この将来構想は大きな反響を呼び，その後，都心の商業者や事業者をはじめ，都心のまちづくりに関心のある市民団体などが参加して，「都心交通ビジョン懇談会」(2001年9月〜2003年3月)，「さっぽろ都心交通検討会」(2002年7月〜2003年3月) などを設置し，広く市民議論を展開した．

　その上で，市民，関係団体，学識者，行政機関からなる「札幌都心交通計画策定委員会」(2003年10月〜2004年3月) を設置し，様々な意見を集約して計画を策定することに至った (図5−6)．

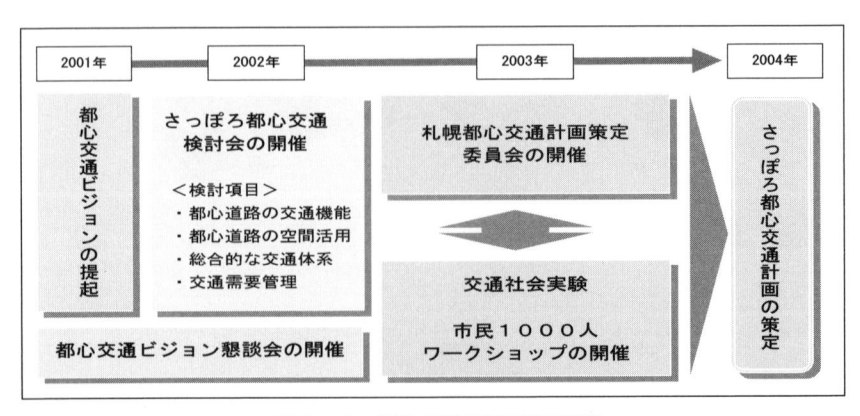

図5−6　都心交通計画の策定経緯

第5章 交通まちづくりのモデル都市に学ぶ

5.1.2 市民参加のプロセス

(1) 都心交通ビジョン懇談会

　都心交通ビジョンは，マスコミのセンセーショナルな取り扱いもあり，大きな市民議論に進展した．そのスタートが「都心交通ビジョン懇談会」（以下，懇談会）の設置である．

　懇談会は，都心交通ビジョンに対して強い異論を唱えている商業者，事業者や運輸関係者と人と環境を重視する方向性に賛同した複数の市民グループが出席し，一つのテーブルを囲んだ．2001年は学識者のアドバイザーを含めて21名，2002年はアドバイザーの参加はなく，行政からの筆者を含めて19名のメンバーが，意見交換を重ねた（表5－3）．特に2年目は，立場が異なっても何とか一致できる点を探ろうと，小グループによる密度の濃い議論が行われた．その結果，都心交通ビジョンが提起した施策や対策についての具体的な合意は得られなかったものの，骨太の一致点を提言書として，広く市民に向けて発信することができた．

表5－3　都心交通ビジョン懇談会の検討経緯

2001年	第1回（9月27日）	20年後の都心のイメージを語る
	第2回（10月18日）	都心交通ビジョンの基本理念に対して語る
	第3回（11月16日）	各交通手段の基本的な考え方に対する方向性と課題を語る(1)
	第4回（12月13日）	各交通手段の基本的な考え方に対する方向性と課題を語る(2)
	第5回（3月19日）	まとめと今後の進め方
2002年	第1回（7月3日）	論点を明確にする
	第2回（7月30日）	論点をふまえて，検討すべきテーマを明確にする
	第3回（9月27日）	テーマ別グループの報告と検討課題
	第4回（12月4日）	懇談会提言のまとめの方向性と市民への投げかけ方
	第5回（1月29日）	本年度の成果のまとめの方向について
	第6回（2月26日）	本年度のまとめと市民への投げかけの方法について

　都心交通ビジョンに対する懇談会からの提言（写真5－1）の基本的な考え方は以下のとおりで，

　①前提として，公共交通を改革することが不可欠．

　②誰もが歩きやすい都心を目指すことを目標とする．

　③手段として，道路空間の配分を見直す．

　④そして，都心全体の魅力を高める

　後述の「さっぽろ都心交通検討会」での検討内容も踏まえ，骨格軸の「フルモール」や自動車交通の抑制を図る「トラフィックセル」を前提とはしないが，

79

現状の交通システムの見直しと，そのための社会実験と市民議論を継続することの必要性を提案している．

札幌市は，こうした懇談会の議論，提言なども踏まえ，交通政策の転換を図ることになるであろう都心交通計画の策定に向けては，できるだけ多くの市民への情報公開と説明責任，広がりのある市民議論が必要であると判断し，「市民1000人ワークショップ」の開催を企画した．

写真5－1　都心交通ビジョン懇談会提言書

(2) 都心の交通，連続ミニフォーラム

市民1000人ワークショップの企画段階で，重要な課題となったのは，普段の市民生活とは隔たりのある都心の交通やまちづくりの関心を高め，多くの参加者を得るための方策であった．

パネル展の開催（市内14箇所），市の広報誌，公共スペースでのポスター掲示や新聞広告，無作為抽出によるダイレクトメール（12,000名）なども実施したが，市民団体が自主的に実施した「都心の交通連続ミニフォーラム」の開催は，市民への情報提供とともに，都心交通に対する問題提起に大きな効果があった．

この市民団体「さっぽろ都心フォーラム」は，懇談会を契機にして，商業者や市民グループの有志により組織され，その後も計画策定に向けた市民議論の中核となって活動を継続した．

連続ミニフォーラムは，札幌市も協力し，12回開催し（表5－4），延べ1,200人の市民が参加した．

表5-4 連続ミニフォーラム開催一覧

	フォーラム名	主催者名
第1回（8月30日）	自転車快適空間 in 大通2003	さっぽろライフ「チャリ勉」
第2回（9月16日）	駅前地下空間	ジオテクチャーフォーラム
第3回（9月20日）	自転車走行帯を考える	道はだれのもの？札幌21
第4回（9月25日）	ユニバーサルデザイン	札幌市身体障害者福祉協会
第5回（10月5日）	創成川物語	創成川の賑わいを考える実行委員会
第6回（10月6日）	トランジットモール	LRTさっぽろ
第7回（10月16日）	市電とLRT	札幌LRTの会
第8回（10月25日）	交通と環境政策の調和を考える	北海道環境財団
第9回（10月26日）	市民の手による交通まちづくり	札幌弁護士会公害対策環境保全委員会
第10回（10月30日）	都市財政と交通	LRTさっぽろ
第11回（11月4日）	街づくりから街づかいへ	札幌市中心部商店街活性化協議会
第12回（11月10日）	温故知新・札幌駅前通	札幌駅前通振興会

(3) さっぽろ夢ストリート　市民1000人ワークショップ

　市民1000人ワークショップは，都心交通計画策定に向けた市民への情報公開と説明責任を積極的に行う場として，また，具体的な市民意見や評価を広く収集し，政策決定の判断材料とするための場として開催し，同時に，この年6月の市長選挙の争点ともなった都心部の大規模事業である札幌駅前通地下歩行空間と創成川通アンダーパス連続化の事業に関する賛否についてもテーマとした（表5-5）.

表5-5 市民1000人ワークショップのプログラム

開催日時	2003年11月14日（金）・15日（土）　午前10時～午後5時
場所	札幌メディアパーク「スピカ」
10:00	開会
10:15	［第1部］　都心のまちづくりと交通
12:00	休憩（第1部の集計，取りまとめ）
13:00	［第2部］　都心の代表的な通り(1)　札幌駅前通
14:45	休憩（第2部札幌駅前通の集計，取りまとめ）
14:55	［第2部］　都心の代表的な通り(2)　創成川通
16:40	成果の発表とまとめ
17:00	閉会

　参加者は1000人を目標に公募を行い，事前に検討中の計画概要や事業内容の詳細な解説資料（A4，46ページ）を作成配布した．当日は，50テーブルにボランティア参加によるファシリテーターとコンピューター入力者を配置し，各テーブルでの投票結果を集約して，大スクリーンに映写しながら，総合コーディネーターが全体をまとめる方法を採用した．また，筆者を含めた各セクションの課長職が，各テーブルの質問に対応した．

参加市民は517名（1日目266名，2日目251名），見学者が100名程度，ファシリテーターと入力者は延べ200名，システムや会場管理に延べ170名のスタッフが加わり，2日間で概ね1000人が参加するワークショップ（写真5－2，写真5－3）となった．

写真5－2　ワークショップの会場（口絵参照）

写真5－3　テーブル議論の状況

　都心交通に関するワークショップの結果は，最終的に以下の2つの設問に対する各テーブルの議論前後の投票結果として集計した．
　①札幌市では，札幌駅前通などの都心4軸を中心に，歩いて楽しい魅力的な街並みの形成に取り組んでいます．都心の交通も従来の車中心から人と環境を重視した交通政策へ転換する必要があると考えますが，市民の皆さんのご意見をお聞かせください．
　②車中心から人と環境を重視した交通政策へ転換するとして，どのような施策が重要と考えられますか．3つまで選択してください．

1点目の基本的な考え方については，人と環境を重視した交通政策への転換を強力に推進すべきが5割を超え，経済活動に支障が生じない方法を選択すべきを含めて，政策転換の賛成者が9割を超え，反対者は4％弱にとどまった（図5－7）．2点目の施策展開のポイントでは，公共交通の充実が最も多く7割を超え，次いで重要とされたのは，通過交通対策，路上駐車などの現状課題の解決で，それぞれ5割を超えた．歩行者や自転車空間の充実が先決とする意見は3割を超える結果となった（図5－8）．

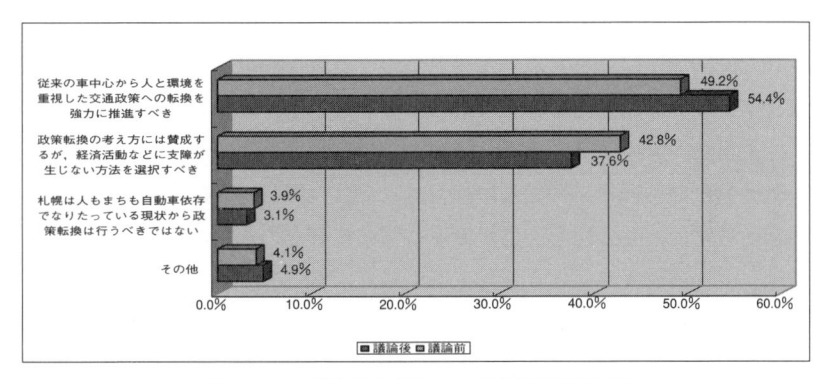

図5－7　基本的な考え方に関する投票結果[6]

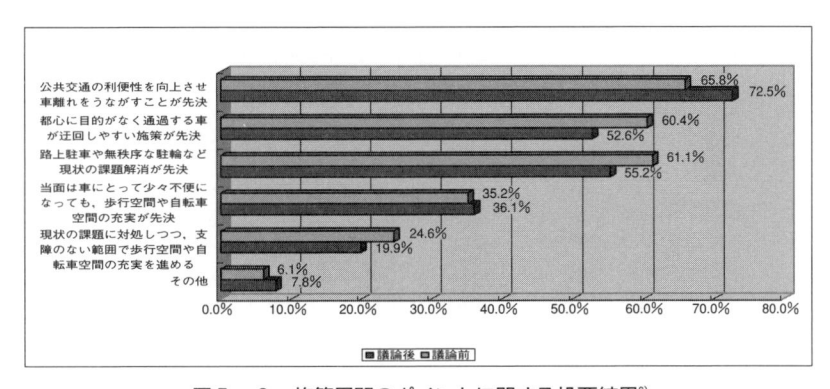

図5－8　施策展開のポイントに関する投票結果[6]

また，都心の代表的な通りについては，事業の中止を含めて，その必要性や交通のあり方を議論し，投票を行った．札幌駅前通については，「地下歩行空間整備事業に着手すべき」が5割弱，「当面事業に着手すべきでない」，「計画を白紙にすべき」を合わせると4割を超え，事業化に対する市民意見は分かれた．創成川通のアンダーパス連続化事業については，「現計画のまま進めてほしい」が2割，「十分な検討を得て推進すべき」が概ね5割で，課題はあるものの事業の継続が過半数を超えた．
　このワークショップの結果は，単に投票結果だけではなく，各テーブルで交わされた12,000件に及ぶ参加者意見を含めて貴重な検討材料となり，人と環境を重視する都心交通計画の基本方針がまとめられ，行政としての判断も踏まえた策定委員会の答申がまとめられ，都心フォーラムを開催し市民への報告を行い，計画策定における市民参加の検討プロセス（図5-9）を終えた．
　当初から目的とした都心交通計画を策定する上での情報公開と説明責任については，一定の成果があったと考えている．
　札幌における，市民参加による交通まちづくりの第一歩となった．
　しかし，限られた参加者による市民1000人ワークショップの結果に対して，市民の総意であるような予断を与えかねないということで，賛否両論の意見もあり，今後，可能な限り客観的で科学的な手法を用いた市民意向の把握が求められている．

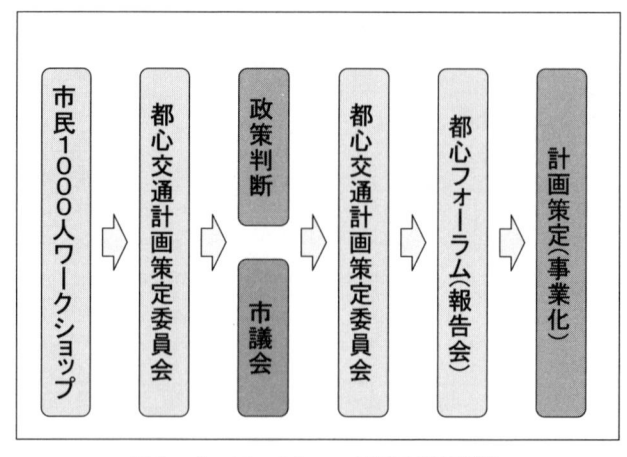

図5-9　ワークショップ後の策定経緯

|5.1.3 計画策定のプロセス|

(1) さっぽろ都心交通検討会

「さっぽろ都心交通検討会」（以下，検討会）は，商業者，事業者や運輸関係者，そして，市民グループの代表に，大学などの研究者や関係行政機関の専門家も加わり，懇談会での市民議論と専門的な観点や行政面での課題整理について共通認識を醸成し，都心交通計画の基本的な方向性をまとめるために設置した．

その結果，都心交通ビジョンで掲げた「人と環境を重視する都心」を目指しつつ，概ね10年間で実現可能な交通対策を計画し，市民，企業，行政の協働により，事業の進捗に応じて見直し・再評価を行いながら交通問題の解消を図ることが先決であり，計画策定に向けた検討項目として以下の4点を提案した．

①都心道路の交通機能

都心部における限られた空間の中で，快適な歩行環境と円滑な自動車交通を共に実現するためには，道路間の役割分担を行うことで，都心全体としての交通機能の向上を図る必要がある．このため，都心道路の現況と今後求められる方向性を明らかにし，都心道路の交通機能を分類（図5－10）する．

◇トラフィック機能重視道路（図5－11）
・トラフィック機能の向上を図り，円滑な自動車交通の実現を目指す道路
・自動車等の流れが妨げられないように，駐車場出入りや荷捌き等をできる限り制限する

◇アクセス機能重視道路（図5－12）
・トラフィック機能の向上を図り，都心内の快適な歩行環境の実現を目指す道路
・停車や荷捌き等の沿道出入り機能を効果的に発揮させるとともに，道路空間を一体としてにぎわいを演出する

②都心道路の空間活用

多様な活動が展開できる安心安全な都心の交通環境を目指すためには，分類された道路機能により，人と車，自転車など空間を構成する各モードのあり方や具体的な空間形成の方策を整理し，道路空間の再配分を行う．

③総合的な交通体系

　魅力的で活力のある都心の実現を支えるためには，全市的な視点での総合的な交通体系の確立が求められ，幹線ネットワークや公共交通の利便性向上策について，中長期的な視点を含めて検討する．

④交通需要管理

　都心における適切な自動車交通を実現するためには，自動車交通総量の低減，流れの分散化などの適正な誘導が必要であり，都心部の通過交通対策や公共交通への転換策など具体的な交通需要管理を検討する．

　特に，都心部における道路の機能分類を行い，メリハリのある交通分担を実現することで，格子状の都心道路網全体としての交通環境の向上を図り，人と車，自転車など空間を構成する各モードのあり方や具体的な活用の方向性を明らかにし，道路空間の再配分を行うことを提案した．これら検討会の提案は，市民1000人ワークショップにおける討議資料となり，計画策定に向けた基本となった．

　また，交通管理者と道路管理者を中心にした行政間の連絡調整の場を設置し，法制面における検討など実務的な協議調整を行い，計画の具体化に向けた交通施策の実現可能性，都市活動への影響や市民評価の把握とともに，課題抽出やその効果を事前に検証するため，懇談会からも提案された交通社会実験を実施することを確認した．

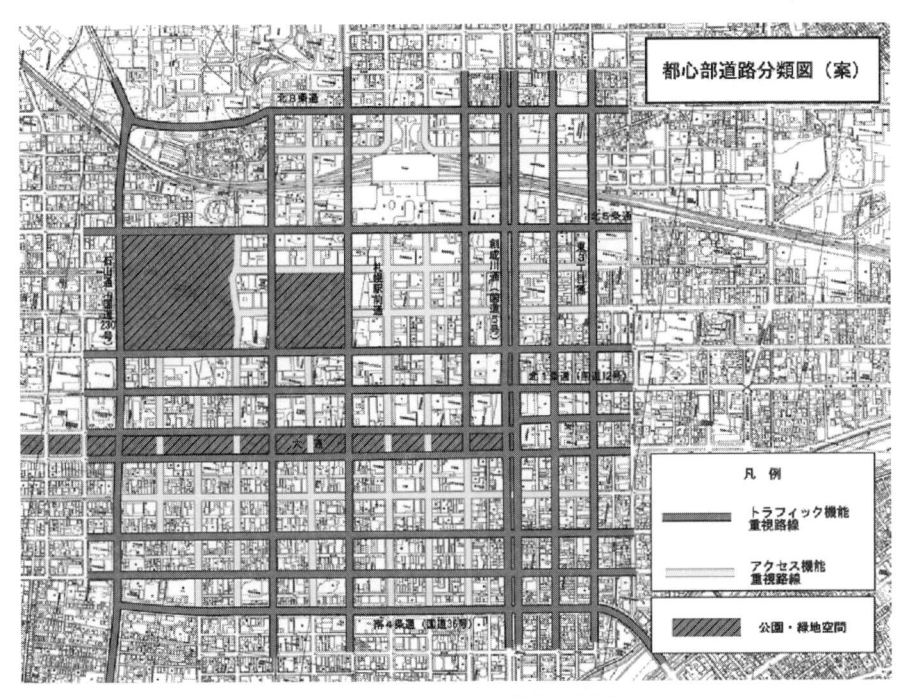

第5章 交通まちづくりのモデル都市に学ぶ

図5－10 都心部道路機能の分類[3]

図5－11 トラフィック機能重視道路のイメージ[3]

図5－12 アクセス機能重視道路のイメージ[3]

(2) 交通社会実験

交通社会実験は，2003年10月から11月にかけて，道路機能分類の実証実験（図5-13），都心荷捌きシステムの複合実験（写真5-4），そして，街路空間の魅力づくり実験（写真5-5）をパッケージ化して実施した．

機能分類の実験では，検討会で提案されたトラフィック機能重視道路とアクセス機能重視道路を模擬的に再現し，空間再配分の具体的な方向性やルール化について検証した（写真5-6）．荷捌きの実験では，路外共同荷捌き施設，路上荷捌きのルール化，荷受側の納品ルールなど，複合的な荷捌き対策の有効性について，また，魅力づくりの実験では，特に，路上駐輪対策に関する沿道商業者との協働展開の可能性について検証した．実験内容の検討，実施にあたっては，地元商業者，事業者や町内会，運輸関係者と行政機関による「社会実験実行委員会」を設置し，実験結果のまとめ及び評価を取りまとめた．

①道路機能分類の実証実験
- 機能分類に対するアンケート調査の結果，来街者の8割(全回答者数818名)が賛同した．
- 啓発活動によって，路上駐停車や歩道上の自転車走行については大幅に減少し，道路利用のルール化の重要性を再確認した．
- 一方で，商業者や運輸関係者の評価はあまり高くなく，社会実験を継続するとともに，交通動向のモニタリングや市民満足度の把握の必要性を確認した．

②都心荷捌きシステムの複合実験
- 路外荷捌き施設の有効性とともに，運送事業者から荷捌きの効率化に対する高い評価を得た．
- 荷受側の取組みでは，荷捌き時間の平準化が図られ，今後の継続意向も高かった．

③街路空間の魅力づくり実験
- 自転車対策など歩道環境づくりについて，地元商業者の約4割が効果を評価し，約7割が本格実施を求めた．
- アダプトプログラムの導入など協働型の環境管理手法について，今後進むべき方向性を確認した．

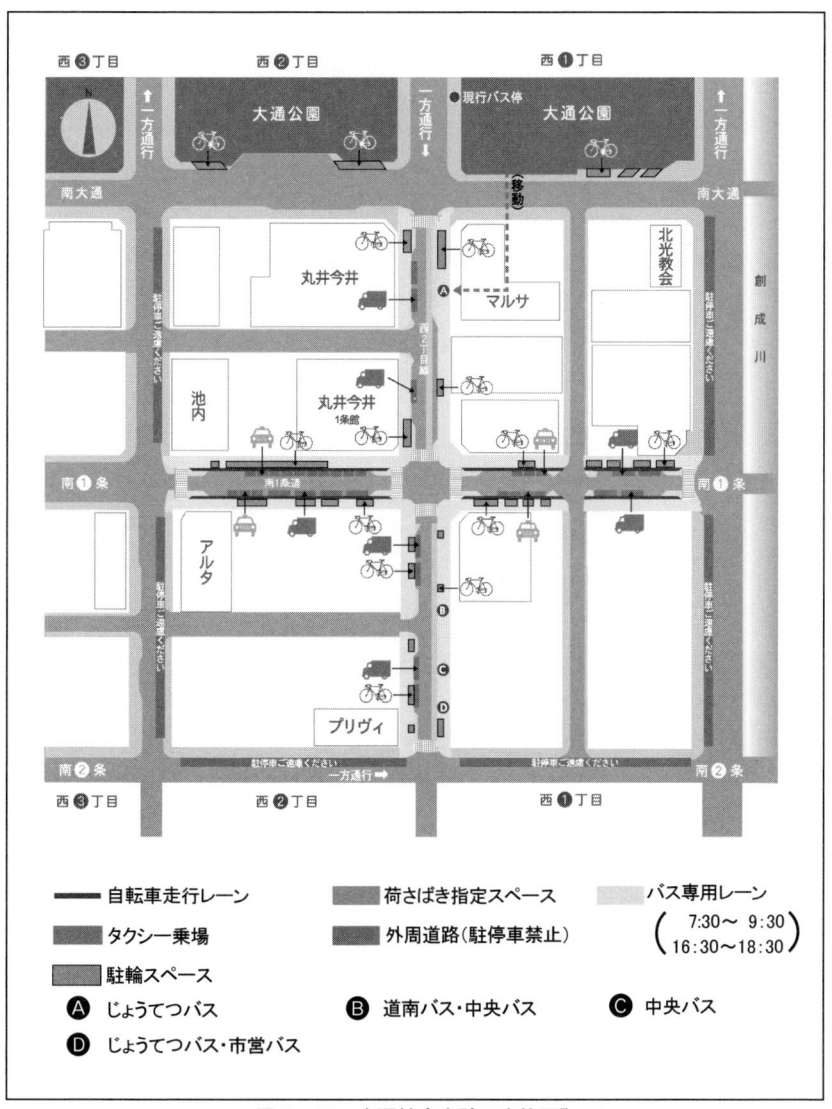

第5章 交通まちづくりのモデル都市に学ぶ

図5-13 交通社会実験の実施図[7]

写真5-4　荷捌きベイの設置

写真5-5　自転車走行レーンの設置

写真5-6　テラス型バス停の設置

(3) 札幌都心交通計画策定委員会

「札幌都心交通計画策定委員会」（以下，委員会）は，学識者，商業者，事業者や運輸関係者，そして，市民の代表者ら20名によって構成し，関係行政機関の専門家や実務者は顧問として参加することにした．

委員会は，都心交通ビジョンの提起にはじまり，市民1000人ワークショップまでの市民議論，また，検討会での専門的な検討内容や行政間の協議調整の方向性，そして，交通社会実験の結果など，この間の検討プロセスを踏まえて，「さっぽろ都心交通計画」を策定した．都心交通ビジョンのような具体的な将来像は提案していないものの，人と環境を重視した都心交通に向けた目標と基本方針を以下のとおりとし，各交通モードに関する基本的な考え方，道路空間再配分の基本計画，そして，具体的な施策展開プログラムについて，概ね20年間の方向性を示した．（図5－14）

①計画の目標
　・人と環境を重視した新しい時代の都心交通の創出
　・都心の活性化に寄与する交通施策の推進
②計画の基本方針
　・公共交通を軸とした交通システムの充実
　・適正な自動車の利用による交通の円滑化
　・道路空間の再配分による都心再生の具体化
　・社会実験の継続と市民と協働によるプロジェクトの展開

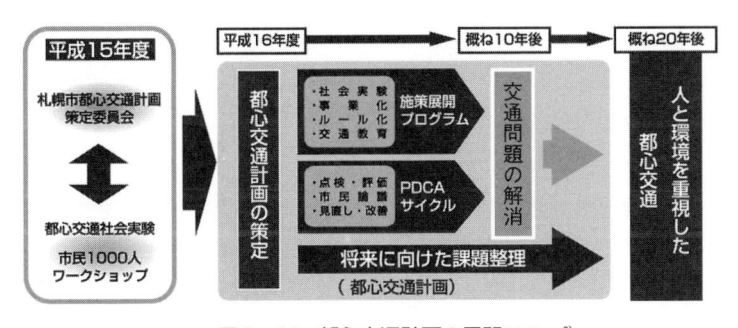

図5－14　都心交通計画の展開フロー[9]

また，都心交通計画の施策展開を図っていく上では，各種施策の実施前の検証や実施後の効果などを的確に把握，評価することのほか，次の施策を実施する時期などを適切に判断することが重要であるため，PDCAサイクルによるプロジェクトマネジメント（図5-15）の導入を提案した．

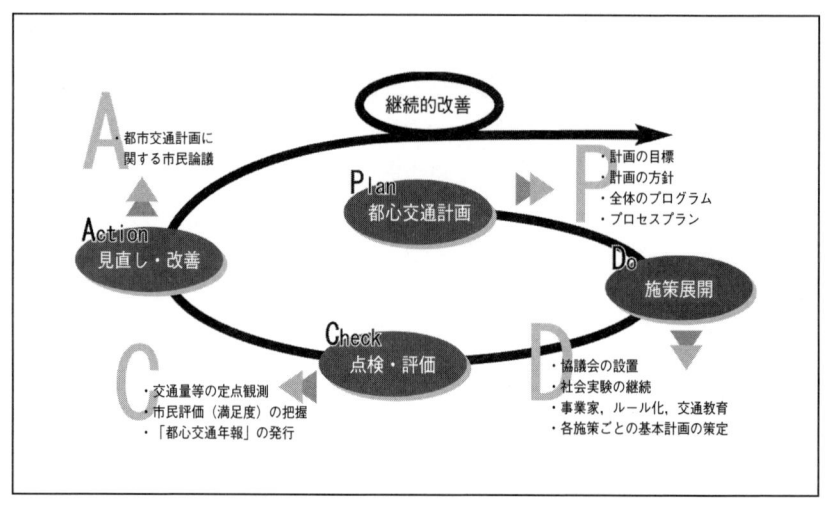

図5-15　PDCAサイクルによるプロジェクトマネジメント[9]（口絵参照）

　「さっぽろ都心交通計画」は，2004年4月に策定委員会から市長に提出され，5月に市議会総務委員会に諮られるとともに，役所内での最終調整を経て，7月に行政計画として策定された．
　足掛け4年間に及ぶ広範な市民議論と関係行政機関による真摯な協議調整の結果である．
　その上で，11月に広く市民向けの冊子として，計画書に，分かりやすい解説や写真，挿絵などを付加して作成したのが，「人と環境を重視するさっぽろ都心交通計画　交通まちづくりガイド」である．このガイドの中で，快適な歩行環境と円滑な自動車交通をともに実現する施策展開プログラムを「都心を面白くする50の方法」としてパッケージ化しており，ガイドの配布を契機に，都心の魅力向上，そして，活性化を交通面から支え，従来の車中心から人と環境を重視した交通政策の転換に向けた市民との協働事業に着手している．
　札幌における，交通まちづくりの第二歩目である．

第5章　交通まちづくりのモデル都市に学ぶ

5.1.4　交通まちづくりの方向性と課題
(1)　札幌発，交通まちづくりのすすめ
　2004年9月には，魅力ある都心空間と新たな交通文化の創出を目指した「にぎわいと感動のまちづくり交通社会実験"あったらいいな．"」を実施した．実験内容は，都心交通の施策展開によって創出されるオープンスペースを有効に活用し，都心の魅力やアクティビティを高める市民参加型の「赤レンガ前にぎわいづくり」（写真5－7）と，公共交通の都心内サービスの向上による都心の魅力向上と活性化に向けた「無料都心循環バスの運行」（写真5－8）である．

　にぎわいづくりは，2004年9月19日（日）と20日（敬老の日）の2日間，北海道庁「赤レンガ」前の4車線街路の北3条通をモール化し，オペラなど演奏会や路上パフォーマンスの開催とともに，オープンカフェを開設した．また，この間，会場では近郊農家のとれたて野菜の販売や小学生による「未来の道路の使い方」と題した絵画作品展，そして，ストリートウェディングなど市民参加によるにぎわいづくりを行い，2日間で延べ7,700人が参加した．アンケート結果では，都心部にこうしたオープンスペースが必要と答えた人が9割を超え，その活用方法としては，オープンカフェやイベントの開催，そして，休憩の場を挙げる回答が多く見られた．今後は，イベント的な空間活用とともに，日常的な道づかいへの展開や地元主体の運営方法の検討を市民と協働で進める必要がある．

写真5－7　賑わう北3条通オープンカフェ[11]　　写真5－8　無料都心循環バスの利用状況[11]

93

写真5-9　荷捌き専用スペースの設置[11]　　写真5-10　自転車走行レーンの設置[11]

　また，無料循環バスは，9月17日（金）から23日（木）の7日間，午前10時から午後8時まで，延長約3．1kmの中心商業地における循環ルートを34人乗りのノンステップバス2台を概ね15分間隔で運行したもので，期間中に延べ1万8千人の市民や観光客に利用された．利用者アンケートの結果では，将来，正式運行となった場合，利用したいとの回答が9割を超えた．また，商業者などのヒヤリングでは，都心内の回遊性が高まり，活性化につながる期待も高く，今後，こうした潜在需要をどう受け止めていくのか，事業者や商店街などとの協議を進めることになろう．

　同年11月には，札幌都心部のメインストリートである札幌駅前通において，荷捌き対策（写真5-9）や自転車対策（写真5-10）などの実証実験を行った．

　札幌駅前通は，札幌駅から大通の区間における地下歩行空間整備にあわせて，地上部のアクセス機能を向上させる観点から，荷捌きやタクシー，バスの乗降などのための停車スペースを配置するとともに，歩道上に自転車走行レーンを設置する道路空間再配分を予定している．このため，再配分後の道路利用のルール化や整備計画の策定に向けた具体的な課題の検証を目的として実施した．停車スペースについては，適切な利用により停車時間が減少し，効率的な運用が図られるとともに，利用者の意向調査では，概ね良いとの回答が約8割となった．また，自転車走行レーンについても，概ね良いとの回答が約8割となり，歩行者と自転車の幅員を低減する効果がみられるなど，安全で円滑な道路利用が期待できる結果となり，具体的な設計や実現化に向けた取組みについて，地元や関係者との調整を進めている．

札幌市では，こうした人視点，車視点の交通社会実験を継続し，いわゆる社会実験から実証実験へと移行しつつ，市民の参加意識を醸成しながら，人と車が共存する交通まちづくりを展開している．

　しかし，これまでの取組みは官主導によって企画，運営されてきたものであり，徐々に民官協働，そして，市民主体による社会実験へと転換を図っていくことが必要である．

　また，2005年からは札幌駅前通の工事に着手し，すでに着工している創成川通とともに都心部の骨格軸の空間再配分が本格化する．一方で，法律に基づいた交通ルール，街づかいとしての交通マナーについては，特に，市民とのコンセンサスが重要であり，ハードとソフト両面によるステップバイステップの取組みも必要となる．

　このため，札幌都心部における交通まちづくりのパッケージアプローチとして策定された「さっぽろ都心交通計画」は，その目標である人と環境を重視した都心の活性化に向けて，今後もこうした社会実験を継続しながら，市民との協働によるプロジェクト展開を進めていくことが求められている．

(2)　今後の展開に向けて

　都心交通計画は，「人と環境を重視した新しい時代の都心交通の創出」と「都心の活性化に寄与する交通施策の推進」を目標とし，札幌都心部のまちづくりを交通面から支え，快適な歩行環境と円滑な自動車交通をともに実現する都心再生に向けて，概ね20年間の目指すべき方向性と当面10年間に実施すべき施策を体系的に整理したもので，個々の交通施策の目標値の設定や具体的な取組みの提案には至っていない．

　京都議定書が批准され，地球環境問題への対応は交通政策としても重要な観点であり，CO_2削減に向けた公共交通を軸とした交通システムの充実や適正な自動車利用に向けたパッケージアプローチによる施策展開が急がれる．

　また，計画の中で，自動車交通の処理機能よりは既存の車道を狭め，歩行空間や自転車の走行空間を拡充する歩行者視点による道路空間再配分やそのことによって創出される空間を活用した都心のイメージ向上等といった道路の空間機能を重視し，市民1000人ワークショップにおいて議論された札幌駅前通や創成川通について，先導的なプロジェクトとして位置づけた．

こうした適正な自動車利用に向けた再配分と都心の経済活動はトレードオフの関係とも言われており，特に，これらプロジェクトは大規模な公共投資を伴うため，フィジビリティスタディとしての交通社会実験や交通シミュレーションとともに，総合的な観点による費用便益の計測なども行っている．

　しかし，これまでの費用便益の評価事例では，主に街路の自動車交通の処理機能のみに着目した評価が一般的であり，こうした方法では，歩行者や自転車利用者を重視して実施される道路空間再配分による効果・影響を十分に評価ができないのが現状である．

　このため，施策展開のみならず評価手法を含めて，現計画の継続的な改善が必要であり，人と環境視点の目標値を設定したアクションプログラムの検討を進めるとともに，交通動向のモニタリングや市民評価によっては，新たな施策の検討を進めることが求められる．その上で，具体的な将来像についても，環境面や都市防災や減災なども包含した総合的な観点から，市民議論や社会実験を通じて，市民，企業，行政が協働してデザインしていかなければならない．

　最後に，札幌市における市民参加による交通政策の決定プロセスから，今後の交通まちづくりの展開に向けた方向性について，以下のとおり整理した．
　①できるだけ広がりのある市民議論とともに，人的資源や組織づくりを積極的に展開する
　②不明瞭な開示基準などにより社会的信頼性を損なうことのない情報公開と説明責任が求められる
　③実現可能性や課題の抽出，その効果を事前に検証するための交通社会実験を継続する
　④市民意向の把握に向けた，可能な限り客観的で科学的な手法を用いた施策評価を行う
　⑤ＰＤＣＡサイクルによるプロジェクト管理が重要である

　2004年12月28日付けで「国土交通省環境行動モデル事業」の実施地域が公表され，札幌市の都心交通計画推進事業が環境的に持続可能な交通（EST：Environmentally Sustainable Transport）モデル事業に選定された．2005年以降は，国内のトップランナーとして，更に本格的な取組みを進めることになる．

ICカードの導入など公共交通のサービス向上策，民官協働による複合的な荷捌き対策，ＩＴＳなども活用した交通需要マネジメント（TDM：Transportation Demand Management）などについて，具体的な目標値を設定したアクションプログラムを策定し，環境目標につながる交通行動の転換を図るとともに，各施策の実証実験を積極的に進める予定であり，更なる都心部における交通まちづくりの展開につながると考えている．

都心交通ビジョンを契機に，市民1000人ワークショップを開催し，「さっぽろ都心交通計画」が策定され，道路空間のワイズユースが始まっている．都心を舞台に壮大な社会実験が進行しており，新たな交通文化の創出に向けて，人と環境を重視した魅力と活力ある都心の再生が期待される．

いま，札幌の交通まちづくりは，次の一歩を踏み出そうとしている．

参考文献

1）札幌市，都心交通ビジョン，2001年5月
2）札幌市,札幌の都心交通あり方を考える －都心交通ビジョン懇談会からの提言－, 2003年3月
3）札幌市，さっぽろ都心交通検討会報告書，2003年4月
4）札幌市，都心の交通 連続ミニフォーラム報告書，2003年11月
5）城戸寛，都市再生に向けたパッケージアプローチ －札幌都心交通計画の概要－，アーバンインフラテクノロジー推進会議，第15回技術研究発表会，2004年2月
6）札幌市，さっぽろ夢ストリート 市民1000人ワークショップ報告書，2004年3月
7）札幌市，人と環境を重視した都心交通計画社会実験報告書，2004年3月
8）札幌市，さっぽろ都心交通計画 －人と環境を重視した都心交通に向けて－，2004年7月
9）札幌市，交通まちづくりガイド，2004年11月
10）城戸寛，札幌の都心交通計画 －交通まちづくりのすすめ－，運輸と経済 Vol. 65, No. 3，2005年3月
11）札幌市，2004年都心交通社会実験報告書，2005年4月
12）札幌市，道路（みち）づかいのススメ，2005年4月
13）城戸寛，人と環境を重視する さっぽろ都心交通計画 －歩行者視点の空間再配分に向けて－，交通工学 Vol. 40，増刊号，2005年10月

5.2 金沢市：人と環境にやさしい交通まちづくり

5.2.1 金沢の概況

　石川県金沢市は藩政時代からの城下町として栄え，また，400年の長きにわたり戦禍にまみれることなく平和な都市として発展してきた．このため，市内は城下町特有の屈曲した細街路が多く，武家屋敷群などの歴史的地区が存在することから，道路整備がなかなか進まない状況にある．そして，都心部は南北方向が犀川・浅野川の２つの川，東西方向が小立野台地とJR北陸本線に囲まれている地理的条件にあることから，さらには近年の急速なモータリゼーションの進展に伴い，これらが都心部への流入交通のボトルネックとなっている．都心部主要交差点での交通渋滞は年々激化する傾向にあり，朝夕の通勤ラッシュはもとより，昼間においても，交通渋滞は慢性化している．また，観光シーズンには，都心部に兼六園や長町武家屋敷などの観光施設があるため，交通渋滞が一層顕著となっている．加えて，雨や雪の多い金沢市では，降雨時や積雪時には交通の流れが一段と悪くなり，交通渋滞に拍車をかけている．

　金沢では，これら道路混雑問題に対処するため，1960年代終わり頃から，交通需要をマネジメントする視点から様々な施策に取り組んでおり[1]1990年代に入り，積極的に交通まちづくりに取り組んでいる都市の一つである．

図5-16　人とまちを結ぶ交通まちづくり（口絵参照）

5.2.2 市の目標（新総合交通計画）

　市では，2010年を目標年次に「ひと・まち・環境が共生する21世紀型の交通体系の構築」を基本理念とした「新金沢市総合交通計画」を2000年に策定している．新総合では，21世紀型の交通体系を「自動車に過度に依存する20世紀型の交通体系を見直し，人間を中心に据えながら公共交通を優先する交通体系」と定義している．

　基本理念を実現する数値目標を具体に3つ設定しており，

> ①鉄道，バス利用者数を1995年比で10%アップ
> ②全市民が月に1度は自動車を利用せず，公共交通や自転車へ転換
> ③交通運輸部門の二酸化炭素排出量を1995年レベルで安定化

である．

　目標実現のため，図5-17に示すようにエリア別に交通方針を掲げており，公共交通や歩行者を優先し，そのためのソフト施策や道路整備（環状道路整備やボトルネック対策）を提案している．

　また，2004年3月には「歩けるまちづくり基本方針」を策定し，
　①歩く人にやさしい交通環境
　②まちを歩く意識の醸成
　③まちの回遊性の向上
の3つの基本方針の下，自動車よりも優先された魅力ある歩行空間を創出し，住みよいまちづくりを推進している．特に，市では市民や事業者側からのまちを歩く意識の醸成や自主的な歩けるまちづくりへの取り組みを進めており，そのため図5-18に示すプロセスにより進めている点が特徴的である．

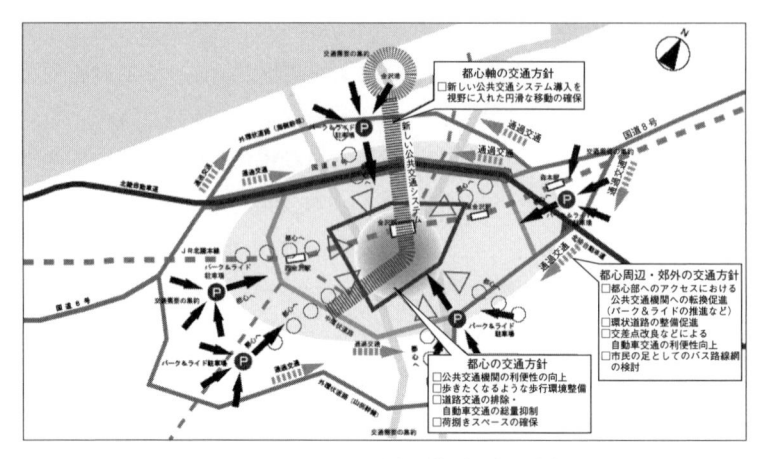

図5-17　エリア別交通体系の考え方[2]

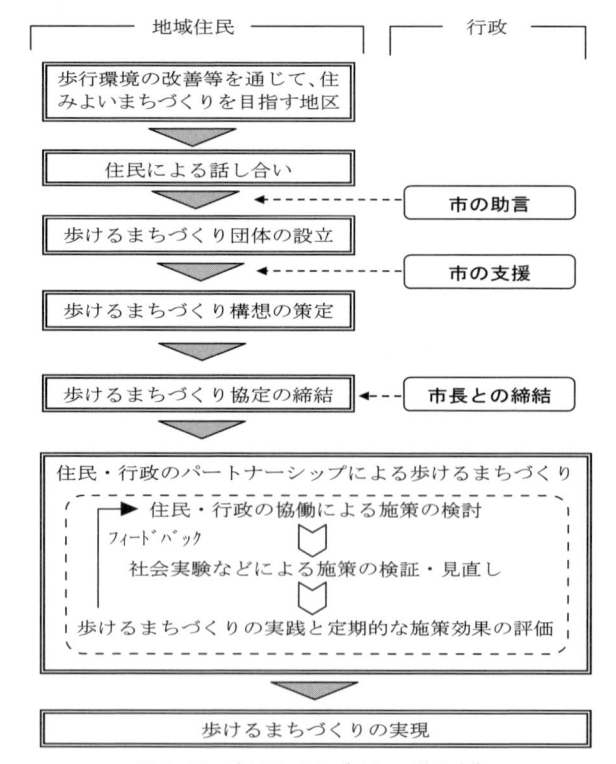

図5-18　歩けるまちづくりの進め方[3]

5.2.3 工夫事例の紹介

本節では，新総合の目標を達成するために実施されている数多くの施策の中から，特徴的な施策を紹介する．

⑴交通実験2000～2004

新総合の立案とほぼ時を同じくして，「交通実験2000」が実施され，その後毎年，新総合を実現するための社会実験を行っている．「交通実験2000」では，新しい交通システム導入の前提となる公共交通利用促進を進めるため，総合的な交通施策に関する市民の意向，交通状況の影響把握を主な目的としている．すなわち，交通実験2000は交通実験という体験を通した新総合の合意形成の第1弾と位置づけられる．

そのため図5-19, 図5-20に示したように実施された施策は複数の施策をパッケージしたメニューとなっている．都心の重要な交通軸を日中バス専用レーンとし，郊外に大規模なパーク＆バスライド駐車場を設置，終バス時間の延長等を実施している．また，日曜日には中心部を歩行者天国とし，歩行者天国区間のみバスの通行を認めるバスモールの実験（写真5-11）や買い物バス券の試行を行っている．さらに，パーク＆バスライド駐車場の路上での情報提供（ダイナミックパーク＆バスライド，写真5-12）や携帯電話を用いた情報提供を併せて実施している．荷捌きやタクシー等の交通にも対応するため，荷捌きスペースの設置，タクシーベイの確保も行っている．

実験は平成12年10月10日（火）～15日（日）の6日間開催された．主要な施策の実験結果を表5-6にまとめた．バス専用レーンの時間延長やバスモール実施時ともに周辺道路が若干混雑したものの大きな混乱もなく，新しい交通システムの導入可能性が残された結果となっている．また，多くの地方都市でバス利用の減少に歯止めがかからず，都心の歩行者交通量も減少傾向が続いている中，休日のバスによる来街者が3,000人増加（約4割増）した事実，周辺歩行者交通量が約8割増加した事実は，他都市でも非常に参考になる結果である．

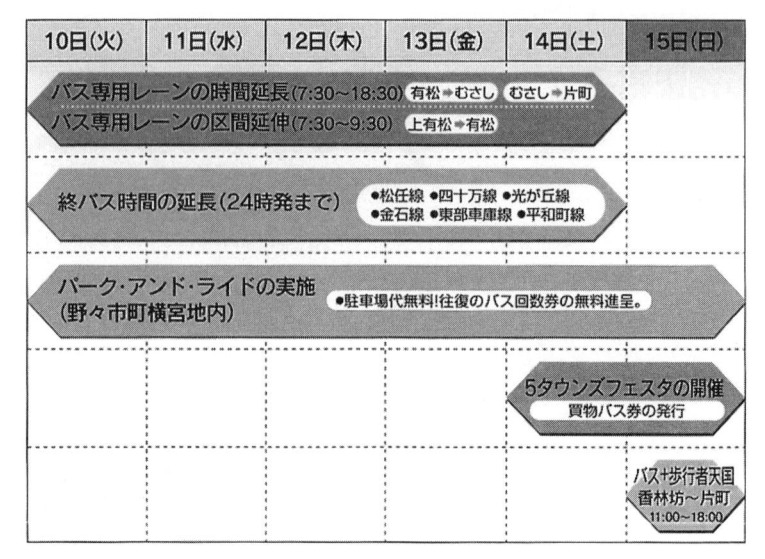

	10日(火)	11日(水)	12日(木)	13日(金)	14日(土)	15日(日)
バス専用レーンの時間延長(7:30〜18:30)				有松⇒むさし	むさし⇒片町	
バス専用レーンの区間延伸(7:30〜9:30)				上有松⇒有松		
終バス時間の延長(24時発まで)	●松任線 ●四十万線 ●光が丘線 ●金石線 ●東部車庫線 ●平和町線					
パーク・アンド・ライドの実施(野々市町横宮地内)	●駐車場代無料!往復のバス回数券の無料進呈。					
5タウンズフェスタの開催 / 買物バス券の発行						
バス+歩行者天国 香林坊〜片町 11:00〜18:00						

図5-19 交通実験2000の主なメニュー

出典）交通実験2000パンフレット

表5-6 交通実験2000の主要施策の結果概要

メニュー	交通流、利用状況の変化	利用者の意見
バス専用レーンの時間、区間延長	・国道157号の交通量は約8％減 ・周辺道路の交通量は変化なし ・交差点通過時間は、約9％増（大きな混乱はなかった）	・賛成5割、反対3割（全体） ・反対が賛成を上回る（自動車来街者、運送業者、タクシー運転手）
終バスの時間延長	・木曜日は15％増（深夜バス利用） ・土曜日は倍増（深夜バス利用）	・賛成7割
パーク＆バスライド	・初日45台 ・最終日は152台	・満足7割強（条件付き5割）
買い物バス券	・約1500枚利用（週末2日間）	・賛成6割
バスモール	・バス来街者4割増 ・周辺歩行者交通量約8割増 ・国道157号の交通量は23％減（ただし、自動車来街者数は変化なし） ・周辺道路の交通量は3％増（大きな混雑は発生しなかった）	・賛成5割強、反対2割弱 ・賛成7割（バス来街者、自動車来街者） ・算定5割、反対2割（地元商店主）

第5章　交通まちづくりのモデル都市に学ぶ

写真5-11　バス＋歩行者天国の実験
休日の1日（11時〜18時）はバスモールの実験が行われた

写真5-12　ダイナミックパーク＆バスライド実験風景（口絵参照）
駐車場入口手前でバス走行位置とパーク＆ライド駐車場の空き台数を提供している

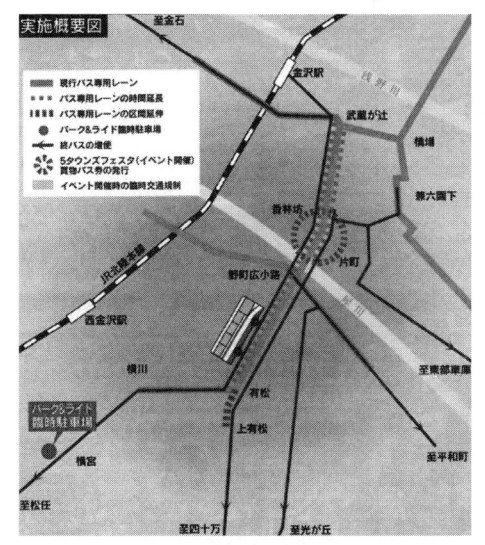

図5-20　実験概要と実験エリア
出典）交通実験2000パンフレット

(2) 18年目を迎えた観光期のパーク＆バスライド

　兼六園来訪者によるゴールデンウィーク期間中の交通渋滞を解消するため、昭和63年からパーク＆バスライドの試行実験を行っており、平成17年で18回目を迎える．現在は北陸自動車道西，東インター付近にそれぞれ650台収容の駐車場を確保し，そこからバスに乗り換えるシステムである．車1台につき1日1,000円を運行管理費として徴収している．平成17年度は西東合計2日間で約

1,930台（約5,600人）の利用者があり，兼六園周辺の交通渋滞解消に貢献している．バスの運行頻度は6分間隔であり，バスの定時性を確保するため香林坊付近の約1kmを臨時の専用レーンとし，兼六園外周の一部を一方通行規制にするとともに，100m区間を中央線の変移規制としている．また，平成13年度からは，都心部の回遊性を高めるため，都心の主要スポットを結ぶ循環バス（城回りバス）を運行している．事前のPR活動を積極的に行い，インターネットでの案内や観光旅行雑誌への掲載，ラジオや道路交通情報センターによる放送，IC（インターチェンジ）やSA（サービスエリア）でのチラシの配布等を行っている．広域需要を対象としていることから，当日IC出口で実施するPRが効果的である．また，平成10年度からは，市の観光ボランティア「まいどさん」と連携し，市内3カ所の降車バス停で観光客を無料で案内するサービスを提供している．

　実験当初からこれまでの変遷をみると，前年の反省や時代の要請に対応するよう毎年マイナーチェンジを実施している（表5-7）．実験当初は都心部の交通渋滞解消が主な目的の交通実験であり，来街者は兼六園と駐車場を往復するだけのシステムであった．市内には他にも魅力的な観光資源が多くあり，城下町などの他の施設も回遊できるよう近年は，ピストン型のバスルートから循環型にバスルートを変更し（図5-21），観光課とのタイアップも試みられている．

　観光期のパーク&バスライドは，毎年多くの人に利用され，高い満足度を利用者に提供しているわが国の代表的TDM施策の一つであると筆者は理解している．その背景には，バス交通に対する徹底的な優先策の実施，そのための道路管理者，交通管理者，バス事業者等の連携，巧みなPR戦略，そしてシステムを支える方々の熱意があることを忘れてはいけない．

第5章 交通まちづくりのモデル都市に学ぶ

表5-7 観光期のパーク&バスライド施策の変遷

年度	期日	実施概要	実施効果 渋滞長(km)	実施効果 所要時間(分)
	実施前		4.1	114
昭和63年	5月4日	都市交通調査の一環として試行，無料，金沢西IC方面から，バスレーン3,230m	0.7	25
平成元年	5月3・4日 8月13日	本格実施開始，システム協力費用300円，金沢西IC方面から，バスレーン3,230m（実車タクシーに解放）	0.0	34
平成2年	5月3・4日	システム協力費500円，金沢西IC方面から，バスレーン2,080m	0.8	58
平成3年	同上	システム協力費500円，金沢西IC方面および金沢東IC方面から，バスレーン西2,080m，東3,200m	0.6	43
平成4年	同上	同上	0.0	24
平成5年	5月2〜4日	同上	0.0	26
平成6年	5月3・4日	同上	0.0	27
平成7年	同上	同上	0.0	39
平成8年	5月4・5日	システム協力費1,000円，金沢西IC方面および金沢東IC方面から	0.0	31
平成9年	5月3・4日	同上，バスルートを変更（ピストン型から回遊型へ），市民用P&BRシステムを新たに導入，ダイナミックP&BR情報提供の実施	0.0	21
平成10年	5月3・4日	システム協力費1,000円，金沢西IC方面および金沢東IC方面から循環バスを運行	0.0	20
平成11年	5月3・4日	同上	0.0	32
平成12年	5月3・4日	システム協力費1,000円，金沢西IC方面及び金沢東IC方面から循環バスを運行，さらに都心循環バスを運行	0.0	21
平成13年	5月4・5日	同上	0.0	25
平成14年〜平成17年	5月の2日間	同上	0.0	25

図5-21 すいすい号の走行ルート

出典）パーク&バスライド社会実験パンフレット

(3) その他の特徴的な施策

1）フラットバス

　都心内のモビリティを改善する目的で平成11年3月28日から此花ルート（1周25分，40分）でフラットバスの運行が始まり，平成17年現在，菊川ルート（平成12年3月25日より），材木ルート（平成15年3月21日より）の3つのルートが運行されている（図5-22）。

　ルートの選定にあたっては，高齢者需要の予測や利用可能性を緻密に分析し，段階的にルートを拡大している。金沢という城下町特有の狭隘な市街地内を走行可能とし，高齢者を含め誰もが利用しやすい機能を有する車両として，クセニッツ社（独）の小型ノンステップバスが選定された（床高28cm，ニーリング時20cm）。バス停は約200m間隔に配置され，運賃は100円，運行頻度は15分間隔という誰にでも理解しやすいサービスに設定している。

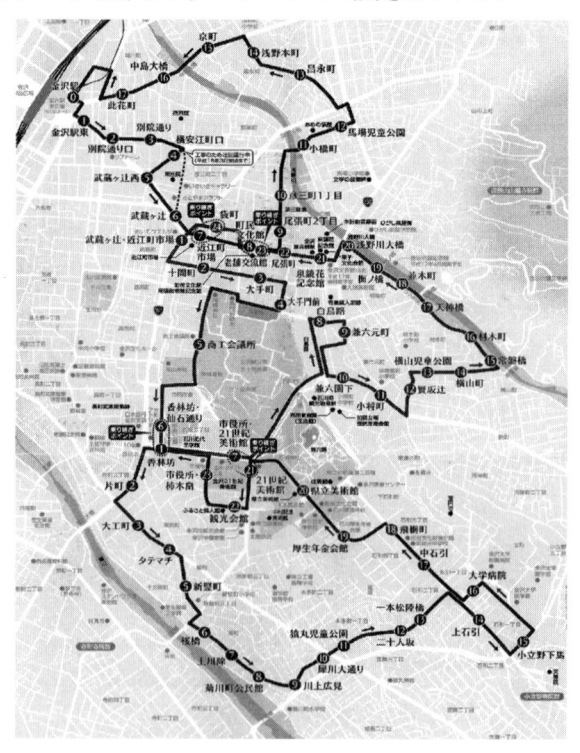

図5-22　フラットバスの路線網
出典）金沢市フラットバスパンフレットより作成

第5章　交通まちづくりのモデル都市に学ぶ

フラットバスはルートの色と車両の色やデザイン，バス停の色を統一し，初めての人でも容易に利用できる．その結果，年々利用者が増加しており，平成16年度の1日平均，此花ルート680人，菊川ルート790人，材木ルート490人が利用し，50歳以上の利用者が約5割を占めている．

2）明日の金沢の交通を考える市民会議

「明日の金沢の交通を考える市民会議（略称：交通市民会議）」は，1998年に市交通政策課が事務局となり発足し，翌年には市民が中心となった任意団体として自主運営している組織である．主に4つの活動目標を掲げ，会社員，主婦，自営業者，大学生，定年退職された方など，いろいろな立場の方々が協働しながら活動している．「文化の香る環境都市・金沢」というまちの将来像を提唱し，歩行者，自転車，公共交通の持続可能な交通環境を実現するために，様々な興味深い活動を行っている団体である．

写真5-13　商店街の中を走行するフラットバス
（此花ルート，横安江町商店街）

写真5-14　城下町にとけ込むフラットバス
の洗練されたデザイン

●交通市民会議の活動

> ①すべての市民から，金沢の交通に対して感じている意見等を聞く
> ②常に市民の立場から，金沢の交通施策について考え，意見を交わす
> ③望ましいアイデアや試案を行政や交通事業者などへ働きかける
> ④将来のあるべき交通環境を市民がイメージできるよう働きかける

　これまで市長や交通事業者などへの提言を数多く行っており，自ら交通調査を実施したり，社会実験に参加し，将来像を実現するための活動を実施してきている．以下は，平成16年度の活動内容を列挙したものである．

平成16年度の活動例

●調査研究活動
・新幹線開通時の公共交通体系の見直しと，都心軸への新交通システム（LRT）導入についての調査研究活動
・市民の求めるバス停の調査研究と，望ましいバス停の提案に向けての活動
・通学者アンケート調査事項の追跡調査の実施
・市内大型総合病院の公共交通利用上の問題点の追跡調査と試案再策定
●月例会，サロン，ワークショップ，その他
・「バスICカード」及び「バスくーる」の体験利用ワークショップ開催
・「土曜サロン」内容，活動の充実
・会員拡大に向けての取組み
・関連他団体との交流機会の拡大，シンポジウム，フォーラム等への参加機会の拡大

5.2.4　まとめ

　金沢はわが国でTDMという概念が浸透する以前から需要のマネジメントと供給量のコントロールを実施し，需要と供給のバランスを確保してきた都市であり，これまでの金沢の経験は多くの知見を我々に与えている．明確な目標を

掲げ，国，県，市，関係機関が調整し，ビジョンを実現化するための具体策に知恵を絞り，交通まちづくりに対する市民の反応や評価を社会実験という形で行い，知見と教訓をフィードバックし，目標達成に果敢に向かっている都市である．

現在全国各地で交通まちづくりに関する社会実験が行われているものの，本格実施に至った事例はごくわずかである．何のための実験なのか定かでない事例や，実験自体が目的化している事例がみられるようになってきたのは残念でならない．そんな事例に触れる度に，「金沢では出来て，何故他の地方都市では実現しないのだろうか？」と自問することがある．一言で言えば，一つには関係者の強いリーダーシップがあり，また，実現したいビジョンが明確であり，ビジョンを実現するための社会実験の位置づけがはっきりしていることが挙げられる．交通に関する社会実験には，新しい概念あるいはシステムの理解，机上ではなくフィールドでの効果測定や課題抽出，施策の議論の活性化，合意形成の促進といった機能があるといわれており，金沢では，社会実験の機能を十分理解し実験を設計し，何度もフィードバックをしながら本格実施に至っている．さらに，交通まちづくり施策を一つの商品と考え，マーケティングの発想を自然に取り入れている．実験だからこそ魅力ある商品を提供することの大切さを関係者の方は長年の経験を通して習得している．一方で失敗を恐れない果敢なチャレンジ精神を忘れていないことも大きな要因であろう．

本稿をまとめるにあたり協力いただいた金沢市都市政策部交通政策課の方々に感謝の意を表する次第である．

参考文献

1) 交通工学研究会（1999）：渋滞緩和の知恵袋，1999年2月
2) http://www.city.kanazawa.ishikawa.jp/koutsuu（金沢市都市政策部交通政策課）
3) 金沢市（2004）：金沢市歩けるまちづくり基本方針　2004年3月
4) 北陸建設弘済会（2001）：公共交通の復権を探る交通実験－石川県・金沢市－，けんせつ　ほくりく，No.375　2001年2月
5) 明日の金沢の交通を考える市民会議（2005）：明日の金沢の交通を考える市民会議平成16年度活動報告書,平成17年6月

5.3 松山市：コンパクトシティの実現に向けた交通まちづくり

5.3.1 街を取り巻く問題：交流圏人口の減少と中心市街地の衰退

　松山市では都市圏人口が50万人の地方都市であり，愛媛県の県庁所在地として県の中で中核的な役割を果たしている．県都として，主要な行政サービスを抱える一方で有力な企業は存在しない中，全国的にも有数な観光資源である道後温泉を市内に抱えている．しかしながら戦後のピーク時には400万人／年を超えた道後温泉の入浴客数は，現在120万人／年程度と，年々減少の一途を辿っている．

　道後温泉における入浴客数減少の原因として，まちなみの変化によって，街のシンボル的存在である道後温泉本館の景観的意義が低落している．道後温泉本館周辺には，高層のホテル・旅館などの建築物が立地しており，こうした不調和なデザインは，温泉街の情緒を破壊しており，時間（昼間）消費型の観光地として成り立っていないといった問題がある．また2ｋmほど離れた中心市街地との連携もとれていない．といった問題もある．

　さらに松山市の中心市街地では，平成15年度の大街道-銀天街エリアの歩行者数は2年前に比べ約25％落ち込んでいるなど，環状線周辺の商業施設立地が進んだ結果，商業機能の衰退が深刻となっていた．交通ネットワーク上の優位性がある環状線周辺へ商業集積が進むことで，アクセシビリティの低い中心市街地の地盤沈下が進んでいる典型といえよう．

5.3.2 交通の概況

　松山市の道路ネットワークは，放射状の国道4路線が整備されているとともに，これらの街路に中心部をとりまくように半径2kmの6車線の環状線が接続し，基本となる街路ネットワークを形成している．一方，公共交通は，郊外電車が放射道路に平行して中心市街地と郊外を結ぶととともに，市中心部は城山を中心にLRT（路面電車）の環状線が走り，JR駅や道後温泉，中心市街地を公共交通ネットワークとして結んでいる．したがって，基本となる交通ネットワークは整備されているといえるが，以下のような問題がある．

①高速道路の整備による都市圏域の拡大や，郊外部の開発，環状線沿道開発による容量低下などにより，交通混雑が悪化し，都心へのアクセシビリティが低下している．

②電車の基本ネットワークは整備されているものの，利用率が低く，自動車の分担率が高い．

③町が平坦であり，自転車の分担率が高く，通勤通学に自転車が多く利用されているものの，中心市街地の違法駐輪問題が深刻化している．

④違法駐輪や高層マンションなどの建築による中心市街地や道後温泉の都市景観の悪化による場の魅力の低下

5.3.3 交通まちづくりの基本方針

松山市の交通まちづくりの特徴として，1）集積地域における道空間の景観整備による賑わいの創出，2）郊外部の道路ネットワーク整備による渋滞緩和，3）鉄道事業者や商店街などの多様なプレイヤーの参加による自立的交通まちづくりの実践，を挙げることができる．

「『坂の上の雲』を軸とした21世紀のまちづくり基本構想」と「交通等総合的まちづくり協議会」を中心にハード整備を進めながら，鉄道事業者が主体となった「オムニバスタウン計画」や商店街の株式会社化による中心市街地の活性化も同時に進められている．（図5－23）

集積のある古い観光地，商店街では歩行者の回遊性を増すための様々な対策が考えられるとともに，郊外部から都心へのアクセスについては，幹線道路の容量拡大と路面電車を含む公共交通の有効利用策が検討されている．コンパクトな街の集積をできるだけ分散させず，既存の街の「型」を有効に利用できるまちづくりが進められているといえよう．

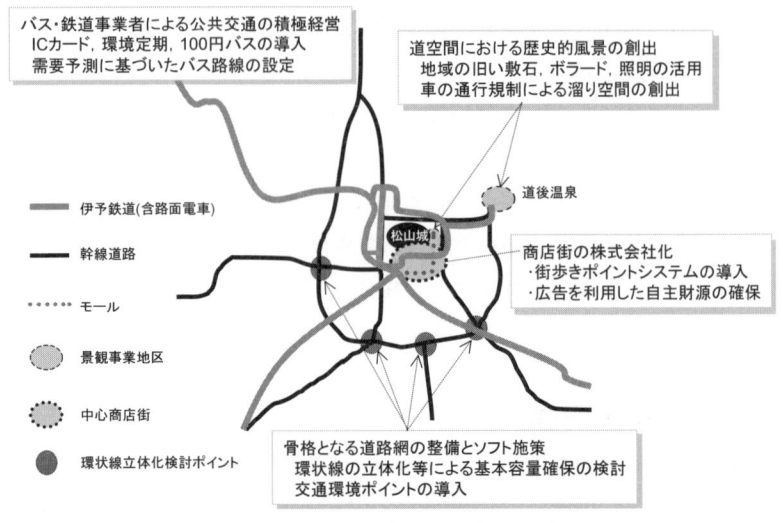

図5-23 松山市の交通まちづくりの概要

5.3.4 「坂の上の雲」：まちづくりの全体計画

　松山市では1999年に策定された「『坂の上の雲』を軸とした21世紀のまちづくり基本構想」を受けて，「基本計画」が策定され，街づくりが進められている．「坂の上の雲」は，秋山兄弟や正岡子規など松山市が輩出した明治時代の先人を主人公とする司馬遼太郎の歴史小説であり，NHKの大河ドラマ化を受けて，「坂の上の雲」をキーワードとしたまちづくり案が提案されることとなった．
　松山市の「基本計画」は「基本構想」で位置づけられた『坂の上の雲』フィールドミュージアムの"センターゾーン"，"サブセンターゾーン"，"サテライト"などの枠組みに沿った様々な事業については，以下の点に配慮しながら方向づけが行われてきている．

①官・民の協働による事業への取り組み
②市民の主体的な参加による事業の推進（市民参加の仕組みづくり）
③『坂の上の雲』をテーマとした文化創造性の発揮
④現有ポテンシャルの活用
⑤効果及び波及力のある事業の優先的取り組み
⑥既存の事業（計画）の活用・連動

第5章　交通まちづくりのモデル都市に学ぶ

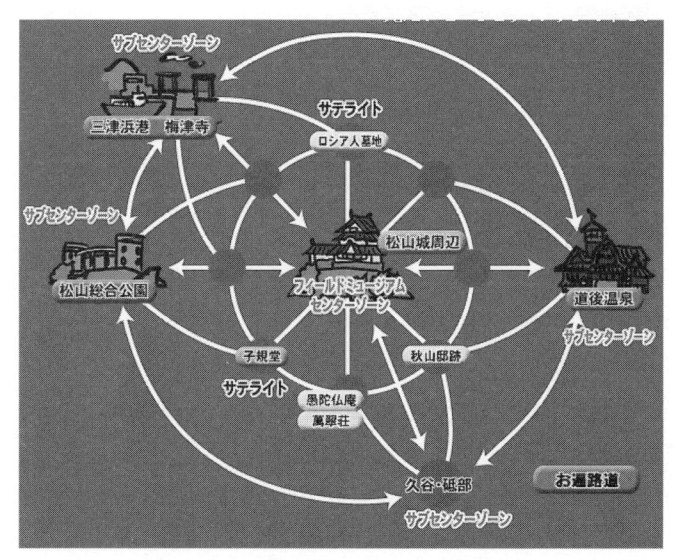

図5-24　街のスポット設定（口絵参照）

　基本計画では，「坂の上の雲」の主人公にまつわる事物を探索・発見・収集・再現するとともに，分散するこれらの事物と既存の歴史・文化・風土などを結ぶ動線を確立するとともに，さらに動線の集まるところに，フィールドミュージアムの情報拠点機能，ギャラリー機能，まちづくり推進・交流機能を備えた中核となる施設（スポット）を配置するなど「松山らしさ」を演出することが計画され，安藤忠雄設計の「坂の上の雲記念博物館」がその中心として位置づけられている．（図5-24）

　こうした施設整備に重点をおいた，「坂の上の雲のまちづくり基本計画」に対して，フィールドセンター間の結節点と基本動線を実態的に整備するとともに，道後温泉や既存の中心市街地における景観の再整備を行うことを目的に，2004年に「総合的交通まちづくり等協議会」が設立されている．この委員会では，従来施設整備に偏りがちな街づくりに対して，都市空間を交通と景観の双方の観点から再定義し，一体的なまちづくりの基本計画の検討が進められている点に特徴がある．

5.3.5 交通まちづくりの基本計画とその進め方

「交通等総合的まちづくり協議会」では，エリアごとに，都市交通の考え方の整理を行った上で基本計画の検討を進めている．

■都心地区及び都心周辺地区
　○アクセスポイントを中心とする歩行ゾーンの整備
　○アクセスポイントをネットワークする歩行支援機能
　○面的に広がる自転車走行空間の整備
　○都心地区を目的とするトリップは自家用車利用から自転車，公共交通利用へ転換を誘導することで都心地区の交通負荷を軽減し，上記の目的の達成を図る．
　○自動車系の移動では，都心地区通過交通は環状道路に誘導し，都心地区から排除する．

■都心周辺地区及び周辺地域
　○都心地区へのアクセスは自転車，公共交通利用を促進する．
　○都心地区への自動車利用を削減することで，自動車利用が唯一なトリップに対し自動車交通の円滑化を図る．

■郊外地域
　○都心地区へのアクセスは公共交通利用を促進する．（パークアンドライド，循環バスと鉄道の連続輸送）
　○都心地区への自動車利用を削減することで，自動車利用が唯一なトリップに対し自動車交通の円滑化を図る．

こうした基本方針に基づいて，PDCAのサイクルで計画の立案と実施が進められている．各地区ごとに，地元住民が参加する各地区WGを設け，専門WGとの間で連携をとりながら，協議会においてマスタープランの検討が進められている．マスタープラン作成時には，道路空間の再配分，景観整備の視点から，各地区の案の評価検討が行われるとともに，必要な交通規制の導入や緩和が必要であれば，国家公安委員会への申請を行う仕組みが担保されている．

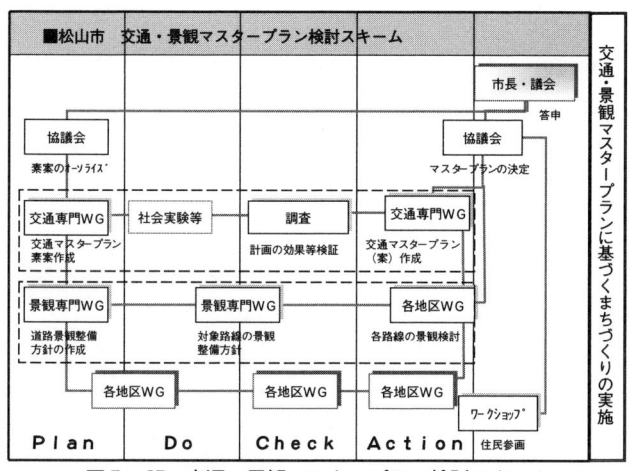

図5-25 交通・景観マスタープラン検討スキーム

5.3.6 道空間の景観整備の推進

　都心の集積効果をより引き出すために，都心の代表的な観光スポットである道後温泉の周辺と城山に向かうアクセス道路としてのロープウエイ通りを道路機能の再整理と景観整備を併せて実施している点に大きな特徴がある．

　道後温泉本館前の修景事業では，本館前の観光客の溜り空間機能が著しく低下していることに着目して，歩行者と自動車の動線分離によりゆったりとした溜り空間の確保を試みた．さらに，新たに設けた道後温泉本館前の車両通行止め区間の舗装には，明治時代の伊予鉄道の手鑿で削られた桜御影の敷石を用いることで，地域に固有の時間の流れを感じさせる工夫を施すこととした．

　ロープウエイ街は，中心商店街から城山に至る坂道区間を，歩行者優先の回遊空間として再定義した上で，通過動線の排除と歩行者の安全性確保による歩行空間の改善と，道路景観の向上と安全で賑わいのある空間の形成を目指したもので，フットライト付のボラードと照明柱を設置するなどの工夫が施された（図5-26）．

　これらの景観整備は，歩行者の回遊性の確保，自動車の排除による公共交通機関優先のアクセス確保などを前提にした道路空間の機能再配分を前提にした景観整備である．道路空間の機能再配分の検討においては，地元の再配分案の受け入れ可能性を，交通処理上の問題，景観上の問題を議論するとともに，規制案の導入可能性案を探る手続きがとられている．

図 5-26　ロープウエイ通りの景観整備の例

5.3.7　プレイヤーの多様化と独自の交通まちづくり

　従来の交通計画では，行政が主導的な役割を果たしつつ，コンサルタントや学識経験者といった専門家が手助けをしながら進めていくことが多かった．これに対して政策課題の多様化する交通まちづくりにおいては，民間企業や，住民が大きな役割を果たすことになる．松山都市圏においては，複数存在した中心市街地の商店街組合が合同で，(株)まちづくり松山（以下，まちづくり松山）を設立し，中心市街地の活性化に独自に取り組んでいる．

　まちづくり松山による中心市街地の活性化の取組みには，以下のような点に特徴がある．

1) 中心市街地における広告の集中管理と独自規制によるまちづくりのための財源確保
2) アクティブ／パッシブ IC タグを利用した街歩きポイントの導入による都心の活性化
3) 自転車駐輪場管理業務などの委託事業の実施

商店街でばらばらに管理していた広告を，統一的にまちづくり松山で管理するとともに，主要な箇所の複数の大型モニターを設置，ここで広告を流すことで，広告価値の向上を図ることで，独自のまちづくり財源を確保している．

さらに，RFIDタグを用いた街歩きポイントの導入では，今まで統一的な商店街のお客様カードが存在しなかったため，パッシブ／アクティブタグを用いて，都心に来るだけでポイントがたまるシステムを導入し，中心市街地の活性化の社会実験を実施した．この結果，滞在時間，購買金額，立ち回り店舗数が大幅に向上するという結果を得ている．

図5-27　まちづくり松山の街歩きポイント実験のシステム

こうした取組みに対して，国土交通省では，都市圏レベルの交通混雑に対して交通環境ポイントの社会実験を行っている．都心への自転車通勤や，公共交通通勤，時差通勤に対するインセンティブをRFIDタグを利用して行っており，まちづくり松山の活動と国土交通省の活動が有機的に関連付けられようとしている点は興味深い．（図5-27）

また，松山市では伊予鉄道株式会社（以下伊予鉄）によるオムニバスタウンなどの交通まちづくりの取組みも盛んである．電車やバスの有効活用は，松山市が有する基本交通ネットワークを生かしたコンパクトシティを実現する上で必要不可欠である．しかしながら，公共交通の利用割合は昭和50年ごろ年間8500万人の利用者数であったものが平成12年には，年間2400万人まで落ち込んでいる状況にあった．

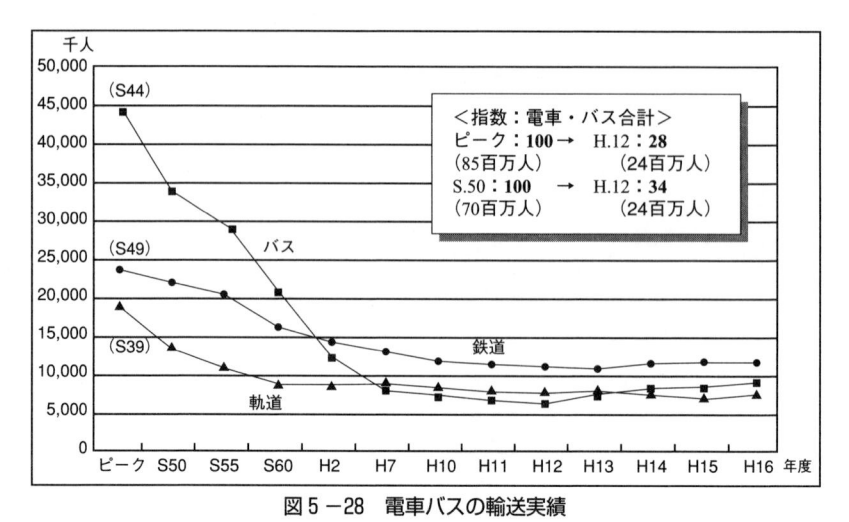

図5−28　電車バスの輸送実績
注）鉄道，軌道，バスのピークは各々S49，S39，S44である（伊予鉄道株式会社 HP より作成）

＜指数：電車・バス合計＞
ピーク：**100** → H.12：**28**
（85百万人）　　　（24百万人）
S.50：**100** → H.12：**34**
（70百万人）　　　（24百万人）

　これに対して伊予鉄では，平成12年以降，以下のような対策を講じることで，利用者数の増加を目指した活動をスタートさせている．

①乗り換えなどの詳細な交通情報の提供
②ＩＣカードの導入
③需要分析に基づいた路線と運賃の再設定
④環境ポイントの導入

　82箇所の設置済みのバスロケーションシステムなどを基本にしながら，バスから鉄道，鉄道からバスといった乗り換えの基本情報の情報表示板を交通結節点であり主要駅に整備し，情報提供を行うことで，公共交通利用者の利便性の向上を目指している．携帯電話やインターネット，バス停や電車駅など様々な場所での配信を通じて情報へのアクセシビリティを高める工夫が施されている．ＩＣカードの導入は，利用者の利便性向上を目指したものであり，地方鉄道におけるＩＣカードの導入は，利用者の利便性向上とともに，弾力的な運賃体系の導入による需要喚起策の導入には必要不可欠である．平成17年から導入を実現している．さらにＧＩＳを用いて各路線の利用マーケット分析を行い，路線

の見直しを行っている．同じ主要幹線道路にいくつものバスを走らせるのではなく，より住宅地に近い道路を需要に応じて均等に路線設定することでバス停から400mでアクセスできる圏域の拡大を狙った対策である．また100円バスの導入や環状ループバスの導入といったように，利用者側からみて，「運賃がいくらか分からない」「路線がどこを走っているか分からない」といった，利用前の思い込みの改善を狙ったもので大きな効果を上げている．最後の環境ポイントは，道路混雑時に公共交通を利用すれば利用者ポイントがＩＣカードにたまる仕組みであり，環境に優しい交通行動のインセンティブとして平成16年から実験的に実施されており，行動変容が実現していることが報告されている．

5.3.8 今後の課題

松山市では，様々なまちづくり計画が，市や商店街，バス事業者，住民などを中心に立ち上がりつつある状況の中，様々な計画を一体的にまとめあげる計画がないという問題があった．こうした問題に対して，地域住民，地元事業者，専門家が一体的に景観と交通の問題について議論する交通まちづくり協議会の今後が期待されている．

また一方で，こうした議論のたたき台となるべき，町の基本データの欠如が問題となっている．松山都市圏でパーソントリップ調査が行われたのは昭和50年であり，それ以降都市圏を対象とした総合交通調査は行われていない．歩いて暮らせるまちづくりや，坂の上の雲のまちづくりでは，交流圏人口の増加や歩行者数の増加を目標としている．この際，こうしたアウトカムの現状をどのように捉え，どう目標を設定していくのかについては，定量的なデータの必要性が高いといえよう．今後の調査実施と，定量的な議論の出発点と目標点の提示が重要となる．

5.4 伊豆地域：情報提供を充実した観光交通まちづくり

伊豆地域には豊富な観光資源が存在し，それをコンテンツとして紹介するポータルサイトも整備されている．これらのアクティビティ情報と交通情報とを融合させ，観光を核としたまちづくりをさらに進める上で，身の丈に合った情報技術やITS技術を選択・適用し，かつ地域の実態に適合するように作り込みしていることが，ここで紹介する試みの特徴である．

5.4.1 伊豆地域におけるまちづくりと交通における課題

伊豆地域は国内でも有数の観光リゾートであり，特に首都圏からの入り込み客が全体の約70%を占める．しかし，観光交通の70%以上が自動車に依存する交通特性を有することから，近年は交通渋滞が慢性化している．また，地震等の災害への不安なども相まって，観光地としての魅力が損なわれ，観光産業を中心に地域産業が低迷している．伊豆地域の振興に係る交通上の課題として，具体的に以下の諸点が挙げられている[1]．

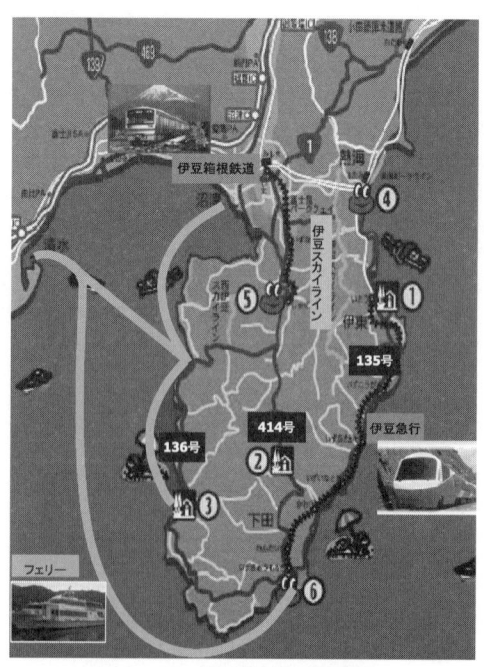

図5-29 伊豆地域の交通網[1]

第5章　交通まちづくりのモデル都市に学ぶ

①渋滞が慢性化している

　図5-29に示すように，伊豆半島の東海岸に135号，西海岸に136号，そして中央を414号が縦貫している．図5-30に示すように，観光トリップの自動車依存度が高く，観光シーズンには各所で渋滞が頻発している．

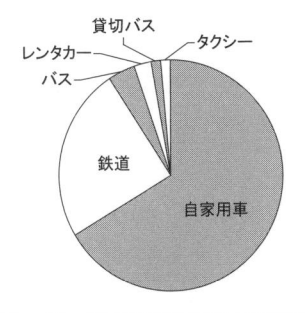

図5-30　伊豆地域における観光客の交通手段[1)]

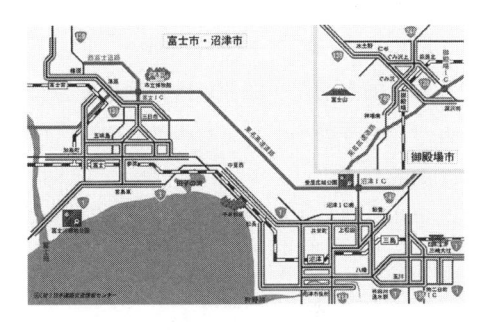

図5-31　伊豆地域の一般道路の交通情報表示画面（JARTIC）

②　特定イベント時にマイカーが集中

　河津桜まつり（河津町）の110万人（平成14年）をはじめとして，入り込み客数を35万人以上に限っても5イベントが毎年開催される．それに伴う交通渋滞は，生活道路の機能までも低下させている．

図5-32　豪雨災害による道路状況（H15）[1)]

121

③　情報提供が不十分

　都市域と比較して交通情報の必要頻度が低いため，車両感知器等の情報収集機器の整備の優先度が低く設定されやすいこと，観光地に共通する課題である．図5－31（JARTIC）に示すように，伊豆地域の半島部のほとんどは，実時間交通情報の提供範囲外となっている．

④医療施設へのアクセスが悪い

　総合的な病院へ30分以内に到達できない地域が，伊豆半島南部沿岸一帯など，かなりの広がりをもつ．

⑤事故が多い

　事故多発地点が伊豆半島全体で36箇所と静岡県全体の約4分の1を占め，他地域よりも多い．また，たとえば熱海市における交通事故の事故起因者の半数以上は同市外の居住者である．

⑥バスの運行便数が少ない

　熱海，沼津，下田の3市内を除くと，バスの運行本数が少ない．

⑦災害時通行止め箇所が多い

　図5－32に示すように，災害や雨量規制による通行止め箇所が多い．特に災害時には陸の孤島と化し，それが伊豆地域への来訪者減少の一因となっているとの認識もある．

　このような現状認識に基づき，伊豆地域が国際的観光・交流の場としてふさわしく発展するべく，同地域独自のITS（Intelligent Transport Systems）を構築し，快適な移動空間づくりを目指した活動が実施されている．本節では，この活動の経緯を紹介する．

第5章　交通まちづくりのモデル都市に学ぶ

5.4.2　伊豆地域総合観光情報提供サイト「This 伊豆ナビ」[2]

(1)PLAN

　国土交通省沼津河川国道事務所が中心となって，主に観光トリップに対する以下のような働きかけを目的にウェブサイト「This 伊豆ナビ」が企画された．

① 経路と交通手段の変更を促す．
・一般道路から渋滞の発生頻度が小さい有料道路への経路変更のための情報提供
・自動車利用から公共交通（鉄道・バス・フェリー）への手段変更のための情報提供

② 移動する時間帯の変更を促す．
・渋滞ポイント周辺の立寄り観光情報を提供

　上記②により，観光客の域内滞留時間を増大させる効果も期待された．

　同時に，同サイトの運用に必要な情報提供システムの構築のために，国土交通省，中日本高速道路㈱，静岡県（道路・観光関係部署），観光協議会，公共交通事業者等の参加により，システムWGが組織された．また，同サイトによる情報提供の効果評価のために，下田市とホテル・旅館代表の参加，および国，静岡県，関係各市，警察，公共交通事業者のオブザーバ参加により，地域WGが組織された．

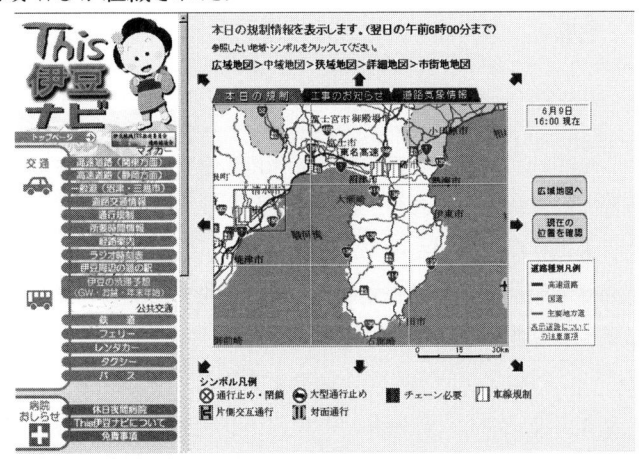

図5-33　「This 伊豆ナビ」における「本日の規制情報」の提供例

(2) DO

平成15年7月より「This 伊豆ナビ」[2]の運用（携帯電話対応サイトを含む）が開始された．このウェブサイトの特徴は，以下のようにまとめられる．図5-33に示すように，ウェブサイト「This 伊豆ナビ」では，運用開始当初においては以下の各項目の情報が提供された．

① 道路情報　　　　⑤ 天気情報
② 道の駅情報　　　⑥ 公共交通情報
③ 経路案内　　　　⑦ 病院等情報
④ イベント情報　　⑧ 伊豆に関するクイズ

図5-34　実験期間中のアクセス数の内訳[1]

表5-8　アンケート・インタビューのサンプル数[1]

調査方法	サンプル数
Webアンケート	1,509
携帯Webアンケート	187
インタビュー	818
合計	2,514

このサイトの特徴のひとつは，提供情報の収集・編集・加工を全て内生化しようとせず，既存情報や既存サイトへのリンク生成を活用した点である．また，未成熟ながらも，道路交通情報と公共交通情報とを融合させたインターモーダルな情報提供を指向したことも特質である．さらに，地域内の観光情報などのアクティビティ情報と交通情報との組み合わせる試みも評価されるべきであろう．

(3) CHECK

平成16年7月19日～8月31日の期間に，域内の9箇所にリクエスト端末を設置して，情報提供実験が行われた．期間中の総アクセス数は65,542件に達し，図5-24に示すような内訳となった．また，図5-35に示すように，災害発生時には，アクセス数がほぼ倍増しており，情報提供に対する需要動向に当該サイトが対応できる可能性を示している．

実験期間中には利用者を対象とした調査を実施し，サンプル全体の82.5%が当該サイトを「役に立つ」と評価し，その内の9割程度が「今後も使いたいと思う」と回答している．また，全体の7.8%が当該サイトを見て交通手段を変

更すると回答し，その中では「自家用車」から「鉄道」への変更が最も多かった．さらに，全体の38.5％が当該サイトを見て経路（またはスケジュール）を変更すると回答し，その内訳は42.9％が一般道路から「有料道路」への経路変更，41.4％が「観光スポットに立ち寄る」であった．この調査結果に基づき，渋滞回避による時間損失の低減効果は，約2億円と推定された．

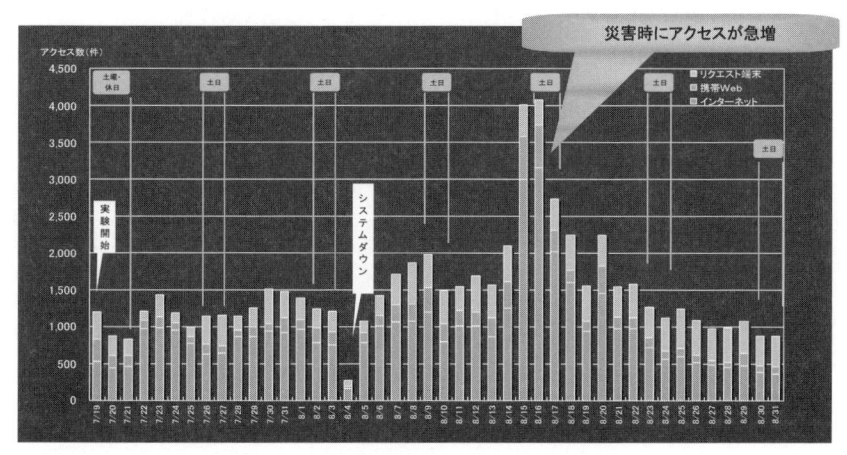

図5-35 実験期間中のアクセス数の推移[1]

(4) Action

PDCAサイクルの1巡目を総括し，課題として以下が挙げられた．
①交通情報の実時間提供範囲の拡大
②情報基盤の拡大・強化
　・携帯版コンテンツの利用促進　　　・コンテンツの改良
　・情報提供拠点の道の駅等への設置促進

5.4.3 「河津桜まつり」における地域ITS導入実験

「伊豆地域ITS推進委員会」は，産，民，学，行政の相互連携の強化を図りながら当地域におけるITSの実用化に積極的な取り組むために，平成17年1月24日に発足した[1]．同委員会は，伊豆地域の観光業・旅館業代表，マスメディア，有識者に加えてインターネットITS協議会，自動車メーカ，携帯電話のコンテンツプロバイダからも参加者を得ている．さらに，同地域の公共交通事業者や関係行政機関がオブザーバ参加している．

(1) PLAN

「This 伊豆ナビ」を情報提供の梃子として，伊豆半島最大の観光イベントである第15回河津桜まつり（平成17年2月10日～3月10日）において，以下の問題に対応することになった．

　①河津町へのアクセス交通の激増・集中による交通渋滞の発生
　②桜まつり会場および駐車場周辺の交通渋滞の発生
　③「This 伊豆ナビ」の利用促進

具体的には，伊豆急行線伊豆高原駅のP&R駐車場（伊豆急行）を利用した同駅～河津駅のトリップの自家用車から鉄道への転換を促進，駐車場満空情報の誘導員携帯電話への配信システムの運用などが企画され，表5－9のように目標が設定された．

表5－9　PDCAサイクル2巡目の目標設定

問題点	課題	主な目標
河津町へのアクセス交通の激増・集中による交通渋滞の発生	①アクセス道路におけるP&Rの促進	・ピーク時における伊豆高原駅から会場までの所要時間を30分短縮 ・伊豆高原駅におけるP&R用駐車場利用数30%増（ピーク日，対前年比）
桜まつり会場および駐車場周辺の交通渋滞の発生	②うろつき交通の削減 ③駐車場の有効利用 ④管理者による適切な誘導	・うろつき交通の90%削減 ・駐車場誘導業務適正化に関わる満足度90%
「This伊豆ナビ」の利用促進	⑤コンテンツの充実 ⑥利用促進 ⑦経路・手段・日時変更の促進	・情報利用の満足度向上 ・アクセス倍増 ・経路・手段・日時変更割合10%

(2) DO

図5－36に，第15回河津桜まつり（平成17年2月10日～3月10日）で実施された伊豆急行線伊豆高原駅～河津駅間のP&R，河津町桜まつり会場周辺における駐車場情報の提供，および「This 伊豆ナビ」における渋滞回避情報の提供の概要を示す．

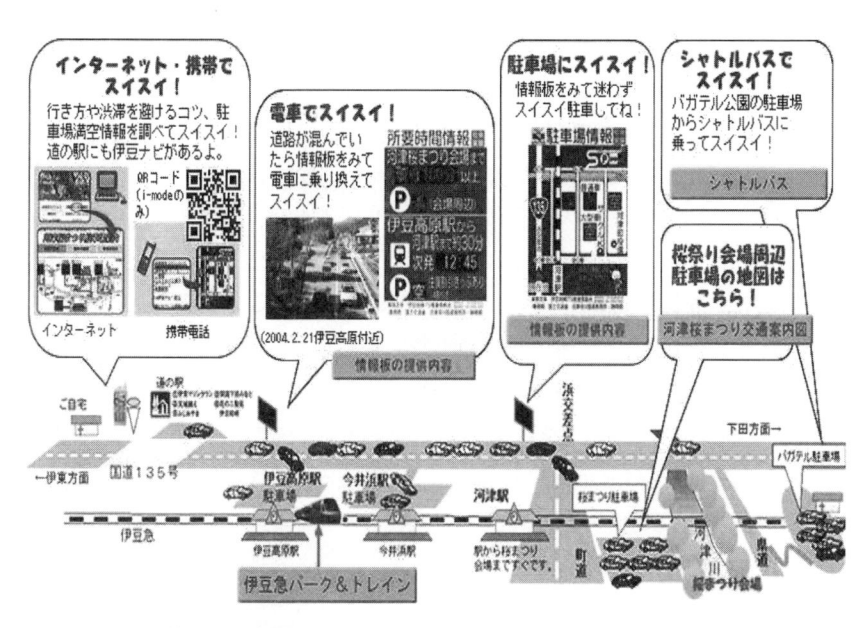

第5章 交通まちづくりのモデル都市に学ぶ

図5－36 第15回河津桜祭り（平成17年2月10日～3月10日）における実験の概要[3]

図5－37 伊豆高原駅付近の情報板[3]

図5－38 駐車場満空情報提供システムのサーバ画面[3]

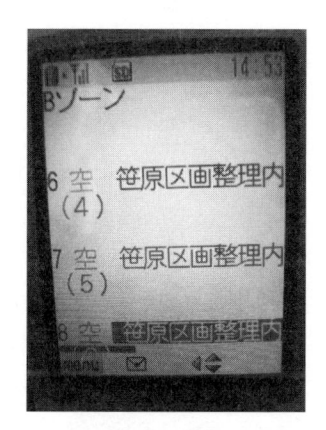

図5－39 駐車場満空情報の携帯電話画面での表示例[3]

図5-37の情報板に示すように，路側においてP&R利用と国道135利用における所要時間，費用，および駐車場の満空状況の比較情報を提供した．同図の例では，P&R利用で所要時間約30分，往復4割引切符，次発列車が10時37分であるのに対し，国道135号線利用では所要時間が90分以上で会場周辺の駐車場はすでに満車であることが表示されている．これは，以下のようなサブシステムの運用により提供が可能となった情報である．

① 国道135号線においてプローブカーを走行させることにより，車両感知器設置の空白を埋め，所要時間の実時間提供を可能とした．
② 各駐車場の整理員が携帯電話を介してサーバに満空情報を送信し，それを駐車場誘導員も携帯電話で確認できる満空情報提供システムを運用した．図5-38にサーバ画面を，図5-39に携帯電話画面を示す．

図5-40「This伊豆ナビ」における「渋滞を避けるコツ」の提供例（図5-40）に示すように，「This伊豆ナビ」では「渋滞を避けるコツ」の見出しで，交通手段の変更（P&Rの利用），時間帯の変更，日取りの変更を促す情報を提供した．

(3) CHECK

第15回河津桜まつりにおける実験は，以下のような成果を上げた．

① 利用者アンケートによると，「This伊豆ナビ」の情報を約90％が「役に立つ」または「やや役に立つ」と評価した．
② ピーク時のP&R券の発行枚数は，前年同期比で約160％に増大した．期間合計の発行枚数も平成16年に対して140％に増大した．また，利用者アンケートによると，P&R利用者のうちの55％が伊豆高原駅付近の情報板（図5-37）を見てP&Rサービスの提供を知った．
③ 利用者アンケートによると，約15％が公共交通に乗り換えた．
④ 河津桜まつり関係者の100％が，駐車場情報に満足した．
⑤ 現地来訪者アンケートによると，約80％は一箇所目の駐車場で空きスペースを確保できた．
⑥ ピーク時における所要時間が，目標の90分から60分に30分短縮のところ，約20分短縮された．
⑦ 「This伊豆ナビ」のアクセス数は，平成15年2月の約8300に対して，

第5章　交通まちづくりのモデル都市に学ぶ

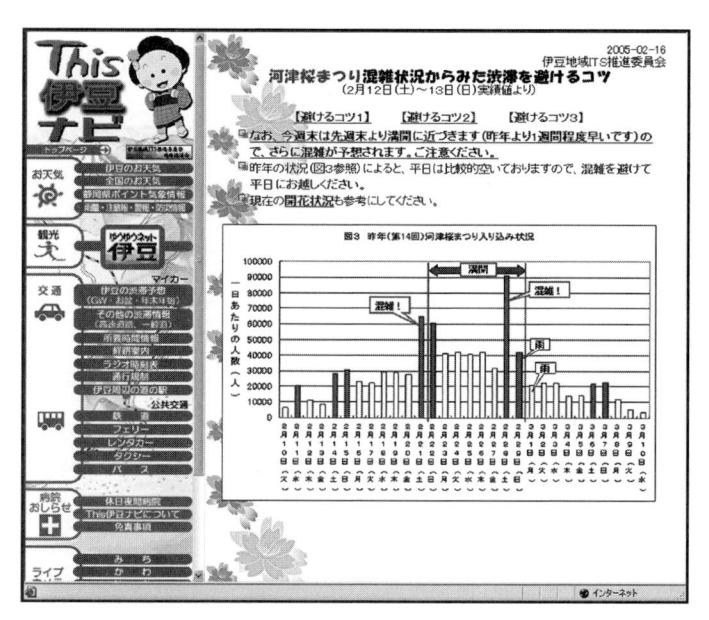

図5-40　「This　伊豆ナビ」における「渋滞を避けるコツ」の提供例[3]

約6倍増となった．

(4) Action

今後も PDCA サイクルを継続的に回転させるためには，実施主体が国土交通省から地元の事業者等に移行する必要がある．そのために，地元の各事業者等に対して，平成17年の実験の成果を個別・定量的に評価・提示しつつある．また，実験方法の見直しにより，費用の削減も図られている．これにより，地元関係者にとっても合理的な費用対効果が期待できる枠組みを提示できると期待される．

参考文献

1)「伊豆地域の特性とこれまでのITSの取り組み」，http://www.sui2.com/michinoeki/www/jsp/MainFrame.jsp
2) This 伊豆ナビ，http://www.sui2.com/michinoeki/www/jsp/MainFrame.jsp
3)「社会実験中間報告」，http://www.sui2.com/michinoeki/www/jsp/MainFrame.jsp

5.5 フライブルク：中心市街地をとことん活かす交通まちづくり

5.5.1 はじめに

　フライブルク市は，ドイツ南西部に位置する人口約21万人，面積約153km^{2}の都市で，サービス業を主とする産業構造を有し，周辺地域の経済・雇用の中心として機能している．当時の趨勢に反して，1960～1970年代にトラムを廃線とせず，逆にLRTへ向けて整備するよう方針を決定した点がフライブルク市の交通政策の大きな特徴である．また，トラムの維持整備にとどまらず，環境と都市空間の質的向上に配慮した総合的な交通政策を1970年代から推し進めてきた都市として，国内外での評価は高い．

図5-41　フライブルク市の位置　　図5-42　フライブルク市街地

　フライブルク市の交通政策には次の特徴があり，明確な方針に基づき優れた交通まちづくりを進める基盤を形成している．

1) 自動車交通の問題点を明らかにし，環境に配慮した形での交通政策を目指す市議会決議が，当時としては潮流と逆行するにもかかわらず，行われた．これにより，フライブルク市の交通政策の基本的な方向が示された．
2) 公共旅客近距離交通は一種の公共財であり，年配・年少者など自動車を自身で利用できない状況にある人々の輸送等にも必要不可欠であると認識されており，公共交通の整備に関する全般的なコンセンサスが得られている．

3）商店立地規制といった都市計画と公共交通の利用推進といった交通計画が連携して，コンパクトシティを実現させる目標が設定されている．
4）具体的な施策に対する反対意見はしばしばみられるものの，基本的なコンセンサスに基づいて政策が進められている．

5.5.2 総合交通政策

　フライブルク市はこれまで，1969年，1979年，1989年に総合交通計画（GVP）を策定している．1979年のGVPでは自動車交通の問題点を明らかにし，環境に配慮した形での交通政策を目指すことが確認された．1989年のGVPは環境に配慮した交通政策を具体化するもので，公共旅客近距離交通のネットワーク拡充，自転車道のネットワーク拡充，テンポ30ゾーンの導入による交通静穏化，幹線道路の車線減少による道路空間の再構築，駐車場のマネジメントを主な施策としている．現在は，GVP1989の後継である交通発展計画（VEP）の策定作業中である．

　1969年の策定以来，「自動車交通の削減」という目標は一貫して追及されている．自動車交通を削減することによって，市民の生活の質を向上させ，環境負荷を軽減し，都市の歴史的景観を保全し，経済の中心地・産業の立地拠点としての地位を強化することが理想である．そのために，大型店の立地規制といった都市計画と公共交通の利用推進といった交通計画が連携して，Stadt der kurzen Wege（「短い路の街」：コンパクトシティ）を実現させることが目標とされている．

　施策の方向性としては，規制的手段ではなく，公共交通や自転車・歩行者交通のサービス水準の向上によるモーダル・シフトが意識されている．また，「自動車交通の削減」といっても，経済の中心地として効率的に機能するためには，削減不可能な自動車交通が発生しているのが現実である．そこで，フライブルク市では特に，必要な自動車交通をどのように「都市と環境に適合した形で」処理するかということを意識した施策がとられている．

■■フライブルク市交通政策の歩み■■

1969年	総合交通計画策定	

　　　　　交通政策の目標が設定された．

1972年　　市議会決議：トラム維持・拡充（LRTへ）

　　　　　この決議は当時のドイツの各都市における潮流とは逆に向かうものであった．1960年代における経済成長による自動車交通の増大がもたらしたネガティヴな影響（環境問題など）への対処が必要になってきた時期で，自動車を中心とした街づくりではなく，都市の歴史的景観，旧市街の維持という方向性を選択した．トラムの拡充整備によって環境負荷の軽減とともに，旧市街へのアクセスの確保を目指した．

1973年　　市議会決議：歩行者専用ゾーンの設置（旧市街のトランジットモール化）

　　　　　当初，旧市街の商店が購買力の低下を懸念して反対したが，公共旅客近距離交通と駐車場の整備によってアクセスが確保されたため，問題は生じなかった．

1979年　　総合交通計画改定

1989年　　環境定期券（Umweltschutzkarte）導入

　　　　　市全域で全ての公共交通を利用できる月間定期券で，譲渡可能である．同定期券は実質的には運賃の値下げを意味した．

1989年　　総合交通計画改定

　　　　　市議会決議：住宅地全域をテンポ30ゾーンに指定する

1991年　　レギオカルテ（Regiokarte）導入

　　　　　環境定期券の有効範囲が拡大された．

1997年　　Breisgau S-Bahn2005の策定

　　　　　フライブルク市と周辺自治体が共同で公共旅客近距離交通に関するコンセプトを作成した．公共近距離交通は一つの市が単独で処理できる性質のものではなくなってきたことが背景である．近距離鉄道，トラム，地域バス（Regiobus），市バス（Stadtbus）を全体として効率良く機能させるためのコンセプトである．

注）公共旅客近距離交通：トラム，バス，地下鉄，Sバーン（都市内および近郊鉄道）を含む公共交通機関

第 5 章 交通まちづくりのモデル都市に学ぶ

5.5.3 公共交通の利用推進

　フライブルク市では，"Umsteigen-Umdenken"（「思考の転換，乗り物の転換」）をモットーとして，公共交通の利用推進施策をハード面，ソフト面双方から実施している．ハード面では，1972年の市議会決議を出発点とするLRTの路線整備が挙げられる．

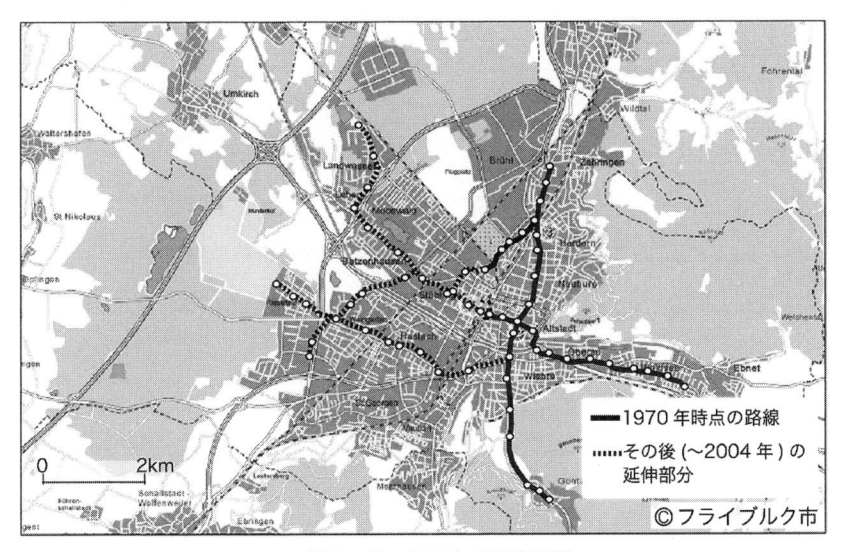

図5-43　トラムの延伸過程

　また，市のほぼ全域に専用軌道を敷設し，優先信号を設置することで，自動車交通の影響を受けずに一定の走行速度を維持している．平均して20～25km/hの走行速度は，交通静穏化が行われている市中心部においては，自動車に比して遜色ないレベルといえる．また，トラムのネットワークは高密度に配置されており，市街地のほとんどの場所から500m以内で駅に行くことができ，公共交通利用の利便性を高めている．

133

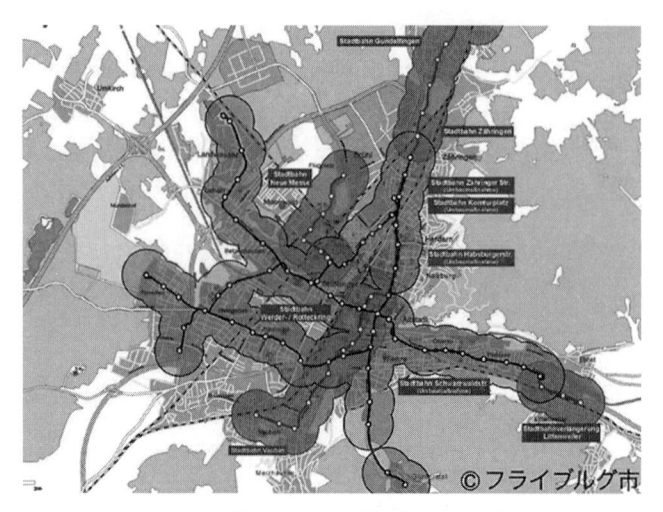

図5-44　500m以内でトラムの駅に行くことができる地区

■■公共交通の整備に関する住民のコンセンサス■■

　第二次世界大戦直後の時点で，多くの都市では主な交通機関としてはトラムが利用されていた．その後モータリゼーションが進み，交通量が増大すると，自動車を中心とした街づくりが行われるようになったが，1970年代に入ると，空間の不足という理由により，自動車だけでは発生する交通を処理することができないという認識がなされるようになる．そうした中で，1972年に市町村交通助成法（GVFG）に基づき，自動車を対象とする鉱油税の収入の一部を財源とする補助金の交付システムが導入された．これによって公共旅客近距離交通の整備を推進する基盤が創出された．

　また，公共旅客近距離交通は一種の公共財である．年配・年少者など自動車を自身で利用できない状況にある人々の輸送等にも必要不可欠であると認識されており，公共交通の整備に関する全般的なコンセンサスが得られている．他の国で市が道路を建設して供用するのと変わらない．なお，個別の歩行者ゾーンの設置やトラムの延伸といった具体的な施策に対する反対意見はしばしばみられる．

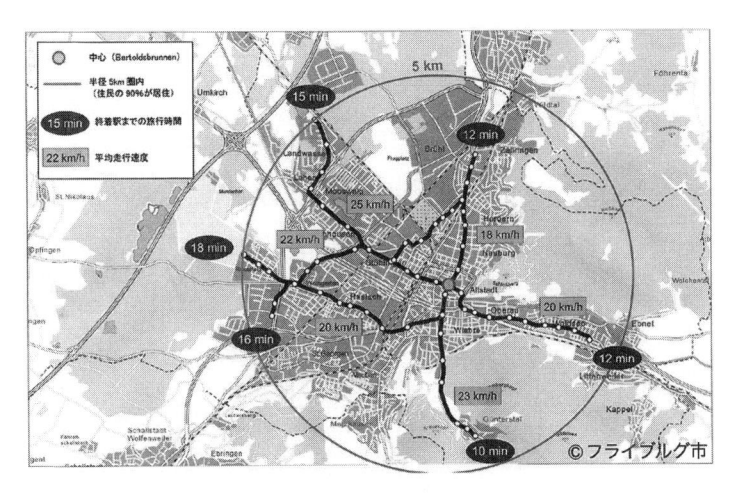

第5章　交通まちづくりのモデル都市に学ぶ

図5-45　トラムの平均走行速度

　また，異種交通機関との乗換の利便性を図るために，バリアフリーを意識して停留所が改築された．特にフライブルク中央駅は，ドイツ鉄道の中・遠距離路線のプラットホームとトラムが立体交差化され，さらにバスの停留所が隣接する結節点となっている．

　バスとトラムの乗換を促進するために，P&R施設が整備されている．容量は，2001年時点で12箇所3185台分となっている．

写真5-15　フライブルク中央駅

写真5-16　Hornus strase 停留所

写真5-17　LRT

写真5-18　Sバーン（都市内および近郊鉄道）

写真5-19　都市内バス

写真5-20　郊外バス

135

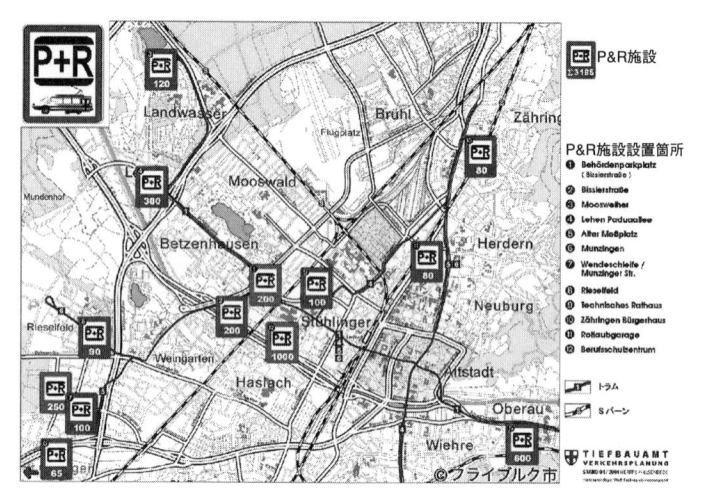

図5-46 P&R施設の分布と容量

　ソフト面の施策としては，ダイヤの最適化による乗換の円滑化，運行間隔の調整，環境定期券の導入が挙げられる．

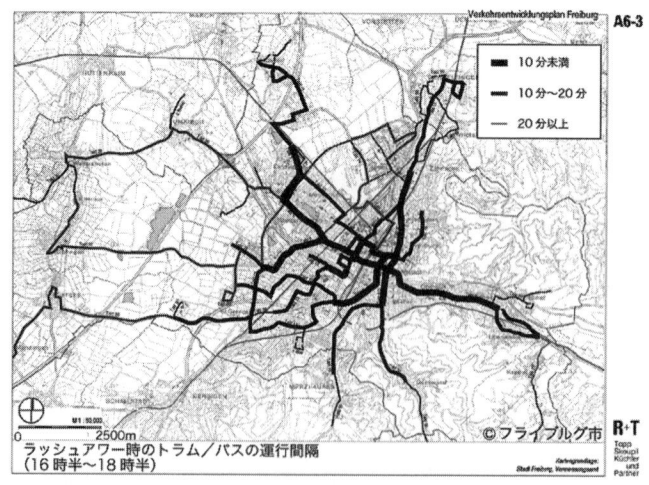

図5-47 トラムとバスの運行間隔（ラッシュアワー時）

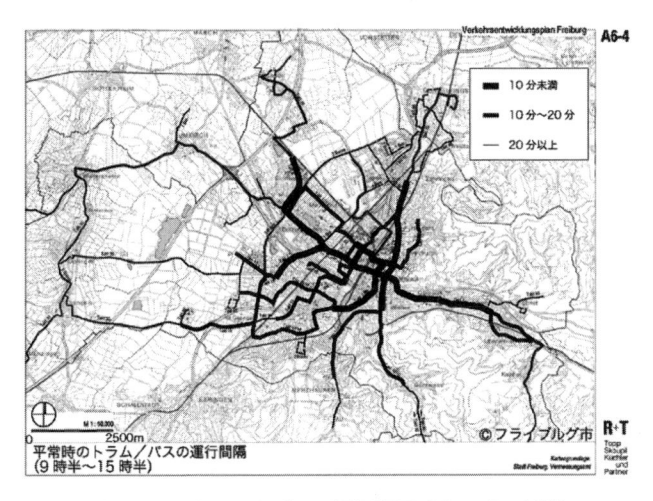

第 5 章　交通まちづくりのモデル都市に学ぶ

図 5 −48　トラムとバスの運行間隔（オフピーク時）

　環境定期券は公共交通の利用促進を目的として1984年に導入され，1991年にはさらに有効範囲がフライブルク市域から周辺の郡へ（図 5 −49の中心部分から周辺部分へ）と拡大された．現在では，隣接する 2 つの郡に及ぶ17の交通事業体の路線が環境定期券で利用可能である．月39.50ユーロで，無記名持参人方式であるところが大きな特徴であり，利点である．日曜祝日には子供 2 人を含め 4 人が利用できる．

　公共交通の利用者数の推移から判るように，1984年の環境定期券（Umweltschutzkarte）導入，1991年の環境定期券（Regiokarte）導入後にトラム，バスの乗客数が増加している．

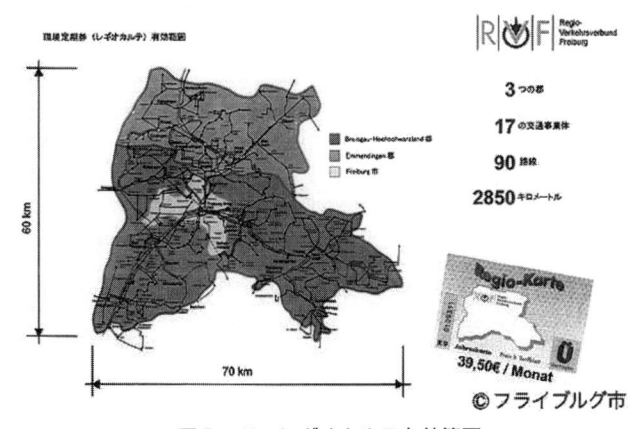

図 5 −49　レギオカルテ有効範囲

137

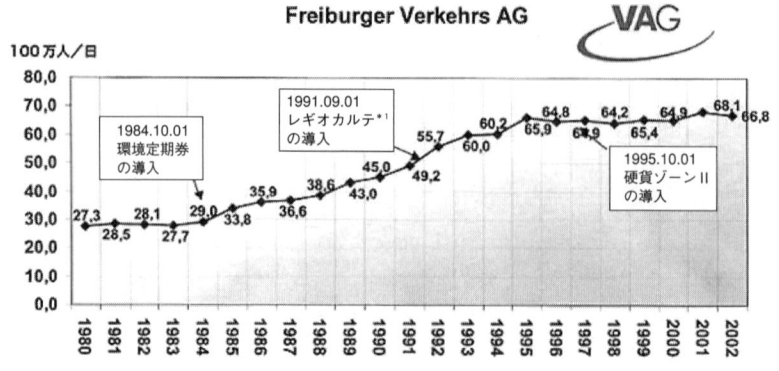

図5-50 公共近距離交通利用者数推移
出典) フライブルク市資料

■■公共交通の整備・運営に関する財源■■

　公共旅客近距離交通のインフラ整備に関しては，連邦から市町村交通助成法（GVFG）に基づいて，連邦税である鉱油税を財源とした補助金が与えられる．施設メンテナンスに対しての連邦からの補助金は与えられない．施設メンテナンスと運営に関しては，交通事業者（VAG）は市の所有する企業であるため，公社の他部門（電気，ガス，水道）事業の収益を交通事業の赤字補填に充てて，内部補助をしている．また，交通事業者が割安の通学定期券を発行する際，正規運賃と通学定期券との差額が市から補填される．運営費用の運賃収入等によるカバー率は60～70%となっている．

5.5.4 住宅地の生活環境の改善

　1989年，市議会が住宅地全域をテンポ30ゾーンに指定すると決定した．連邦のテンポ30ゾーンに関するモデルプロジェクトや立法手続きの完了に先駆けて行われた．経済活動に関連して発生せざるを得ない自動車交通は幹線道路に集約し，住宅地のほとんどの地域には30km/h以下の速度制限がされている．
　現在では約540kmの道路網のうち400kmがテンポ30ゾーンに指定されており，住民の90%がテンポ30ゾーンに居住している．

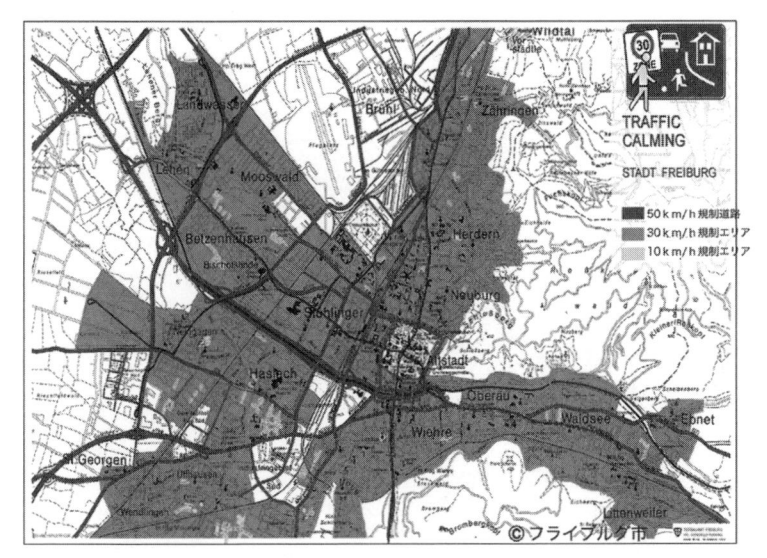

第5章　交通まちづくりのモデル都市に学ぶ

図5-51　交通静穏化

5.5.5　旧市街の保全

　ミュンスター広場を中心とした旧市街の700m四方のエリアは1973年に自動車の乗り入れが禁止され，トランジットモールとして再構築された．この決定は，自動車を中心とした街づくりではなく，中世からの街並みを保全するという意思に基づくものであった．旧市街の商店は，集客力の低下を懸念して反対を表明したものの，旧市街周辺に駐車場を整備し，トラムが乗り入れることでアクセスを確保するという案で妥協をみた．歩行者の安全面を考慮し，トラムに歩行者専用ゾーンを迂回させる案があったが，旧市街へのアクセスの方が重要と判断され，トランジットモールの形となった．

図5-52　旧市街のトランジットモール（口絵参照）

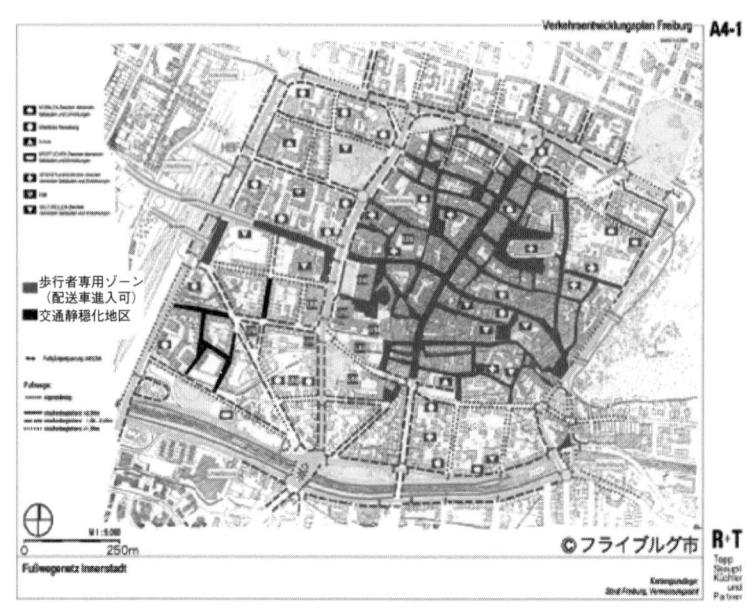

図5-53 旧市街の歩行者道路網（口絵参照）

　旧市街の求心力を高めるためには，公共交通や自転車の利用促進を図るとともに，公道の駐車料金を他の地区や駐車場よりも高めに設定することによって，通勤者等による長時間駐車を削減し，買い物客の駐車スペースを確保することが必要である．路上駐車のマネジメントは，滞留スペースとしての質的向上を図る際にも重要となる．

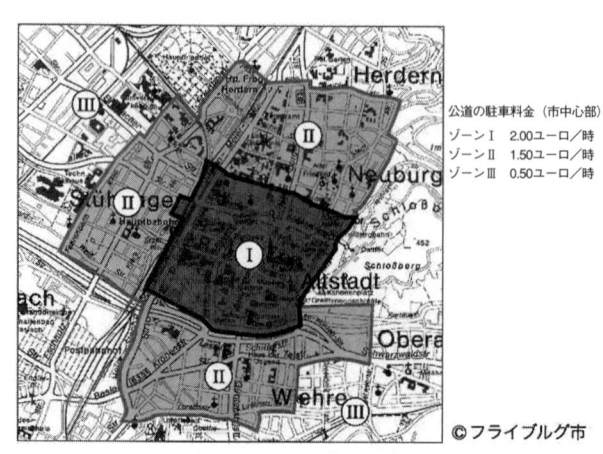

公道の駐車料金（市中心部）
ゾーンⅠ　2.00ユーロ／時
ゾーンⅡ　1.50ユーロ／時
ゾーンⅢ　0.50ユーロ／時

図5-54　ゾーン別公道駐車料金

第 5 章　交通まちづくりのモデル都市に学ぶ

5.5.6　自転車の利用推進

　1970年に自転車道路網計画が策定され，それ以後重点的に自転車道の整備が進められてきた．当初総延長29kmだった自転車道路網は，現在では500kmを超えるものとなっている．

　これまで実施された施策としては，駐輪場の整備や一方通行路の自転車への解放，自転車走行帯のマーキング，歩行者専用ゾーンの解放，自転車専用橋梁の整備等が挙げられる．これらの施策は，比較的低コストで高い効果が期待できる．

写真 5 −21　中央駅に隣接する自転車・歩行者専用橋（以前は歩道が無い 2 車線道路）

写真 5 −22　マーキングで自転車レーンを表示した例

　市中心部に5,600台分，市全域で8,600台分の駐輪場が整備されている．その多くは各市区の中心部かトラムの停留所付近（Bike & Ride）に設置されている．中央駅の"mobil"は，容量1,000台で監視システムを有し，修理やレンタルなどのサービスも受けられる全天候型の駐輪場である．

写真5-23　中央駅に隣接する自転車駐輪施設 "mobil"

　市内の自転車交通量長結果を見ると，最大で約1万台／16時間の交通量があり，途切れなく自転車が流れていることが伺える．

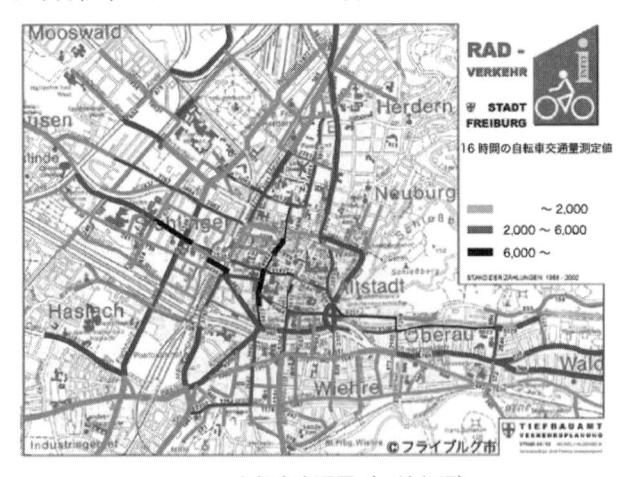

図5-55　自転車交通量（口絵参照）

5.5.7　都市開発と公共交通

　市中心部から2.5kmほど南下したヴォーバン地区には，フランス軍が駐留していたが，1992年に撤退．その跡地約41haを市が購入し，1993年以降ヴォーバン団地の整備を進めている．

　この団地は，職住接近や歩行者・自転車・公共交通を優先した空間造り，エネルギー供給施設との接近，省エネルギー設計住宅を目標とするもので，計画人口5000人，住宅2000戸，目標新規雇用600人となっている．

入居希望者は事前に契約を結び,自宅への駐車場設置を放棄し,団地内に2箇所設置された立体駐車場に駐車スペースを購入する.自宅の前までは,荷物の積み下ろしの目的で走行が可能であるが,原則としてマイカーは共同駐車場に駐車することになっており,路上駐車を禁止している.全域がテンポ30ゾーンか,テンポ10ゾーン(Spielstrasse)に指定されており,通過交通は不可能となっている.

2005年現在のところバスが市内部と団地を結ぶ主な公共交通手段となっているが,2006年にはトラムが完成する予定である.

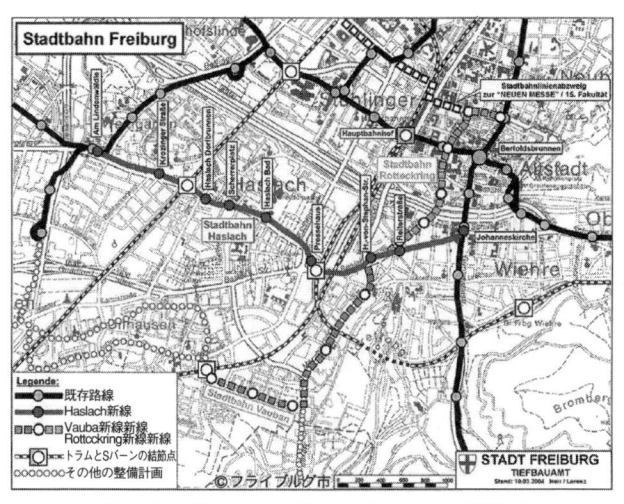

図5-56 ヴォーバン団地へのトラムの延伸計画

写真5-23 ヴォーバン団地のトラム運行予定区間

写真5-24 ヴォーバン団地内を走行する自転車

5.5.8 土地利用規制による誘発交通の回避

　地方自治体が，中心市街地へ与える影響を考慮し，大規模商業施設の立地規制を望む場合，可能性としては大別して二通りの方法が考えられる．

①特定の用途地区にのみ大規模商業施設の出店を認める規制

　一つには，市町村はその領域における土地利用に関し，建設誘導計画（FプランとBプラン）を策定するよう建設法典によって義務付けられている．同計画を策定する際には，建築利用令に基づくことが求められるが，この政令は，土地の建築的利用の用途，密度，用途地区において許容される建築物などを規定したものである．したがって，建設誘導計画を策定することで，特定の用途地区にのみ大規模商業施設の出店を認めるという形で規制を行うことができる．

②地域計画のレベルにおいて大型店の立地をコントロール

　次に，国土整備法に基づく規制方法が考えられる．同法では，広域的に影響を与える可能性のある事業計画に関して国土整備手続きを行うよう定めており，同手続きを通して，当該事業が周辺自治体に悪影響を及ぼすか否かの判断が下される．また，国土整備法に基づき，州が策定する州発展計画ならびに州内の地域圏が策定する地域計画のレベルにおいて大型店の立地場所や種類をコントロールする小売業コンセプトを策定することで各小売店の取り扱い品目を統制しようとする試みが行われている．

　特にフライブルクでは，大型店の不適切な立地による自動車交通の誘発を回避することを意識して，土地利用計画や小売業コンセプトを作成している．

出所）フライブルク市役所に対するインタビュー

■■マーケット・小売業コンセプトの作成による商業立地コントロール■■

　食品・日用品等を扱う小売店が，より有利な条件を求めて郊外へ流出する傾向が強まっている．郊外に大規模商業施設が立地することで既存の小売店舗の立地構造が破壊されると，買物交通は自動車が中心となるため，交通量の望まざる増加が生じる．このため，既存の商店街を保護するように立地規制を十分に行う必要がある．しかしその一方で，小売業自体の発

展を促す必要も確かに存在する．このような課題に対応するためには，郊外の産業地区あるいは旧市街周辺に大規模商業施設の建設を許可することがどのような結果をもたらすのかを検討し，当該施設を市域にバランスよく配置することで，買物を目的とする自動車交通を極力少なく抑えるということが重要である．これは，都市計画の目標である．

マーケット・小売業コンセプトの作成によるコントロールは1988～1991年にかけて作成され，市議会により可決された．地域の中心地として供給すべき食品・服飾品・嗜好品・電化製品等の商品は旧市街の既存百貨店や専門店が取り扱い，日常的な必要を満たす食品・日用品等の商品は住宅地の商店が取り扱い，家具・日曜大工用品・園芸用品等の大型商品は郊外の産業地区の焦点が取り扱うというのが基本の考え方である．

5.5.9 効果

前述したようにトラム，バスの利用者数は，1986年の環境定期券導入，1991年のレギオカルテ導入によって明らかに増加している．

交通手段別分担率の推移を見てみると，歩行者が大きく減少しているものの，自動車の分担率は低下しており，自転車・公共交通の利用推進施策の効果は現れているといえる．

歩行者・自転車・公共交通で構成される交通手段をドイツでは「環境連盟」と呼んでいる．フライブルクの市内に起終点を置く交通の環境連盟シェアは他のドイツの都市と比較して高い．特に，自転車関連施策で知られているミュンスターと自転車の分担率が大差ないということは特筆すべき点である．

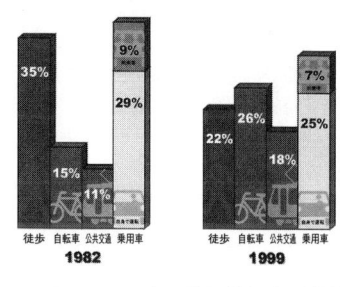

図5－57　交通機関分担率の推移
出典）フライブルク市資料

図5－58　交通機関分担率都市比較

5.6 クライストチャーチ：PDCA定着でオンリーワン目指す交通まちづくり

　緑豊かで住民によるガーデニングが盛んな都市としてガーデンシティの名も冠する人口32万人のニュージーランド第3の都市クライストチャーチは，PDCAサイクルを用いた各種交通戦略を策定，実現化させていることにより，地域来訪者数の増加や市民の都心部来訪率の向上（表5－8），自転車政策に対する満足度が右肩上がりにあるなど，交通まちづくりを進め，ニュージーランドだけでなく海外からも評価されている都市である．

図5－59　クライストチャーチ市内の代表的な光景
出典）Christchurch Central City Background Information, Christchurch City Council, July2001, Technical Report01／9

図5－61　オープンカフェと観光トラム

図5－60　クライストチャーチ市の外観
出典）クライストチャーチ市観光促進ホームページ，http://www.christchurch.org.nz/PhotoGallery/

図5－62　無料の中心市街地循環バス

第5章 交通まちづくりのモデル都市に学ぶ

表5-9 クライストチャーチ主要指標の推移

種類	指標	単位	1991	1996	1997	1998	1999	2000	2001	現状	参考	
住居地域内の居住者	4つの通りで囲まれた地域の居住者	人	5,670	6,594						↑	↑	増加傾向
	4つの通りで囲まれた地域の居住	人	2,718	2,931						↑	↓	減少傾向
	1990年以降新設された居住	業務地域を含む戸建の個数			95	124	200	201	201	↑	~	識別不可
	1990年以降新設された居住地域	4指定地区内の戸数	75	409	539	719	864	939		↑		
歩行者	教会広場の南端での歩行者数	人/10月の2日間/4時間	5,513		5,563		5,095			↑		
	CurtisJewellersの外のCashelMallでの歩行者数	人/10月の2日間/4時間	6,587		4,649		4,248			↑		
	月に一回以上、業務目的以外でCBDに訪れた市民の割合	市民居住者に占める割合%	61	80	78	81	84	82		↑		
来訪者	クライストチャーチ空港経由の短期滞在者	人	184,524	282,406	311,096	309,621	325,163	342,096	383,623	↑		
	業務と乗り換え客を除く短期訪問者	人	171,170	262,328	290,717	289,056	304,010	319,912	361,231	↑		
業務	CBDにおける空床率			20	19	19	19	19		↑		
	中心部における商業の床面積	Million m2	1.36	1.58	1.57	1.63	1.64	1.65		↑		
	商業販売店舗数	Number in CC Zone			586	576	540	549		↑		
	事業所数の変化	Gain-Loss			-63	29	32			↑		
	毎年6月のカンタブリュー地区の販売額	$ million		4,961	4,956	4,996				↑		
	販売、飲食店、宿泊施設での就業者数	%in CC Zone			28	27	36	26		~		
雇用状況	中心地区の総雇用者数	Number	26,742	31,720	30,780	30,990	31,170	31,285		↑		
	中心地区における事業者数	(%)		21	21	20	19	20	19	↑		
	市全体に占める雇用者数の割合	Number			3,857	4,007	4,060	3,983	4,170	↑		
	クライストチャーチ地区における事業者数の割合	(%)			18	18	17	17	16	↑		
観光	今年6月時点のホテル稼働率	%			56	54	58	64		↑		
財産	重要保護建造物	Number un 4 Aves		219	220	223	223	237		↑		
	主要4通りを通過する一日平均交通量	Number			366,539	375,465	388,810			↑		
	公営駐車場での駐車台数	Number/yr		950,924	928,329	964,250	939960*	1,106,457		↑		
運輸	パーキングメーターの収益	百万$1999年値	2	2	2	2	3	3		↑		
	公共交通の利用量	100万トリップ	9	8	9	9	9	10		↑		
	タクシー登録台数				788	834	819	858	873	↑		
地域人口	クライストチャーチ市居住者人数(6月時点)	Number	289,700	316,700	320,500	322,600	324,300	324,900		↑		

出典) Christchurch Central City Background Information, 2001, Christchurch City council

5.6.1 PDCAサイクルが定着しオンリーワンを追求し続ける都市

　ニュージーランドで"一番自転車が使いやすい都市になる"を長期目標とするサイクルストラテジー(自転車交通戦略)(図5-70)を1996年に策定し，その元で自転車の利用を促進する様々な取組みを段階的に行ってきている．同時に，定量定性の両面からの定期評価を行うことで，達成状況に応じて逐次取組みに改善を加えながら，都市の魅力向上を推し進めている．

　このような取組みの発端になったのは，1990年代初頭での中心市街地の荒廃，バス利用者の激減が背景と考えられるが，都市の交通政策として1998年に公共交通重視型で行くか，従来の自動車中心で行くかを両論明記して市民に問い掛けた提案資料"Two Futures One Choice(2つの未来に選択は一つ)"(図5-63)などの討議も影響していると考えられる．

　この討議を踏まえ，同市では以降，放射バス網と外郭環状バス新設からなる市内バス網の再編，市中心部におけるバス乗り継ぎターミナルの新設，都心商業地での無料循環バスの導入など矢継ぎ早に取組んできた．これにより1992年時にバスの年間利用者数は700万人程度まで落ち込んでいたが，その後は年10％以上の増加傾向となり2002年時点では年間1000万人超の利用実績(図5-66)を示している．これに連動するように市内への来訪者頻度(図5-67)や来訪者数，回遊者数が増加に転じ，持続可能で環境豊かな都市としての歩みを進めている．

147

	方 針 A	方 針 B
交通プラン	公共交通のための「現在」のプラン	公共交通重視の「ビジョン」を目指すプラン
	自動車道路の拡大を進める	公共交通を(積極)支援する
将来像	交通量は増加し自動車に依存する将来 (20年で40〜45%の交通量増加)	交通量を減少させ、より車に依存しない将来 (20年で20〜30%交通量減)
政策の特徴	公共交通の改善は部分的 例:10年で6〜10%バス運行頻度を増便 毎年バス7台と10停留所を新設	公共交通の目覚しい改善 例:10年でバス運行の頻度100%増便 毎年バス20台と50停留所新設
社会的コスト	環境汚染と交通事故による高い社会的負担の増加 交通公害の50% 増加 事故損害が毎年2.8〜2.9億$ 増加	都市環境の改善と交通事故被害の社会コストの減少 交通公害は25% 増加 事故損害2.6〜2.7億$ 増加
重点投資	道路への投資増 年 66〜72百万$	公共交通への投資増 道路整備への出費減 年 72〜80百万$
総括	交通量増加やそれ伴う悪影響を減少させることは出来ない見込み	"ビジョン"に向かって進めることで(過度の)交通量増加を抑えられる

図5-63 都心循環の黄色い無料低公害バスが目を惹く"Two Futures One Choice"配布資料の表紙と"二つの方針"
出典) Two Futures One Choice, 1998, Christchurch City council

図5-64 バス乗り換え拠点を紹介するリーフレットと乗換えロビー内の待合スペース

図5-65 Bus Xchange全景

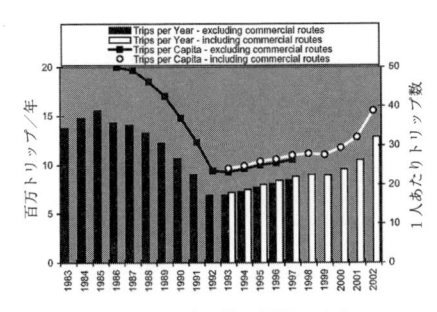

第5章　交通まちづくりのモデル都市に学ぶ

図5-66　バス利用者数の変化
出典）Christchurch Annual Report2003, Christchurch City council

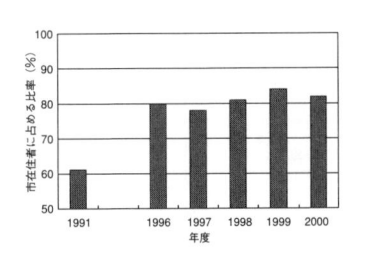

図5-67　月1回以上都心部へ来訪した市民の割合
出典）Christchurch Central City Background Information, 2001, Christchurch City council

5.6.2　サイクルストラテジーに見るPDCA

　クライストチャーチにおけるPDCAサイクルを，具体的にサイクルストラテジー（自転車戦略）を例に紹介する．このサイクルストラテジーでは，長期目標（Vision）と達成すべき短期数値目標（Target）を設定し，ハード整備，ソフト施策からなる具体的な実行計画（Plan&Do）を策定，さらに推進し，その進捗について当該計画の独自定期調査および一般調査データ活用の2種を用いた定期評価（Annual Report, Action & Monitoring）を行うことで，施策を進めながら施策継続の可否も図りつつ事業を継続するPDCAサイクルに準じて，持続的な発展となる取組みを行ってきた．

　サイクルストラテジーは複数の交通戦略の一つ（図5-68）として位置づけられ，クライストチャーチ都市圏交通（戦略）声明に基づき策定，実施されている．

図5-68 各種交通戦略の関係

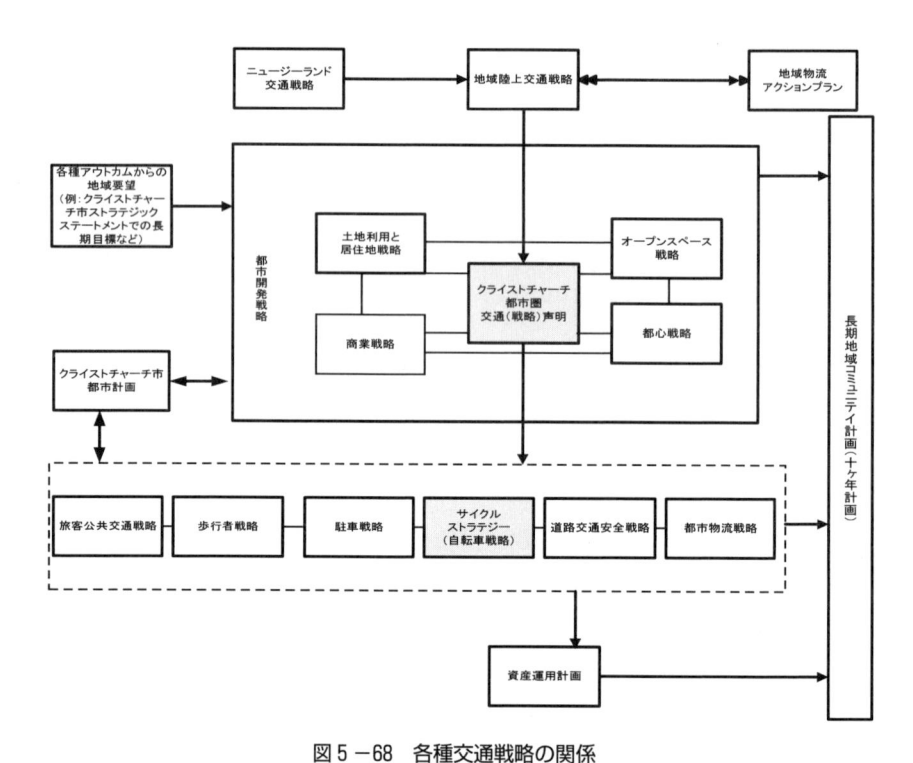

出典) Metropolitan Christchurch Transport Statement, Christchurch city Council, 2003より作成

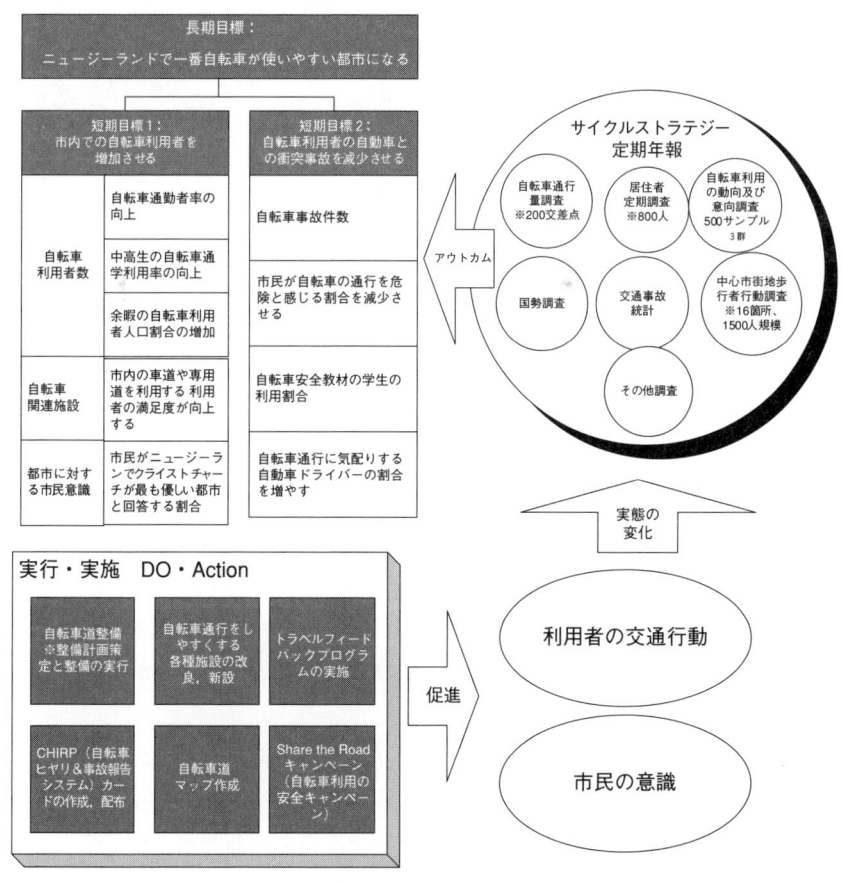

第5章　交通まちづくりのモデル都市に学ぶ

図5-69　クライストチャーチサイクルストラテジーによる取組みの循環
注）Christchurch Cycle Strategy2000, Christchurch City Council を基に作成．

　サイクルストラテジーの最上位概念としては長期目標があり"ニュージーランドで一番自転車が使いやすい都市になる（To be the Most Cycle-Friendly City）"が示されている．達成すべき短期の定性目標として"市内での自転車利用者を増加させる"，"自転車利用者の自動車との衝突事故を減少させる"という，利用量の増加と，"交通安全の向上"の2種3分類（図5-69）が設定されている．

図5-70　Cycle Strategy1998とCycle Strategy2004の表紙（口絵参照）

　1996年のサイクルストラテジーでは，この短期定性目標に対してアウトカム指標を中心とする全部で9つの指標（表5-10）が，2001年時点で達成すべき目標値として明示されている．

　"市内での自転車の利用者を増加させる"では，通勤や通学の自転車利用率の向上，余暇の利用者数の増加，さらに利用者側の視点として満足度の向上が指標となっている．さらに"自転車利用者の自動車との衝突事故を減少させる"という交通安全に関しては直接的な事故数の減少とともに，自転車利用者，自動車ドライバー双方の交通安全に対する意識変化があるかどうかが指標となっている．

　このような各々の目標を達成するために，クライストチャーチでは過去10年間で全長100ｋmを超す自転車道の整備を進める（図5-71，表5-11）とともに，交差点の改良や道路標示の改良などにより自転車通行空間や停車空間の確保，主要な場所での駐輪施設や自転車専用横断信号の整備，教育や啓発の各種プログラムの実施，交通安全対策としての各種教材の作成と配布などを行っている．

第5章 交通まちづくりのモデル都市に学ぶ

表5－10 サイクルストラテジーにおける短期の達成目標（Target）

大分類	分類	指標	現況値（観測年）	2001年 目標値
自転者の利用者数を向上させる（利用）	自転車利用者数	1．自転車通勤者率の向上	8％（1996年）	13％
		2．中高生の自転車通学利用率の向上	40％（1995年）	50％
		3．余暇の自転車利用者人口に占める割合の増加	20％（1995年）	21％
	自転車関連施設	4．市内の車道や専用道を利用する利用者の満足度が向上する	65％（1995年）	70％
	都市に対する市民意識	5．市民がニュージーランドでクライストチャーチは自転車に最も優しい都市と回答する割合	40％（1998年）	毎年向上する
自転車利用者の自動車との衝突事故を減少させる（交通安全）		6．自転車事故件数	児童62件 成人73件（1995年）	減少させる
		7．市民が自転車の通行を危険と感じる割合を減少させる（自転車利用者本人）	55％（1995年）	30％以下
		（自転車利用をしない層）	60％（1995年）	40％以下
		8．自転車安全教材の学生の利用割合	26％（1998年）	100％
		9．自転車通行に気配りする自動車ドライバーの割合を増やす	25％（1998年）	年10％向上

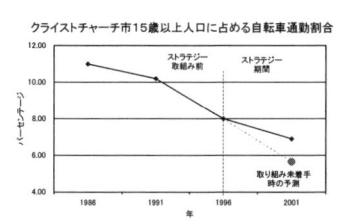

出典）実績の年度が異なるのは，既存の定期調査で把握されている値とサイクルストラテジー策定に伴い新規に調査を開始した指標が混在しているため．

図5－71 自転車通勤者の構成比の変化　　図5－72 自転車道延長と道路に占める構成比の変化

出典）図は Christchurch Cycle Strategy2000，Christchurch City Council を基に作成

表5－11 自転車道の整備状況と整備計画延長

施設種類	1996年	2000年	2004年
車道上での自転車レーン	15km	29km	58km
路外での自転車道（自転車専用道）	43km	51km	73km
自転車道の合計（1996年比）	58km（100）	80km（138）	135km（233）

図5－73　道路上での自転車レーンの様子

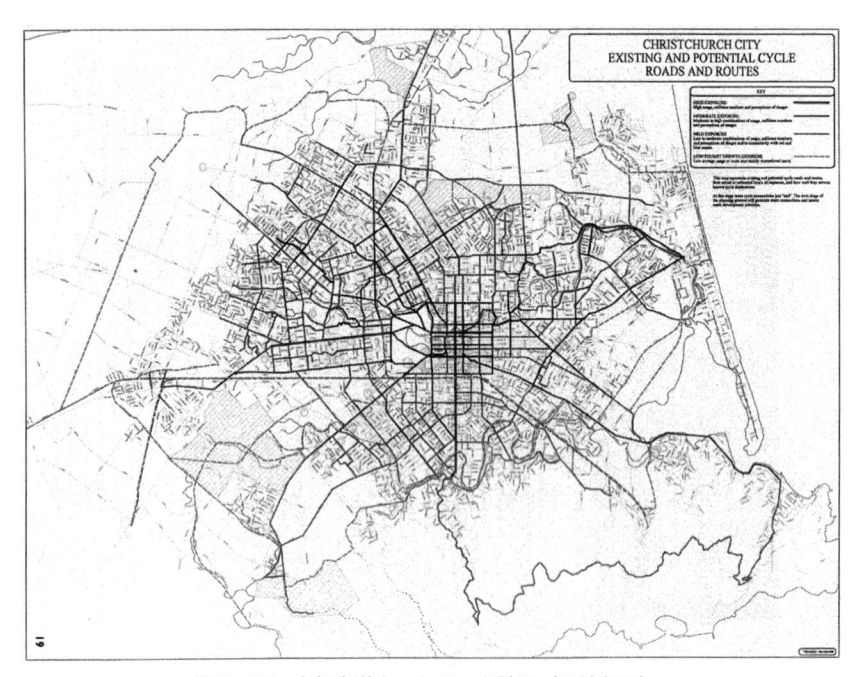

図5－74　自転車道ネットワーク計画（口絵参照）
出典）Christchurch Cycle Strategy2000, Christchurch City Council

5.6.3 PDCAサイクルを支える評価

設定された目標の達成度合いを評価するため，既存の統計調査，サイクルストラテジーのための独立調査を組み合わせて，各種の評価（モニタリング）を行っている．

具体的に活用している調査は次のようなものである（表5−12）．

かなりの数の指標を既存の都心部での調査から引用していることが特徴であり，その範囲で把握できていない点については，サイクルストラテジーの一環として自転車利用者を対象とした調査を行っている．また既存の調査の特徴としては，決して大規模なものでなく"都心部歩行者行動調査（中心市街地歩行者行動調査）のように，量だけでなく来訪者の質や行動パターンに係わる調査を3年おきに実施していることにあり，日本の地方都市自治体との違いといえる．

このように規模は大きくなくてもきめの細かい調査を行っていることから，例えば中心市街地への交通手段分担率（図5−75，表5−13）が1994年では54％が車，徒歩は11％であったものが，2001年には車は64％と約8ポイント低下している．一方で徒歩は約10ポイント増加の21％となり，中心市街地での歩行回遊が増加している様子が把握でき，施策としての達成状況が測れるようになっている．

表5−12 モニタリングに活用されている調査と指標との対応

調査主体	調査種類	調査概要	サイクルストラテジーでの活用指標
市	年次居住者調査 Annual Residents Survey	○年次調査 市年次計画を評価するために行われている居住者年次調査．居住地分類別で延べ800人の居住者を抽出し自転車の保有率なども設問されている．	・自転車の保有率 ・自転車施策に対する評価 ・都市に対する市民の評価など
	都心部歩行者行動調査（中心市街地歩行者行動調査） Central City Pedestrian Activity Survey	○概ね3年おき調査 クライストチャーチ都心部の5月（秋）に約1500人の歩行者を対象とした市内16箇所での歩行者インタビュー調査． 概ね3年置きに実施しており，直近では1994年，1997年，2001年に実施． 歩行者行動の傾向を把握するために，市民，商業者，事業所従業員，観光客群などに分け実施．また個人属性としては男女，年代などにも対応． 都心部への来訪理由，来訪頻度，滞在時間，アクセス交通手段，訪問先などを設問．	・歩行者から見た自転車への評価 ・都心に向かう時の交通手段としての自転車利用率
	都心部歩行者交通量調査 Christchurch Central City Pedestrian Counts Survey	クライストチャーチ都心部での断面別，通りの側面別で歩行者数を調査．	・歩行者数 ・自転車の通行台数
	自転車通行量調査 （サイクルストラテジー）	○年次調査 毎年同時期に200交差点で実施．	・自転車の通行台数
	自転車利用者調査 （サイクルストラテジー）	○年次調査 500サンプルでのインタビュー調査．自転車利用者に対して，地域別に調査対象規模を設定し実施． 主な地域分類は，都心，レクリエーション地域などで，利用者としての分類は一般市民320人，自転車利用者190人，学生120人．	・自転車利用者からの評価
	通常の統計値	○年次 交通事故件数などの蓄積データ．	・交通事故件数
都市圏共同体	国勢調査	○一定年次ごと 国勢調査内の項目として交通に係る実態を調査．通勤，通学時の交通手段など．	・目的別交通手段分担率

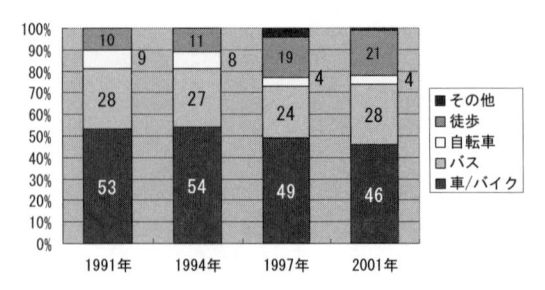

図5-75　中心市街地への来訪交通手段分担率の推移

出典）Christchurch Central City Background Information, 2001, Christchurch City councilより作成

表5-13　調査別での交通手段分担率変化

調査	都心部歩行者行動調査				年次居住者調査			
年	1991	1994	1997〜	2001	1994	1996	1998	2000
コメント	業務移動を含む				業務移動は除く			
車/バイク	53	54	49	46	59	60	58	54
バス	28	27	24	28	20	21	22	23
自転車	9	8	4	4	6	6	7	7
徒歩	10	11	19	21	13	11	11	12
その他			4	1	2	2	2	3
合計	100%	100%	100%	100%	100%	100%	100%	100%

出典）Christchurch Central City Background Information, 2001, Christchurch City councilより作成

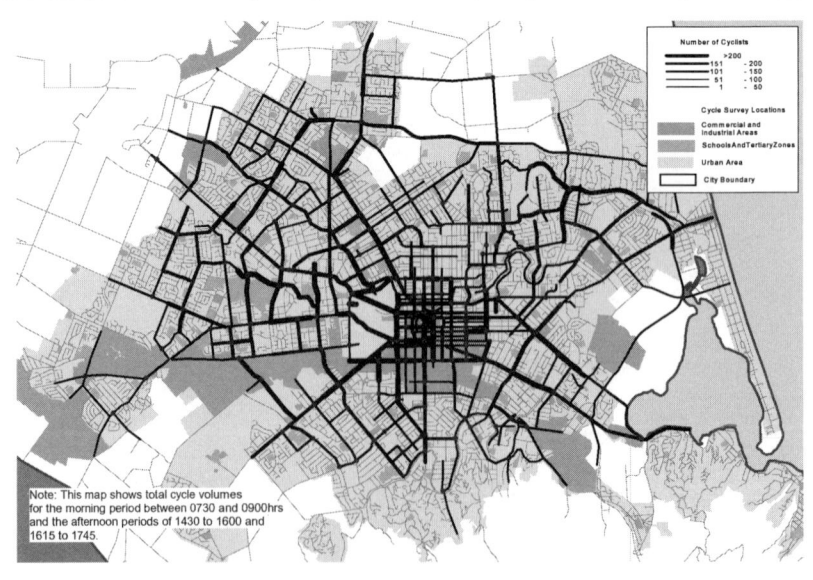

図5-76　自転車通行量（7時30分から9時，14時30から16時，16時15分から17時45分に観測した合計）

出典）Christchurch Cycle Strategy2000, Christchurch City Council

第5章　交通まちづくりのモデル都市に学ぶ

5.6.4　成果と課題

　PDCAサイクルを組み込み，取り組んできたクライストチャーチのサイクルストラテジーでは分かりやすく特徴的な長期目標を立て，施策に取り組んできたことで，短期的に設定した目標を達成した部分と，達成できなかった部分（表5-14）がある．

　例えば主観的な指標で，市民が最も自転車に優しい都市との回答は15ポイントも向上しており，自転車の事故も減少してきている．また直接の指標の対象では無いが都心への来訪時の交通手段としての自転車は1998年に比べて2001年の時点では4ポイント向上し，また自転車に積極的に取り組んでいる都市としての評価も向上してきた．さらに自転車通勤者数も年度による増減はややあるものの，全体としては上昇してきている．

表5-14　自転車利用者数向上にかかわる指標の達成状況

大分類	分類	指標	現況値（観測年）	2001年目標値	2001年実績
自転車の利用者数を向上させる（利用）	自転車利用者数	1. 自転車通勤者率の向上	8%（1996）	13%	7.3%
		2. 中高生の自転車通学利用率の向上	40%（1995）	50%	18%
		3. 余暇の自転車利用者人口に占める割合の増加	20%（1995年）	21%	20%
	自転車関連施設	4. 市内の車道や専用道を利用する利用者の満足度が向上する	65%（1995年）	70%	68%（1998年）欠測
	都市に対する市民意識	5. 市民がニュージーランドでクライストチャーチは自転車に最も優しい都市と回答する割合	40%（1998年）	毎年向上する	55%（2002年）

分類	指標	現況値（観測年）	2001年目標値	2001年実績
自転車利用者の自動車との衝突事故を減少させる（交通安全）	6. 自転車事故件数	児童62件 成人73件（1995年）	減少させる	減少できた
	7. 市民が自転車の通行を危険と感じる割合を減少させる（自転車利用者本人）	55%（1995年）	30%以下	46%（2001年）
	（自転車利用をしない層）	60%（1995年）	40%以下	
	8. 自転車安全教材の学生の利用割合	26%（1998年）	100%	65%
	9. 自転車通行に気配りする自動車ドライバーの割合を増やす	25%（1998年）	年10%向上	32%（2001年）

　他方で，通学時の自転車利用率など達成できていな指標も出てきており，PDCAサイクルを導入したから全ての目標が達成できるわけでないという現実も現れている．

　ただし達成できていない指標については，通勤での自転車利用率のように，従前が右肩下がりの傾向である中，5ポイントの向上という目標自体が高水準であった点も否めない．

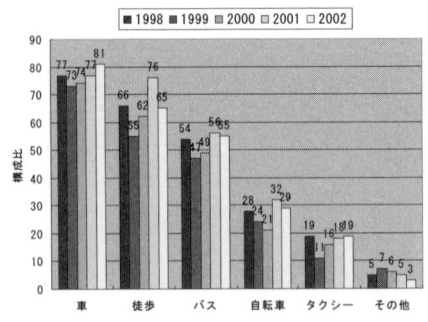

図5－77 都心来訪時の交通手段利用率の変化
（複数回答）

注）Christchurch City Council, City Streets Annual Quantitative Survey より作成

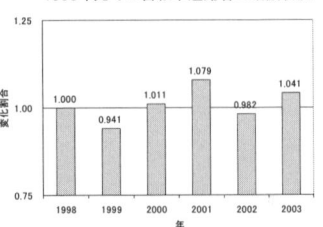

図5－78 ストラテジー実施前後の自転車通勤者の変化

注）Cycle Strategy for Christchurch City Annual Report2003より作成

このような状況を踏まえ，市では2004年に改訂版のサイクルストラテジー2004を策定し，2009年度頃までの自転車道建設費の増加（図5－79）や，その他の取組みの強化などを計画として提案しており，取組みのさらなる強化を図っている．

交通投資内での自転車に関わる投資比率（表5－15）は総額の中で大きくないものの，従前からある道路整備や修繕予算が横ばいとなる一方で増額案を提示していることは自転車優先取組みの重点化を明確に示すものであり，メリハリが利いた対応が提案されている．

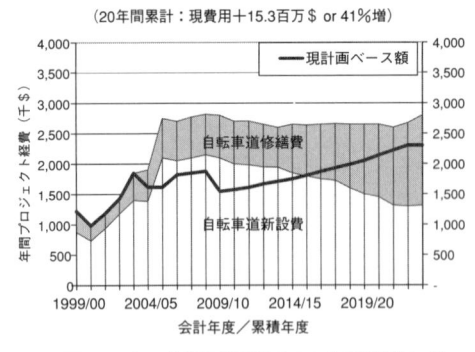

図5－79 次期長期計画での自転車道など事業費の提案

注）Cycle Strategy2004より作成

表5－15 交通事業関係予算の提案

百万＄	2004年度事業（案）			今後20年間の平均（2023まで）		
	改定案	現状	増減	改定案	現状	増減
道路関係	53.5	53.6	+0.0	52.9	52.6	+0.3
都市環境整備	3.6	3.5	+0.0	3.7	2.7	+1.0
公共交通関連	5.6	4.6	+1.0	8.8	3.9	+4.9
自転車	2.3	1.7	+0.6	2.6	1.9	+0.8
歩行者	9.7	8.9	+0.8	10.5	8.8	+1.8
移動計画支援	0.2	0.0	+0.2	1.8	0.0	+1.8
合計	74.8	72.2	+2.6	80.4	69.8	+10.6

注）Metropolitan Christchurch Transport Statement, 2003／12より作成

第5章　交通まちづくりのモデル都市に学ぶ

5.6.5 クライストチャーチから学ぶ

　ここまで紹介した内容を要約するとクライストチャーチでのPDCAサイクルを用いた取組みは，
・持続可能な都市を目指し，一定の成果が得られている
・住民自身もその成果（Quality of Life）を実感している
という点に特徴がある．このような成果を得られている背景としては，PDCAサイクルの実践において継続的に実施できていること自体が大きなポイントと言えるが，さらに次のような3つのポイントを実施できていることが挙げられる．
●PDCAサイクル継続的に実践している事に加えて

　①分かりやすいビジョン（将来像）を示している
　②アウトカム指標に主観指標も多く含む
　③身の丈にあった規模の定期調査で自己診断，改善を行っている

　①については，"ニュージーランドで一番の○○"になるといった，達成までの道のみ困難であるが分かりやすい目標を示している点にある．さらにこれを具体的な達成指標として表し，その成果を個々に測るアウトカム指標に関する②についても，客観的な指標に加えて例えば"自転車通行に気配りする自動車ドライバー"割合といった主観的で日常の生活としてわかりやすい指標を多く含んでいることがポイントとなっている．
　最後に③にある，これらを支えるモニタリングのための調査については，総量だけでなく質の変化を把握できるよう都心への来訪者に限った行動調査も取り入れ，かつその調査頻度は長くても3年に一度程度で行っている．通常の調査設計では非常に大規模になるこれら調査であるが，単年度での回答誤差にはある程度目をつぶり，簡易な層別サンプル調査で調査対象数を1000人程度で行うなど身の丈にあった工夫がされている．

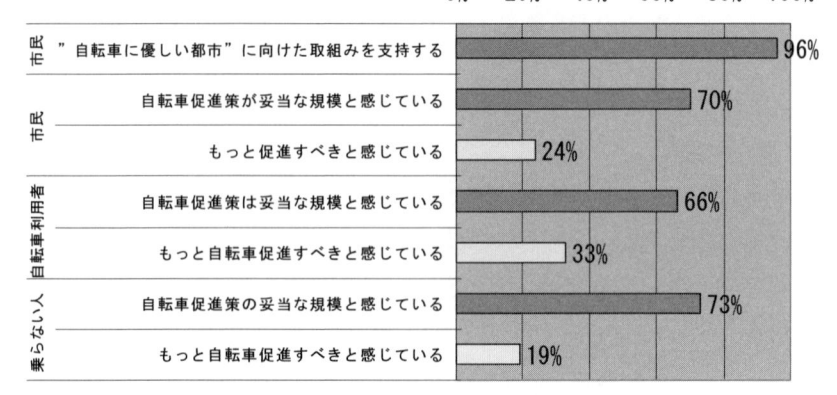

図5－80　自転車関連施策に対する市民の支持状況
注）Christchurch Cycle Strategy Seminar Discussion PPT, 16th August2005より作成

　これらから学ぶ点は，人口30万人規模の自治体として如何に身の丈にあったモニタリングを継続的に進められるかであり，同時に毎年得られる結果については，短期的な傾向だけに目を奪われることなく複数年から俯瞰した傾向が目指すべき目標に近づいているかを判断し，活用すべきである．
　ただし，これだけ先進的で着実な取組みを行っているクライストチャーチにおいても，自転車通勤率の向上などの目標に対しては十分な成果が出ていない部分もある．
　この点については，自動車依存型のライフスタイルの進展などを背景に単独施策として対応の限界がみえる部分であり，同市は更なる自転車施策の強化で目標の達成を図る意欲である．このような方針を進めることが望ましいかは，市民と対話を深めながら施策強化か中断かの決断を行うことで本来のPDCAサイクルが生かされる部分であり，その真価が問われることになる．

第5章 交通まちづくりのモデル都市に学ぶ

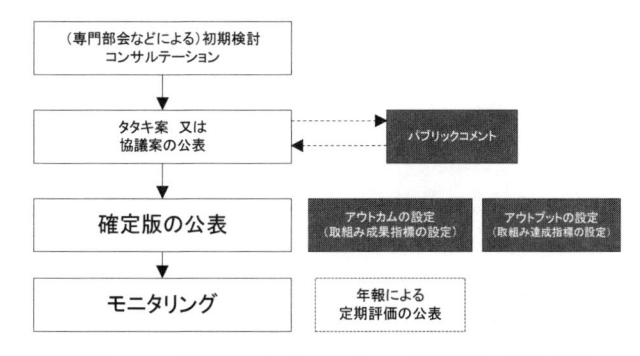

図5-81 クライストチャーチでの各種戦略の策定手順

図5-82 サイクルストラテジーの改訂の経緯

5.7 チャタヌーガ：都市再生の奇跡と交通まちづくり

5.7.1 チャタヌーガの概略

　アメリカ南部テネシー州第4の都市であるチャタヌーガは，国内便の空港を有し，テネシー川に隣接した地勢から古くは河川物流の中継地，また蒸気鉄道盛んな時期の乗換え拠点として栄えた都市である．面積370km^{2}と広大であるが，人口は約15万人である．人口密度が著しく低いように思われるが，実際は1960年代から1970年代の都心荒廃や拡散的な都市形成の反省を踏まえ都心強化型のコンパクトシティの形成を実現している都市である．

　都心内には全米でも有数の規模および集客力を誇る淡水魚水族館テネシー水族館（Tennessee Aquarium）（図5-83），テネシー川を横断する全米一長い歩行者専用渡河橋（Walnut Street Bridge）が中心市街地（Down Town）の北端に位置し，南端には1970年に廃線となった旧鉄道の駅舎を再現し，商業施設，高級宿泊施設からなる一大モールを形成しているチャタヌーガ・チューチュー（Chattanooga Choo-Choo）が配されている．ちなみにチューチュー（Choo-Choo）とは日本語で言うところの蒸気機関車のシュシュという擬音にあたるものであり，同施設の雰囲気を醸し出している名称でもある．

図5-83　北からのテネシー水族館（手前ガラス屋根の建物）とチャタヌーガ市街
出典）テネシー水族館ホームページフォトライブラリー
http://www.tnaqua.org/Newsroom/HighRes/Aerial_015_Mclelland.jpg

第 5 章　交通まちづくりのモデル都市に学ぶ

　これら北端，南端の施設と中間に位置する都心部の中央地区では，市民の憩い施設も兼ねる中央図書館，廃棄された倉庫を改良し家族客など向けの食事を提供するオープンカフェ式のレストランが配置され，またアウトレットモールなどが配されている．

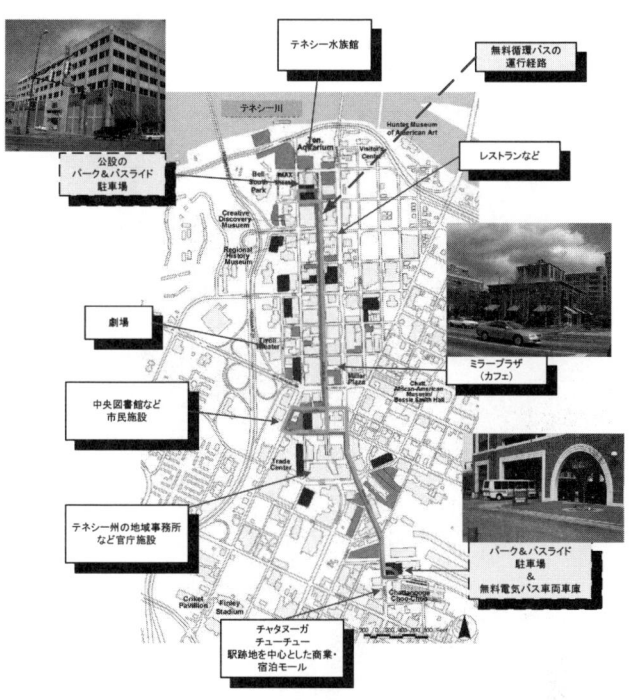

図 5 −84　チャタヌーガ都心部の主要施設配置と無料循環電気バスの路線（口絵参照）
出典）Metropolitan Christchurch Transport Statement, Christchurch city Council, 2003 より作成

表 5 −16　都市施設と交通設備の連動関係

施設種類	北端	中心部	南端
来訪施設	・テネシー水族館	・家族向けレストラン ・中央図書館 ・劇場・映画館	・官庁街 ・チャタヌーガ・ 　チューチュー
交通施設	パーク&バスライド駐車場		パーク&バスライド駐車場
交通手段	無料循環電気バス		

また主要施設を結ぶ交通機関としては，南北に循環する無料電気シャトルバス（図5-84，5-85，5-86）が運行しており，それぞれ水族館前，チャタヌーガ・チューチュー前にある立体式のパーク＆バスライド駐車場（図5-87）を起点終点として，5分に一本の高い頻度で行き来している．都心の周辺部で車を止め都市内は徒歩や無料バスを活用して散策することを誘導するようになっている．

図5-85　都心部での無料電気バス乗降の様子

図5-86　無料電気バスの全景

出典）チャタヌーガ地域交通組合ホームページ http://www.carta-bus.org/routes/elec_shuttle.asp

第5章　交通まちづくりのモデル都市に学ぶ

図5-87　パーク&バスライド立体駐車場と同1階の無料循環電気バス乗降場

　休日ともなるとアトランタなど近郊の大都市からの来訪客を中心に子供連れの客でも賑わう中心市街地を形成しており，年間100万人以上の来訪がある．特に1990年代後半においては，雑誌Walking（"Walking" magazine）により，歩きやすい街ベスト16の一つとして選出，雑誌Family Fun（"Family Fun" magazine）では，家族連れ向けの行楽地ベスト10の一つに選ばれるなどしている街である．

図5-88　テネシー水族館より南方を望む　右手のビルが立体駐車場

165

5.7.2 最悪の都市から奇跡の復活

ビジョン2000の策定

　古くから交通の要所として栄えてきたチャタヌーガであったが，1960年代には，周辺の工場施設などからの排気ガスがひどく，全米でも最悪レベルの大気汚染都市となり，都心部人口も減少し，犯罪も増加し多数の問題を抱えた都市となっていた．日中に車を走行する場合もスモッグがひどく，ヘッドライトをつけながら走行しているような状況であった．

　このような中，時のチャタヌーガ商工会が1967年に大気汚染管理委員会（Air Pollution Control Board）を結成し，1972年までの間に総額4000万ドルを要する大規模な対策を行い，大気汚染対策を進めるとともに，中心市街地の再興に向けた取組みを市民や商業者を中心に進めた．

　これによりたった3年間で全米一空気の汚れた都市から，最もきれいな都市に変わり，当時としては取組みの斬新さ，大気汚染問題を克服した点などから国内を始め各所の関係者から注目を浴び"奇跡の復活都市"として呼ばれるようになったものである．

　大気汚染問題は解決したものの中心市街地の荒廃対策には十分でなかった．1980年代に入り，チャタヌーガ市と郡政府ではテネシー川流域再開発の検討にとりかかった．

　この検討過程でChattanooga Ventureが結成され，電話帳に基づく無作為の1万人アンケートを実施し，20週間にわたり百数十の地域会合を重ね，1700人の市民からのアイデアを募り，計画対象期間20年間，総額7億5000万ドル，商業，居住，観光誘客開発の全てを含んだテネシー川流域マスタープラン（the Tennessee Riverfront Master Plan）が提案された．またこれらを含み，チャタヌーガ市では1984年に"Vision2000"と呼ばれる総合計画の策定に着手し，合計40の目標を2000年までに達成する計画発表し，本格的に市街地の再興に手をつけることになったのである．

　このマスタープランを実現化するにあたり実行組織であるNPOのRiver City Corporation（http://www.rivercitycompany.com/）が結成された．組織結成にあたり，資本金1200万ドルを8つの地域財団と7つの地方債（seven local financial institutions）から組み入れている．

　機動力の高い組織のもと，合計40件の地域開発計画を実現させる実務にあた

ることとなったのである．同市における市街地再開発については，この組織を設立し権限を与えた事が後の成功に繋がったとして考えるものも多い．

テネシー水族館の成功

　この計画におけるメダマの一つが世界有数の淡水魚水族館の建設であり，1992年に開業した同水族館は，大規模な集客に成功するとともに，南北に伸びる道路軸の北端に位置し特徴的な外観が街のランドマークとなる事で，その後の中心市街地の再開発と賑わいの向上に大きく貢献することとなったのである．特にこの水族館を建設するにあたり，従来の公共事業単独として行うのではなく，地域企業のスポンサーを募って100％寄付により建設を行った事に特徴がある．出資スポンサーとなっている企業としては同じテネシー州の州都アトランタに本社を持つ世界的な企業コカコーラ社を始め，多数の企業の寄付により賄われており，開業当時としては非常に珍しい資金収集方法により，建設されたものである．

無料循環電気バスの開発と導入

　水族館を成功の秘訣の一つすると，無料循環電気バスの導入は成功の第2の秘訣として知られている．1992年に導入されたこの無料循環電気バスは過去の大気汚染問題への反省も踏まえ排気ガスを発生せず，経済性を有し静かで子供から大人まで乗りやすいバスが新たに開発され，導入されたものである．充電は，一度バスから取り出した電池ユニットに行い，満充電になったユニットをフォークリフトでバスに組み込む方式を採用している．

　都心部北端の水族館と，南端のチャタヌーガ・チューチュー間は日中5分間隔で運行しており，無料で乗り降りできるようになっている．バス停留所の間隔も短く（図5-89），これにより都心部の回遊を促すとともに，パーク&バスライド駐車場との相乗効果で一般車の都心乗り入れを防ぐことに成功している．

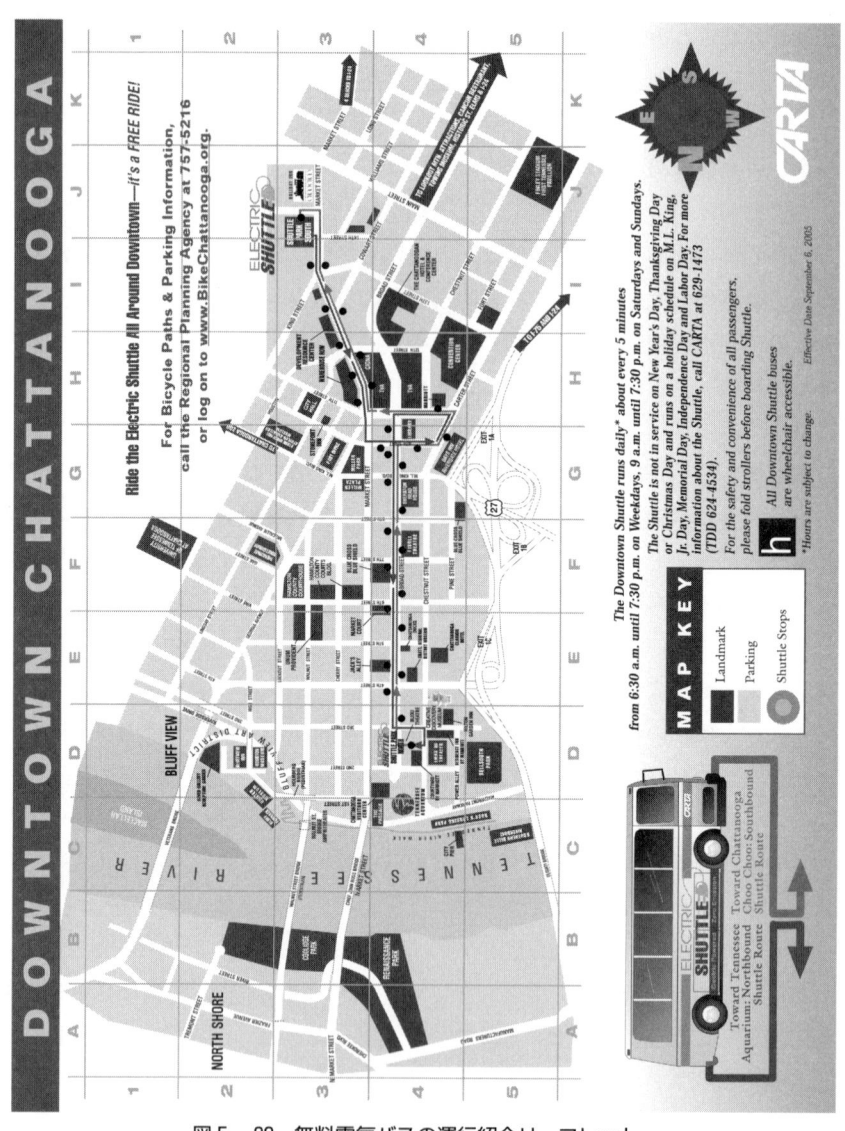

図5−89　無料電気バスの運行紹介リーフレット

出典）Chattanooga Area Transport Authority（http://www.carta-bus.org/routes/elec_shuttle.asp）

　年間の運行費用は50万ドルだが，その費用は南北の両端に設置されている収容能力500台規模のパーク＆バスライド駐車場の駐車場利用料金と，同建物1階部分に入居する商業施設の賃料により負担することとしており，開業当初で

第 5 章　交通まちづくりのモデル都市に学ぶ

はその25%[3)]を賄っている．

　また運転手は母子家庭の母親を優先的に採用するなど，コンパクトな行政組織を活かし，福祉政策的な側面も担っている．

　この無料バスの乗降がしやすいよう，各バス停部ではいわゆる張り出しバス停（テラス型バス停）の形式とするとともに，バス側では車イスの人の乗降にも対応できるように折り畳み式のスロープ（図 5 -90, 5 -91）を完備している．

図 5 -90　道路側に張り出している無料循環バスのバス停部分

図 5 -91　手動で取り出す折りたたみ式バス乗降スロープ

169

5.7.3 成功の要因

ここまで紹介してきたチャタヌーガ市での都心再生の成功の背景を紐解くと，交通まちづくりとしては，集客施設を結ぶ交通ルートの計画と設置，連動したパーク＆バスライド駐車場の整備により，都市内の動線を明確にし，歩行者を誘導するプランがしっかりとしていた事があげられる．一方で，都市施設側からは，年間百数十万の集客を誇る施設である水族館を企画し，実際に設置できたこと，歴史的施設であるチャタヌーガ・チューチューについても1970年代の廃線後に再建し維持し続けたことなどの要因がある．

またこれらを実現する上で，市民中心型のChattanooga Ventureが組織され，様々はパブリックインボルメントとしての取組みを20年前に実現できていたことも大きい．

最後に，市民活動や建設を支えた資金確保の工夫は，無視できないものである．日本でいうハコモノの整備にあたって，公共資金からでなく大半を民間からの寄付で賄った事については，関係者の努力によるものが大きいと思われる．大手企業の本社が近接していたこともあるが，それ以外にも寄付を行いやすい環境[4)5)]という恵まれた点を最大限に生かしたと考えられる．

同市での取組みは，近年ほどPDCAサイクルが法的に整備される前に始まり数々の成果を1990年代中盤までに築き上げてきたものである．今後もその持続的な発展が注目される．

5.7.4 最後に

ここまでチャタヌーガ市での取組みと成功例として百万人の来訪客を誇る水族館など華々しい成果を示してきた．しかし筆者が2000年の春に同地を訪れ，実際に平日のチャタヌーガ都心部を歩き回ってみると，個々の施設の中には人が滞留しているのだが，施設間を結ぶ幅員の広い歩道からなる歩行者ネットワークにおいては，なかなか人が歩いているのに出くわさないのが実態であった．主観的な評価になるが，日本の地方部市の中心市街地の方がまだ歩いている人が多いのではないかとの感であった．

また都心部を行き来してみると，博物館，劇場，スタジアムなど集客施設がこの20年間の取組みで増えているが，他方で都心型の居住施設は皆無に近い状態である．このため，就業者の方が都心部から引けてしまう夜間になると一段

と空疎な雰囲気を醸し出している．

　一度車依存型の生活が染み付いてしまうと，これだけ良い施設とソフトを提供し，全米のベスト都市と言われても，人を歩かせ，回遊させることが非常に難しくなっており，改めて過度に行き過ぎた自動車中心型ライフスタイルによる負の資産を解消する事の難しさが読み取れる．日本における交通まちづくりにおいては，まだこの負の資産が小さいことから，チャタヌーガ市の取組みの良い面を積極的に反映し，活かされることが願いである．

参考文献

1) Strong Commercial Centers Creating Vibrant Downtowns, Business Districts, Urban Villages and Other Accessible, Mixed-Use Activity Centers (http://www.vtpi.org/tdm/tdm117.htm)
2) リバーシティカンパニーの設立経緯と概要
 (http://www.rivercitycompany.com/about/history.asp)
3) http://www.smartcommunities.ncat.org/success/chattano.shtml
4) (財) 自治体国際化協会ニューヨーク事務所，アメリカで最も汚染された街から最も住み易い街へ　アメリカ合衆国・テネシー州　チャタヌーガ，自治体国際化フォーラム No. 110, 1998年12月号
5) "部長トーク"静岡県都市住宅部都市政策総室都市政策室，海外先進事例実態調査報告「アメリカ都市再生の歴史と未来への挑戦」【その1　テネシー州チャタヌーガ】，平成15年度

コラム COLUMN

持続可能な都市交通への新たな方向性
ソウル市の取り組み

　ソウル市では，持続可能な都市交通をめざして，従来とは異なる政策方針を打ち出し，実際に段階的に実施を開始している．本稿では，韓国交通研究所のヨンイン・クォン氏がとりまとめた資料に基づき，その概要を紹介するとともに考察を加えた．

　ここで持続可能な都市交通については3つの観点が示されている．第一は，安全と環境に対して高い優先順位をおいた交通システムである．公共交通，自転車，歩行者への優先，土地利用と交通計画の調和，環境負荷の最小化などを含む．第二は，効率的で質の高い交通サービスである．エネルギー消費の少ない交通手段，安全で快適な交通サービスといった項目を含む．第三は，誰に対しても社会的そして経済的に平等なことである．移動制約者のアクセシビリティの改善，財源面と交通サービス面での公平性の問題を含む．

◆ 韓国における交通問題

　まず，韓国における都市化と交通問題について述べる．農業人口のシェアが1960年から2000年にかけて80%から11%に減少したのに対して，都市部の人口シェアは35%から90%に，ソウル都市圏での人口は500万人から2100万人に増加した．自動車登録台数は，1980年から2000年にかけて，50万台から120万台へと増加した．結果として，都市部においては，自動車交通による混雑費用の増大，排気ガスや騒音の問題，交通事故の問題が深刻化した．そして対外的な競争力は相対的に低下したといえる．

第5章　交通まちづくりのモデル都市に学ぶ

◆　全国レベルでの持続可能な都市交通への方向性

❖持続可能な開発

　1970年のストックホルムでの国連人間環境宣言や，1992年のリオデジャネイロでの地球サミットにおけるアジェンダ21といった国際的な動きを背景に，開発と環境保全とのバランスを検討する必要性から，持続可能な土地利用，水資源管理，エネルギー節約が注目されるようになった．

　持続可能な開発の実施にあたっては，地方代表や各セクター（労働者，マスメディア，産業，法曹界，専門家等）代表からなる代表委員会と，エネルギーおよび産業，水資料，土地利用と自然，社会，環境と健康の5つの専門委員会を構成した．2003年の持続可能な開発のための国家戦略についてのレポートでは，ヴィジョンと戦略の評価，分野別（農業と海洋，経済と産業，土地利用と都市化と交通，環境管理，社会と福祉）の診断，そして体系的にサポートするための基本計画が報告されている．

　交通に関しては，交通需要マネジメント，環境にやさしい交通手段の利用促進，土地利用と交通の統合，地域での社会的公平性の向上，物流の効率化，低汚染車両技術の普及，交通安全の向上，教育とPRなどについて取り上げられている．

❖公共交通促進法

　公共交通基本5ヵ年計画の立案に対応し，効率的な交通体系のためにバス事業を支援する必要があるとの判断から，公共交通促進法が制定された．BRT（バス・ラピッド・トランジット）やバス事業支援を含む，5ヵ年の全国及び地域での公共交通基本計画の策定，評価に基づいた，政府による計画への補助，よりよい公共交通の利用促進のデモンストレーション都市の設定，トランジットモールの検討等を含んでいる．

❖障害者のモビリティ向上のための法律

　障害者のモビリティ向上のための法律も制定された．移動の50%弱が不便に直面していて，高齢者の32%が，施設の不備により負傷しているといった背景から，乗降施設の改善，ノンステップバスやスペシャルトランスポートの導入，

歩行者施設の改善などに取り組む．

◆ ソウル市における近年の状況

❖概要

　ソウル市は，面積605平方キロ，人口1033万人，人口密度170人／ha，自動車登録台数255万台，輸送人員ベースの公共交通分担率27％のいわゆる大都市である．2002年の新市長就任とともに，公共交通の全面的な再構築と自家用車利用からの需要の転換をはかることを主眼とする「ビジョンソウル2006」が立案された．従来の都市計画や交通計画で扱っていなかった，バスシステムの再編と清渓川（チョンゲチョン）の高架高速道路撤去による復元事業などを4年という短期で実施するというものであった．

　バスについては，市長就任3ヵ月後の2002年10月に検討が開始され，2004年7月には新体制に移行した．

　清渓川の再生については，市庁舎前からの5.8ｋｍについて，短期間で実施され，2005年10月に完成している．

　これらの短期施策が全体として順調に推進されている要因として，藤田は，地方分権の進展，市民ニーズに対応した内容，行政と事業者と市民の間の順調な協議などが挙げられている[1]．

❖バスのリフォーム

　公共交通利用促進の観点から，バスについては，利用を増加させ，時間と費用を削減する．交通需要マネジメントの一環としてバス専用車線の導入によりバスの快適性を高め，自動車による移動時間が増すことによって，乗用車のシェアを下げる（口絵，中央走行バス専用車線参照）．地下鉄との連携については，統合的な運賃システムの導入と乗り継ぎに要する時間の短縮を図る．

　藤田によれば，交通体系の改編事業は，バス路線体系の改編，バス運営体系の改編，ICカードの導入，リアルタイム運行管理システムの導入などを含む総合的なものであった[1]．特筆すべき点のひとつは，市内に多数あったバス運営民間事業者を，実質的にすべて準公営化した点である．ブラジル連邦でバスに関して世界的にも先進的なシステムを有するクリチバ市のやり方にならい，

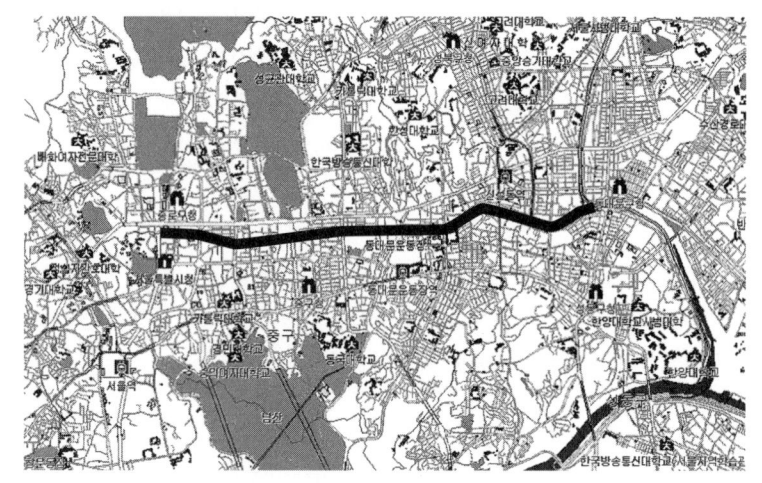

第5章　交通まちづくりのモデル都市に学ぶ

図1　清渓川再生事業対象区間

図2　清渓川の再生事業（その1）（左が事前で右が事後）

図3　清渓川の再生事業（その2）（左が事前で右が事後）（口絵参照）

運賃収入をすべて市が吸い上げるかたちでの，運営資金の共同管理と，事業者への運行距離等を勘案した補助体制，サービス内容への市の関与権の確保などをとりいれている．都市交通体系の中でバスを効果的に位置づけるためには，何らかの方法での自治体の関与は必須であり，クリチバの方法をベースとしたソウルでの大転換は注目に値する．

運行管理システムに関しては，いわゆるGPSをベースとした無線によるバスロケーションシステムを全域展開し，交通管制センターのような施設で，リアルタイムに運行状況を監視するとともに，ダイヤの見直しなどの作業を随時実施できるよう蓄積データでの処理にも対応している．

❖グリーンパーキング計画2006

市内25区で25の実証実験を実施した．2418の新規駐車スペースと，住宅地での10万台分の駐車スペースを確保した．交通静穏化の考え方の一環で，駐車，安全，一方通行規制を組み合わせたもので，パブリックインボルブメントも考慮されている．セキュリティが課題でCCTVカメラ（防犯カメラ）の導入が検討されているが，プライバシー問題との調整が必要となる．また管理を住民が自主的にすすめることも今後の課題となる．

◆ 将来の戦略

まず一貫した実施体制の課題がある．中央政府，地方政府そしてNGOの間の協働が課題といえる．次に財源問題がある．同様に中央政府，地方政府，NGOの間の協働が課題になるとともに，生活の質の向上や福祉の観点からの議論が必要となる．第三に教育と共同の課題がある．市民や行政職員への教育といった課題を含む，第四に制度面でのサポートをあげられる．全国レベルでのコンセンサスなどの課題がある．

参考文献

1）藤田崇義,環境容量に配慮した都市交通政策に関する理論的視座,交通学研究2004研究年報, pp.61-70, 2004

第6章
交通まちづくりの主役達

第6章 交通まちづくりの主役達

6.1 事業者への期待
―公共交通を活かしたまちづくり―

6.1.1 はじめに

　これから先の都市を考えた場合，いわゆる持続可能性，すなわち，環境負荷を高めることなく，社会的な公平性を保ちつつ，経済的な効率性を損なうことのないまちづくりが求められていることは言うまでもない．交通サイドからすれば，すべてを自動車交通に依存する方向では，そのようなまちづくりは達成できないという考え方のもと，徒歩，自転車，さまざまな公共交通機関を組み合わせた方向が期待されている．

　自動車に依存しすぎなくても済むように，他の交通手段が選択可能な状況が用意されていることを，マルチモーダルと筆者は定義づけているが，まさにこのマルチモーダルな都市をどのように実現していくのかが課題となろう．換言すれば，まちづくりのゴールが環境面，社会面，経済面での持続可能性である限り，マルチモーダルな交通体系は必須であるし，それによって持続可能な都市の実現が可能になるといえる．

　本来は必ずしも公共交通にこだわる必要はなく，規模の小さい都市であれば，フリンジパーキングと歩行空間および自転車道を充実させることで間に合う場合もあろう．以降では，もう少し規模の大きい，必ずしも人口で表現することが最適ではないが，およそ20万人程度以上の都市をイメージして議論を展開する．

　また，この種の議論の際には，カーシェアリングやレンタサイクルなど，個人所有ではない交通機関を，広い意味での公共交通の範疇に含めることもあるが，ここでは，運輸事業者への期待を結論として述べていく論旨の展開上，通常の意味での公共交通すなわち，バス，路面電車，都市鉄道あたりまでを含めることとする．

　以下では，まず海外の先進事例といわれる都市について簡単に総括し，その後，日本の現状，動向，そして課題を整理する．そして以上の議論を受けて，運輸事業者に何が期待されているかを結論として論じる．

なお，道路の公共交通の計画，運営，運行の3つの用語を次のように区別する．路線位置やサービス内容を計画あるいは企画するプロセス全体を計画という．計画されたサービスを実施することのうち，特に収入と支出の管理にかかる部分を運営という．日々のサービスの実施にあたり，車両や職員を管理する部分については運行として区別する．運営と運行をあわせて事業として捉えるほうがわかりやすいかもしれないが，わが国の事業者が，特に運行に関しては，長けている点などを特徴的に理解し，議論するために，ここでは区別した．

6.1.2 海外での動向

欧米の先進的な都市事例での公共交通の活かし方には，共通点とまではいかないが，いくつかの特徴があるので，ここではそれらを列挙した．

第一に，行政サイドでの優先順位の明示をあげることができる．経済学的な理論とは別の次元で，空間の整備，運用（専用車線や優先信号等を含む），そして財源の利用等，行政が行う部分でのことである．

第二に，他の交通手段への施策と組み合わさっていることをあげられる．最も典型的なものは歩行者への配慮で，一部道路の歩行者専用化を含め，歩行者動線と空間の量的質的な充実を，きわめて多くの事例で行っている．また，自動車利用の抑制についても，多くの事例で同時に行われている．歩行者専用化に伴う乗り入れ制限や，駐車場の地区での総量制限などが組み合わさっている．

第三に，公共交通自体の魅力向上のツボがおさえられていることである．一般的にいう路線網，頻度，運賃，わかりやすさ，のすべての点においてどの事例でも最高レベルに優れているというわけでは必ずしもなく，それぞれの都市において濃淡はあるが，結果として，魅力の向上が達成されている．なお，これらの魅力向上にかかる努力の主体は，必ずしも事業者ではなく，地方自治体である場合がほとんどである．路線網の設定，運行ダイヤの設定，運賃の設定は，行政主導で決定し，事業者への運行委託の契約の前提となっている．詳細な取り決めは地域によって異なるが，行政の関与が大きいものがほとんどである．なお，長距離の都市間路線などでは，状況は異なる．

6.1.3 日本での動向と課題

　わが国の都市の公共交通，特に路面電車やバスについては，運輸事業者が，その計画，運営，日々の運行に責任をもっている．事業者には，民営と公営がある．公営バスのほうが公共性があるとみられがちだが，例えば横浜市などの例のように，公営バスが市内全域を網羅しているわけではない場合も多く，公営バス事業者が市内の公共交通政策を取り仕切っているとは言えない．

　都市の交通問題を考える中で，公共交通の重要性は認識されるようになってきたが，交通計画を担当する部門は，運輸事業に対して何の権限もない．過疎地域を有する自治体では，補助金交付という関係があるが，都市部ではそれもない．バス路線や路面電車の運行系統に対して，自治体の交通計画が実効性のある施策を実施する環境にはなっていないといえる．

　新交通システムやモノレールの整備に伴うバス路線再編においても，公共交通ネットワーク全体の計画の意思決定の仕組みは，完全に整合がとれているわけではなく，結果として，バス路線が効率的に再編されている例は必ずしも多くはない．

　一方で，1995年以降一種のブームとなった，いわゆるコミュニティバスは，ほとんどの場合，行政による路線設定である．とはいえ，当該自治体の交通マスタープランや都市マスタープランとの整合，既存バス路線との連携といった点では未熟な事例が多く，それらの観点にあたらずさわらずに路線設定をしている例のほうが多い．事業者と自治体の関係もさまざまで，自治体が新規事業者を育ててしまった例もあれば，既存の事業者の言いなりになっている自治体もある．交通まちづくりを推進するにあたり，路線設定を含む公共交通のサービス内容を企画する際の，自治体と事業者の役割分担に関しては，まだまだ試行錯誤の段階と言わざるを得ない．近年にいたっては，コミュニティバスで言えば，住民団体としてのNPOが計画あるいは運営の主導的な立場となっている例も出現し，いよいよ，自治体と事業者の役割の設定が複雑になってくるかもしれない．

　自治体サイドも必ずしも一枚岩ではない点にも注意が必要である．道路を利用する公共交通に関しては，道路管理者，交通管理者，運輸事業監督者の3主体がその中心となるが，計画や運営に関しては，環境サイドや福祉サイドもかかわってくる場合がある．福祉サイドで運行している施設送迎無料バスの委託

先事業者とコミュニティバスを委託している事業者が同一でありながら，それらの調整ができていない例なども想像に難くなく，自治体 vs. 事業者という簡単な図式ではないのが現状である．公営事業者と民営事業者が両方とも存在している都市ではさらに図式は複雑になっていることは先に述べたとおりである．

しかしながら，コミュニティバスをはじめとする新しい動きに目がないわけではなく，自治体が，内部の縦割りの整理を含め自分たちの役割を明確化し，事業者の役割を位置づけることで，市民の理解を得つつある例は増加しつつある．さらには，富山のライトレールのように，行政と地元事業者が中心になって第三セクターを設立し，その中で役割を整理していく道筋もあり，いくつかの方向性が見え始めているといえる．ただし，多くの都市では，そこまで至っていない．現実に公共交通の問題を抱えている都市では，この位置づけの明確化に取り組むことが課題といえよう．

全く何もないところで，役割を規定することは，それほど困難ではないが，現実の都市においては，何十年にもわたる事業者の営業実績があり，自治体との関係も，必ずしもどの都市でも良好であったわけではない．従って，どういう位置づけにするかは，それらを前提条件というか境界条件としてとらえ，落としどころを両者で，あるいは住民を交えて探っていくことになる．

6.1.4 事業者への期待

以上のような国内の状況を踏まえ，海外との違いも整理したうえで，これからの交通まちづくりにおいて，事業者に何が期待されているか，筆者の見解を以下に整理した．

第一に，運行のプロとしての徹底である．わが国のバス事業者は，車両及び人員の管理に関しては世界的にもトップレベルのノウハウを有している．この部分だけは，何があっても死守すべきであろう．もちろん運転士の接客態度など問題が見受けられる場面に対しては，より徹底した工夫が必要である．後の項につながるが，地域に喜ばれるシステムでの運転士は，よい意味でのプライドを有しており，それが接客にも反映される．これは事業者の努力だけでは達成できない場合も多いが，計画の部分と関連していることを忘れてはならない．

第二に，運営面および計画面での自治体に対する積極的な提案である．地域の道路や顕在需要に対しての経験と蓄積をきちんと開示し，さらにそれらに基

づいた提案を積極的に持ちかけていく姿勢が望まれる．近年の傾向のひとつに，現状をそれほど変えずに小手先のサービスに腐心する面がある．いちばんの基本は路線網と運行ダイヤであって，地域にとってそれらが望ましいものになっていなければ，小手先の工夫は効果を発揮できない．望むべくは，それらを検討する際に，現在の労働契約等の条件下だけでものを考えるのではなく，よりよいサービスを実現するには，どの制約条件をどのように変更すればよいのか，という手順で考えること，それも上層部がそういう発想を持つことが期待される．これまでのように事業者がすべての場面ですべてを担う必要はなく，得意な場面でその能力を発揮し，得意でない部分では，自治体のサポート，市民のサポートを得るという考え方が必要なことは言うまでもない．例えば，バスで言えば，バス停の設定，整備，維持管理をすべて事業者が行う現行の慣習は，いくつかの点で無理があるといわざるを得ない．

最後に，評価システムを保持していることである．自治体が関与して，場合によっては財源面での支援の方策や仕組みがかわってくるとするとなおさら重要になってくる．具体的には，計画の面では，①潜在的な需要をきちんと把握できているか，②その需要にあった適切なサービス内容を企画しているか，運営の面では，③そのサービスをもっとも効率的な方法で実施しているか，④そのサービスの結果，潜在需要を顕在化できているか，といった4つの側面に区分した評価ができるだけのデータ取得と分析能力を有することであろう．

以上をもとに，地域に信頼される事業者になり，その地域なりの判断で，自治体との役割分担，市民とのつながり方を，提案していくという意味で，主体的なアクションを起こしていくことが期待される．

6.1.5 おわりに

以上，本節では，都市内を念頭に，交通まちづくりの中で公共交通事業者に期待されることを，論じた．欧米と同じスタイルをとる必要はどこにもなく，わが国の事業者が独自に培った経験の蓄積を活かすこととその上で，交通の中の公共交通であり，まちづくりの中の交通であるという階層構造を理解しつつ，位置づけを明確にすることで，信頼関係が築かれていくことが望まれる．

6.2 市民団体の取り組み 「LRT さっぽろ」

「LRT さっぽろ」は，市民シンクタンクとして，新型高速路面電車 LRT を軸にした北海道札幌市の都市・交通政策の提言を続けてきた．交通とまちづくりをテーマに活動する市民団体は全国に数多くあるが，市民の立場から具体的な政策を提言する例は少ない．ここでは，全国から注目されてきた「LRT さっぽろ」の活動経緯と背景について述べる．

6.2.1 LRT さっぽろの概要

「LRT さっぽろ」は，1997年10月に設立された．メンバーは，大学教員，コンサルタント，弁護士，札幌市職員，など14名（女性3名・男性11名，平均年齢40歳）．各々が何らかの専門的知識を持って第一線のまちづくりに携わっており，専門性と実践性が持ち味の集団である．

欧米での都市活性化に実績を挙げている新型高速路面電車 LRT（＝Light Rail Transit）を手がかりに，市民の立場から札幌市の都市・交通政策を研究し，A4版330ページにも及ぶ4編の提言書を刊行してきた．

現在，日本各地で展開されている LRT 市民活動のほとんどが，市民を組織化した裾野の広い体制で活動展開しているが，当会は少数精鋭のメンバーによる市民シンクタンクとして，政策提言の内容自体を活動パワーの源泉にしているという点がユニークである．

表6-1 これまでに発表した提言書

1999年	『LRTが走る2015年の札幌』 全市レベル，A4版160ページ	将来の都市構造を構想し交通の役割を明示し，その実現手段としてLRTを位置づけた．導入の具体的な構想・課題を整理．
2000年	『手稲区まちづくり交通構想』 地区レベル，A4版42ページ	連合町内会組織と共同研究として，地区の交通計画に関して検討（地下鉄・LRTの比較案）．
2002年	『ひと中心の都心』 都心レベル，A4版110ページ	札幌市「都心交通ビジョン」への対案として，都心部の交通とまちづくりのイメージ（トランジットモール）を提示．
2004年	『LRTで札幌がかわる。』 プロジェクト計画，A4版18ページ	市電存廃議論に対するタタキ台として，これまでの提言内容もとにプロジェクトプランとして策定．

写真6-1　札幌駅前通のトランジットモールを走るLRT（構想）
（口絵参照）

6.2.2　会の発足

　発足の端緒は，1996年11月に，当時は銀行系シンクタンクにいた吉岡と，建設コンサル勤務の鈴木が，欧州再開発視察団に参加したことによる．最初の訪問地であるドイツのハノーバーでなんの予備知識もなく偶然乗車したLRTに，すっかり魅せられてしまった．地下鉄だと思って乗った電車が，いきなり地表に出て道路の真ん中を時速50キロで突っ走った時の衝撃．この運命的な出会いを契機に，その後の訪問地であるアムステルダム，リール，ミラノで，夜遅くまで路面電車に乗ってみると，実に快適に街をクルージングできることに気がついた．

　それまでは，路面電車をまちづくりのツールとして考えてもみなかったのだが，路面電車の進化形であるLRTを切り口に，欧州での乗車体験をもとに札幌を見直してみると，様々な可能性がイメージできた．しかし，どのようにLRTを使えば，どんな未来図を描くことができるのかは，まだ漠然としたものであった．それならば，まずはスタディーしてみるしかない．1997年10月，吉岡と鈴木の人脈の中で，興味がありそうな人に声をかけて歩いたところ，6人のメンバーが集まった．

6.2.3　活動ドメインの確立

　スタートはしたものの，文献を読んだり，札幌市電について調べたりしているだけでは，すぐにネタが尽きてしまった．LRTの片鱗に触れたのは2人し

かいないのだから，イメージが沸かないのは無理もない．かといって，せっかく集った人材が，このまま自然解散してしまうには惜しい….

ともかく自分でLRTに乗らないと始まらないと思い，まずは「皆で実際に乗ってみよう」という他愛もない目標を掲げた．そのためには，是非とも欧米へ行かなくてはならない．最大の難関は，6名分の旅費調達であった．多少の自腹を切るとしても，少なくとも100〜150万円は必要であった．そこで，市民団体向けの活動助成金や公募型研究助成金に片っ端から応募し，北海道科学技術振興財団の研究助成金287万円を獲得することができた．授賞式の席上で審査員に聞いたところ，採択の決め手は「チンチン電車でまちづくり」という"変な"テーマが眼を引いた，とのことだった．

ともかく，これで軍資金のメドはついた．航空運賃の安い4月に，欧米の二手に分かれて実施した2週間の現地視察ツアーは，その後の活動に大きな収穫をもたらした．一つは，その乗車体験から，まちづくりツールとしてLRTの有効性をメンバー自身が確信したことである．もう一つは，街にとってこんなによいものを知ってしまったからには，札幌市民に紹介せずにはいられないという気持ちになったことである．

帰国するとすぐに，LRTによるまちづくり構想を精力的に検討し始めた．だが，実際に話し合われた中身の大半は，「LRTが…」というよりも，「自分たちが暮らしたい将来の札幌とは，どんな姿なのか」「自分たちが暮らし続けることができる札幌になるためには，何が必要なのか」ということであった．検討を重ねた結果，暮らしの場の観点からは「穏やかに縮む」，稼ぎの源泉という観点からは「実験都市」というコンセプトが形作られた．また，それを担保するための都市システムとして，自治能力を持つ生活圏単位に市域を分割し公共交通政策と結合する「イクラ筋子システム」が構想された．このコンセプトワークの過程で，公共交通の重要性と改革の必要性がクローズアップされ，LRTは都市と交通のいずれにも貢献する，改革的な政策手段の一つとして認識された．

このような議論は，結論がある訳ではなく，いつ果てるともなく続くものである．検討を続けているうちに環境が変わってしまい，検討してきたこと自体の意味が薄れてしまうことも良くある．幸いにも我々には，助成金の成果物提出という期限があり，どこかで議論に一区切りをつける必要があったことか

ら，1999年8月に提言書『LRTが走る2015年の札幌』の刊行にこぎ着けた．

当初から，LRTが良いということを予定調和的に結論としたのではなく，将来の都市像や都市システムを構想し，そこから帰納的にLRTの有効性を確認したことが，その後の具体的な政策提言においても，基本的スタンスの振幅の少なさに貢献してきたといえる．この提言書刊行を契機に，LRTの運行事業者になってもふさわしいように（という遊び心も込めて），会の名称を研究会から「LRTさっぽろ」へ変更した．

6.2.4 衝撃的な「都心交通ビジョン」で議論沸騰

自分たちの主張を，会議やホームページで断片的に表明するのではなく，体系的かつ具体的な提言書で公表したことによって，新たな動きが起こってきた．その一つは，提言書を読んで，多くの方々が我々にアクセスしてきたことである．その内容は賛否両論であったが，様々な立場の人と提言書を介してつながることを通じて，情報のプラットホームを担う市民シンクタンクとしての活動ドメインが意識されるようになり，不足する知見を補う新メンバーも獲得された．

政策を具体化するためには，政治への働きかけも必要である．提言書を札幌市議会議員全員に配布し，参加費をとって議員向けの説明会を開催した．この案内を市議会の議員控室で配布したところ，ある議員は「得体の知れない団体が，どうしてこんなことを企画するのだ！」と，なぜか議会事務局へ怒鳴り込むという一幕もあった．また一方では，行政が何百万円も払って調査委託するようなレポートを市民が独自に作れるはずがないとして，市民団体の仮面をかぶった市の別働隊ではないかとみられることも多かった．当時の市民からの政策提言を取り巻く状況は，こんな程度であった．

提言が契機となって，我々が示唆する方向へ，新たな流れが確実にできつつあった．その最たるものは，2001年5月に札幌市が発表した「都心交通ビジョン」（以下「ビジョン」）である．「ビジョン」では，駅前通フルモール化と大通連続化，この2軸によるトラフィックセル（＝自動車が通過できない構造）が盛り込まれていたことから，大きな論争を巻き起こした．商業者や交通事業者は猛反対し，市民グループからは斬新で画期的な姿勢を評価しつつも限定的な施策に不満の声があがった．行政が打ち出す構想は，従来の方法だと，有識者による検討と関係機関による調整を経て公表されてきた．しかし「ビジョ

ン」は，市から市民への提案という形でいきなり公表されたことにより，大論争が巻き起こった．衝撃的な「ビジョン」を契機にして，多様な立場の人が率直に話し合う局面を経ることで，従来の最大公約数的な意見を束ねる調整型ではあり得なかったダイナミックな動きが出現した．

　札幌市は，「ビジョン」について市民議論を行う場として，2001年度から都心交通ビジョン懇談会（以下「懇談会」）を設定し，当会からは吉岡と菅澤（菅澤は弁護士会代表という立場）の2名が参画した．初年度は，商業者・事業者vs市民グループという構図がハッキリ現れ，議論は膠着状態に陥った．これを打開しようと，2002年度に入ってから，関わり方の差や立場の違いによって4つの分科会に分けて話し合う流れが作られた．

　分科会方式が本格的に機能し始めた2002年秋から，事態は一挙に急展開を見せ始める．その中心となったのは，各分科会の意見を統合しながら合意事項を探ろうとする第一分科会であった．毎回4〜5時間も議論する会議を15回にわたって重ね，時には市民グループが商業者のもとに出向いて直接対話の場を持った．最初は「我々商業者のことは放っておいてほしい」「何で弱気になるんだ」「歩行者中心にしたって人が増えるとは限らない」…というような，相変わらずの平行線状態が続いた．

　この状態を打開しようと，当会では新たな提言作成に乗り出した．我々は，「ビジョン」について，歩行空間を重視した斬新で画期的な内容であることを基本的に評価しつつも，経営難にある市営交通を抱えるために魅力的な公共交通の施策を打ち出すことができずにいることは，TDMの観点から大きな問題があると認識していた．また，「ビジョン」に大反対の声が巻き起こったのは，自動車に対する規制だけがクローズアップされたことに原因があると分析していた．市がいえないのであれば，市民から提案するしかない．そこで，2002年9月に提言書『ひと中心の都心』を緊急出版した．

　この提言をタタキ台にして，第一分科会において率直に意見をぶつけ合う中で，合意の糸口として公共交通の改革というキーワードが浮かび上がってきた．これを境に議論は大きく進展し，懇談会として次の4項目を内容とする提言書がまとまった．

①前提として…公共交通の改革
②目標として…歩きやすい都心
③手段として…道路空間の再配分
④必要な施策…都心全体の魅力を高める

6.2.5　空前絶後の市民議論「市民1000人ワークショップ」

「懇談会」は，提言をまとめた2003年3月で解散した．そこで得られた合意は提言書にはなったが，いつもの例だと，ただ単に文書として残るにすぎない．本当にこの内容を具体化するには，何らかの実力行使が不可欠であった．そこで，徹底的な議論を通じて信頼関係が生まれていた市民グループと商業者の有志が，「懇談会」の解散後に「さっぽろ都心フォーラム」（以下「フォーラム」）を結成した．当会からは，吉岡と菅澤の二名が参画し，「フォーラム」運営の中核的な役割を果たした．当会は，これまで提言の質によって評価を得てきた反面，裾野の広い活動が弱点であった．「フォーラム」を通じた様々な団体との協働体制は，その弱点を補うものであった．

「フォーラム」では，手始めに市長選立候補者の都心交通政策を聞く立会演説会を開催したところ市民の大きな関心を呼び，活動への自信につながった．その準備過程で，ニューヨークの世界貿易センタービルの再建計画を策定するのに5,000人規模のワークショップが行われたという情報が，「懇談会」のコーディネーター役を務めた石塚雅明氏からもたらされた．最初は，他人事のように思えたニューヨークの話しであったが，「フォーラム」の会合があるたびに話題となり，「ニューヨークのような5,000人は無理だけど，1,000人だったら札幌でもできるだろう」という雰囲気になってきた．市の担当者や石塚氏など「フォーラム」周辺のメンバーと連絡を密にして，市役所の各方面に働きかけたところ，札幌の都心交通に関する大規模市民ワークショップが具体化することになった．

第6章 交通まちづくりの主役達

(口絵参照)

写真6-2　都心交通市民1000人ワークショップ
写真6-3　議論に参加した上田市長（右下）
（写真右側が市長，左隣は筆者）[撮影：札幌市]

　「フォーラム」では，ワークショップに先立って市民の事前学習と開催機運の醸成を目的として，連続都心交通ミニフォーラムを様々な団体や関係者に呼びかけ12回開催した．「フォーラム」が会場賃借とPRを担当し，各回の運営手配は各団体が行う方法で実施され，その中で当会は全体企画のコーディネートに中心的な役割を果たすとともに，2回のフォーラム（テーマは「トランジットモール」「公共交通の経営問題」）を主催した．

　ついに2003年11月，参加者・事務局を含めて延べ1,000人規模での大規模市民ワークショップが2日間にわたって開催された．議論のテーマは，当初，期待していた都心交通に関するポリシーだけではなく，政策課題として急浮上した駅前通地下通路や創成川アンダーパス化という具体事業の賛否にまで拡大され，焦点が拡散してしまった．しかし，都心の将来像は「自動車中心から人中心へ」，その具体的手段として「公共交通の重要性」が参加者の圧倒的な支持を得るという結果となり，これまで当会が重ねてきた提言の方向が，おおむね担保される結果となった．

189

6.2.6 市電の存廃問題

　大規模ワークショップが終わると同時に，今度は市電の存廃問題が政策課題として浮上してきた．札幌市電は，最盛期に25kmのネットワークを持っていたが，市街地が爆発的に拡大した1970年代以降は基幹交通の座を地下鉄へと譲り，路線は8.5kmにまで縮小された．その後，新規投資をほとんど行わず縮小均衡型の経営を続け，設備・車両の物理的な限界が迫ってきた今日，ようやく政策課題として浮かび上がってきた．

　当初，市担当者のスタンスとしては，路線を廃止するか，存続するにしても既存の車両・設備を20年程度かけて漸次更新するというものであった．これに対して当会は，既存路線に限定した政策検討は片手落ちであり，現在の沿線を対象とした生活路線から，市民・観光客を含めた都心活性化のための戦略路線として，路線延伸も含めて検討する必要があると主張した．当会にとっては，市電の存廃問題の浮上は，LRT実現に向けた絶好のチャンスでもあった．主張の根拠となるべき具体的な計画が必要なことから，2004年11月に新たな提言『LRTで札幌がかわる』を公表した．

　その内容は，現行路線8.5kmをJR札幌駅まで1.5km延長し，民間企業のノウハウを活用したPFI方式によって建設と運行を行い，一挙にLRT化を図るというものである．これまでの都心に関する2回の提言内容を踏まえて，事業体制や採算計算にまで踏み込んだプロジェクトプランとなった．作成にあたっては，設備投資や運行計画については路面電車の市民運動ネットワークで繋がりのあった広島電鉄から，事業手法や採算計算は当会メンバーの仕事を通じて関係のあった日本政策投資銀行や商社・建設会社から，提言書の印刷データ作成には市民団体の「まちばる」から支援を頂き，わずか1ヶ月

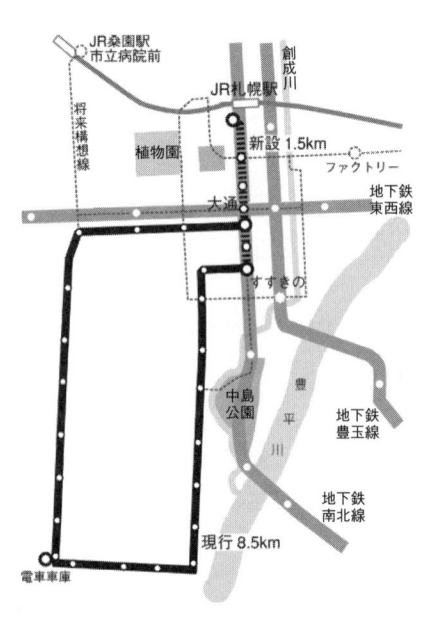

図6-1　LRTさっぽろの路線構想
（口絵参照）

という短期間でまとめられた．

この提言を受けた上田市長は，2005年2月，まちづくりに貢献する有力なツールとなることに期待して路面電車の存続を決断し，延伸を含めて2006年度までに具体案を策定すると発表した．現在，市主催による委員会が設置され，吉岡も委員の一人として参画し議論が進められている．

6.2.7 活動展開の背景にあるもの

我々の活動は，実践と理論が並立するアクションリサーチと捉えている．そのため，ただ単に目の前の状況に対応するのではなく，次のような3つの理論を手がかりにして，意図を持った活動の展開によって大きな流れを作ることに心がけてきた．

一つ目の理論は，「ナレッジ(知識)マネジメントモデル」である．市民シンクタンクとして活動する当会にとって，提言した政策を実現するには，知識資産が最も重要な売りとなる．知識資産を増加さ

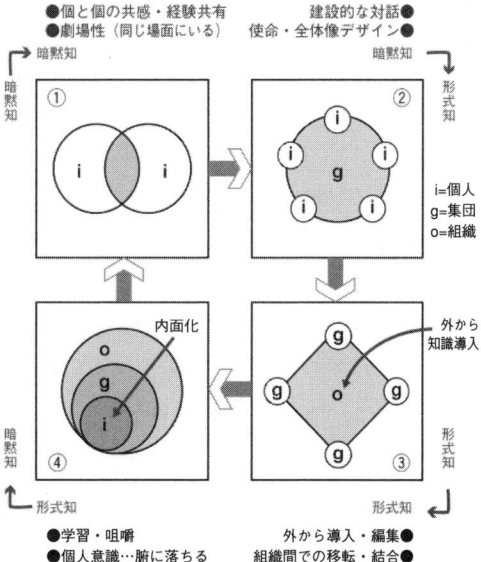

図6-2 ナレッジマネジメントモデル

出典：野中・紺野『知識経営のすすめ』112p所収の図をもとに吉岡が一部改編・付加して作成

せるためには，暗黙知(個人に属する主観的な知識…コツ・感覚・思い・経験)と形式知(他人にも分かる客観的な知識…文書・数字)との循環が必要である．発足当初に全員で海外へLRTに乗りに行ったことや，毎年実施している合宿は，暗黙知の共有に大きな役割を果たしてきた．定例の研究会，懇談会やフォーラムなど少人数による密度の高い議論の「場」は，暗黙知から形式知への転換を促す重要な「場」となった．提言書は，会の内外との形式知の交換に大きく貢献した．このように，ナレッジマネジメント理論に依拠して，知識創造のための適切な「場」の設定に細心の配慮を払ってきたことが，今日の成果に大きく貢献している．

二つ目は,「顧客満足化モデル」である．期待度と達成能力という二軸で説明されるこのモデルは,活動のポジショニングと焦点の明確化に貢献した．札幌では,他都市に比べて都心空洞化や交通渋滞などの深刻な問題は表面化していない．潜在的な課題（＝誰も期待していないし実行能力も伴っていない分野）を扱う困難さを十分に予見していたことが,挫折感を持たずに活動を継続することに

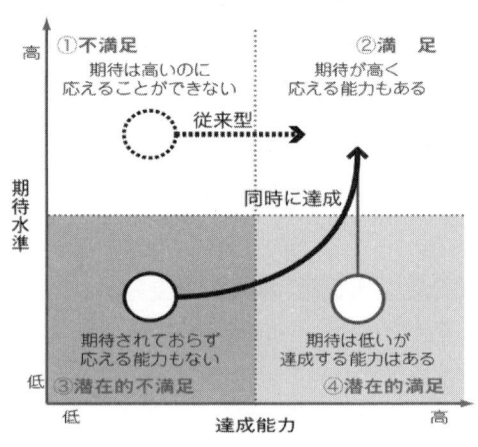

図6－3　顧客満足化モデル

つながった．また,都心の既存集積の活用を,期待度は低いが達成能力は高い状況に対する戦略として捉えたことが,「都心を広く使う」という明快なコンセプトや,面的範囲を簡易に計測し比較するための独自の指標「Hiro（疲労）」へと結実し,多くの人の共感を得るのに貢献した．

　三つ目は,「政策の窓モデル」である．「問題」「政策」「政治」が独立した流れとして存在し,何らかの要因でその流れが合流するための「窓」（…水門のようなもので「政策の窓」と呼ばれる）が開き,流れが合流すると,取り組むべき優先度（アジェンダ）として採択され政策案が具体化する．政策の窓が開かれるためには,それを開くことを促進する役割を担う「政策アクティビスト」の存在が重要であるとされている．この考えをもとに,我々は,政策提言が具体化するためには,「問題」と「政治」とのタイミングを見計らう必要性を認識していた．そのためには,いつ来るかもしれないチャンスに備えて,タイムリーに具体的な提言を打ち出す準備として不断の「政策研究」が不可欠である．また,そのようなチャンスが巡ってくるように働きかける「政策アクティビスト」としての活動も欠かせない．このような認識の下で行動することが,市民団体の中で独自の存在感を持つポジショニングを獲得することに貢献した．

第6章 交通まちづくりの主役達

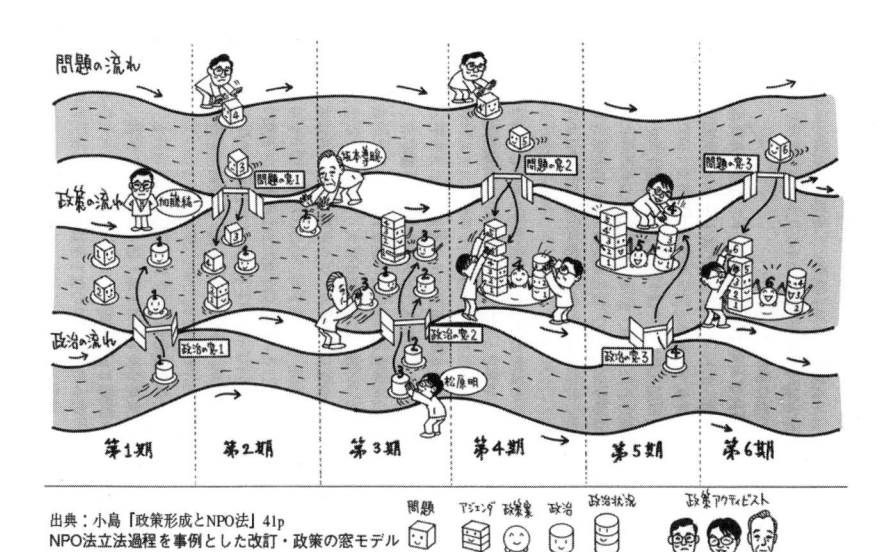

図6-4 政策の窓モデル

　また，これら3つの理論モデルをもとにした活動展開を支えた根底には，「テーマ選択の自由性」「論点整理の明快性」「部門の横断性」という，市民活動であることによる3つの利点がある．

　我々は，ドイツでの強烈な乗車体験をスタートにして，ＬＲＴが都市を変える起爆剤になり得るという専門的な見地からの"勘"を頼りに，一貫して活動を続けてきた．"勘"に頼るようなテーマ選定の恣意性は，行政では許されない．行政職員のように人事異動もないので，自分たちの意志さえあれば一貫して追求できる．

　様々な行政情報が公開されているが，わかりやすい形では整理されていない．単なる文字や数字が「情報」として機能するためには，ある価値観に基づいた整理が必要となる．行政は公平性が求められることから制約があるため，私たちのようなインタープリターが必要となる．

　行政は，組織タテ割りの中で制約が多く，調整を重ねるうちに政策内容が萎んでしまう状況に陥っている．我々の提言活動を，本音ではうらやましく思っている行政職員も多い．札幌の将来を展望するような大胆な政策は，情報のプラットホーム機能を持った自由な立場の市民側から発議しないといけないようだ．

　そして何よりも，さまざまな立場の人とフラットな交わりを持つことができ

193

るというのが市民活動の特質である．知識を集約・分析する過程での率直な意見交換の積み重ねが，信頼と相互理解を産み出し知識創造につながる．それによって，さらに知識が蓄積し，それがメンバーに還元され参加動機が高まるという好循環をもたらす．LRT という具体的で魅力的な素材を通じて，政策主導型の新しい市民活動の動きを力強く具体化して行きたい．

参考文献

1) ナレッジマネジメントモデル，野中郁次郎・紺野登（1999），知識経営のすすめ？ナレッジマネジメントとその時代，ちくま書房
2) 顧客満足化モデル，嶋口充輝（1994），顧客万満足型マーケティングの構図，有斐閣
3) 政策の窓モデル，小島廣光（2003），政策形成と NPO 法，有斐閣
4) ＬＲＴさっぽろ，http://www.lrt-Sapporo.gr.jp/
5) 札幌市役所都心交通，http://www.city.sapporo.jp/sogokotsu/toshin/index.html

6.3 市民共同方式による醍醐コミュニティバス

6.3.1 要望型から自立型へ

　醍醐コミュニティバスは，都市内の住宅地でありながら公共交通サービスが提供されてこなかった地域において，住民の手でバス運行を実現したものである．

　京都市伏見区醍醐地域には，市営地下鉄の醍醐駅があり，地域を縦貫する3本の幹線道路は従来からバス路線になっている．駅やバス停から500mの円を描けば地区の大部分が入ることになり，従来の感覚で考えると公共交通が不便な地域とはいえない地域である．しかし，実際には，住宅街や団地の多くは山沿いの坂の上などに立地しており，バス停まで往復することが大変な地区が多い．また，比較的早い時期に建てられた市営住宅などが多い地域で，高齢化も進んでいる．

　1997年に地下鉄が開業して地域全体としては大変便利になったが，その開業に伴って市バスが撤退するなど，地区内の移動はかえって不便になったという思いを抱いている住民が多かった．

　地下鉄を中心とする幹線公共交通が充実する一方で，地区内の移動を支えるバスサービスが十分に提供されていない地域は大都市内部においても少なからず存在しているが，醍醐地域もまさにそのような地域であった．

　住民にはバス交通改善を要望する声が強く，特に地区内をきめ細かくまわる路線が必要であるとの認識が広がっていったため，自治町内会連合会や地域の女性会が中心となって2001年9月に「醍醐地域にコミュニティバスを走らせる市民の会」を発足させた．

　当初は，行政に対して運行を要望する活動が主で，議会に対する請願などを行っていた．請願は採択され実現されるかに見えた時期もあったものの，結局，行政によっては住民が期待するようなバス路線は生み出されなかったため，市民の会が自らの力で運行を目指すこととなった．この地域にはどうしてもバスが必要であるという住民の強い思いが，要望型の活動から自立型へと変化させる力になっていたといえる．

　2002年2月にはバスの規制緩和が実施されて新規参入も可能となり，地元の大手タクシー業者が住民と共同して計画づくりを行うことに協力的であったことなどから，住民が主体となったバスの運行計画が具体的に進行していった．

6.3.2 醍醐コミュニティバスの仕組み

　行政や既存バス事業者が採算面において成立が難しいと判断した路線であり，もちろん運賃収入だけでは成立しない．そのため，実現のための仕組みとして，商業施設・病院・寺院などの地域の中核的な施設との連携を基本とするスキームを構築した．市民の会が路線やダイヤを決め，バス停位置も事業者と共同で市民の会が決める．運行は交通事業者が担当することとし，道路運送法第4条による通常のバス路線とする．商業施設等は利用促進活動を行うとともに資金的な支援を行う．このように，市民の会と事業者と協力施設の3者がそれぞれの役割を最大限に発揮することによって従来は成立しなかったものを実現させたものである．

　資金協力は地元の中核的な施設が中心となり，一般の商店や医院・幼稚園，あるいは町内会などの団体も参加して行われている．運行当初には約20施設が協力し，運行後その数は約40にまで増加している．

写真6-4　環境豊かな住宅地区を走る醍醐コミュニティバス
（世界遺産・醍醐寺門前）

6.3.3 実現に向けての活動

　地域での合意に向けては，住民意見を取り入れることを最も重要な基本姿勢として計画が進められた．任意に運行するものであるので，一般住民の合意は必ずしも必要ではないが，多くの住民の支持が得られてこそ，中核施設などか

ら協力が得られると考えるべきであり，そのために様々な努力が行われた．

まず市民フォーラムを実施し，市民の会の中に設けられた運行計画検討委員会が運行計画の素案を提示した．また，市民フォーラムの後，運行計画の趣旨や概要を記したパンフレットを作成して地域内の全戸に配布し，同時にアンケート調査を実施した．アンケートには，路線案も明記した上で路線についての意見も募った．さらに，住民意見を直接聞くために地域内の学区ごとに「コミュニティバスを走らせる学区の集い」を開催し意見交換を行った．

計画中のバス路線の原案を公開し広く意見を募ることは，むしろ混乱を招くという考え方が根強く一般的には行われていないが，それをあえて実施し，できるだけその意見に対応した．当然，具体的な意見が数多く出されたためこのプロセスには相当な時間をかけて路線を決めていった．

写真6-5　「学区の集い」
―路線やバス停などについて住民と相談する様子―

6.3.4　市民によるプロジェクトの利点

地域の企業等と一体となって運営するこの方式は，運賃収入による採算が成立条件となる従来の方法では成立しなかった路線でも実現させることができる．バスが地域にもたらしている効果を評価して，それに見合う負担を受け入れてもよいという考え方が理解されることによって成立するものである．

行政が税金によって運行すれば住民にとっては楽ではあるが，満足できるものとはならないことも少なくない．交通問題は住民自らの問題であり，行政に頼るのではなく自ら動いたほうがよいこともある．交通の場合には大規模な対応策を思い浮かべて，行政が動かないから何も変わらないと思ってしまうことが多いようであるが，コミュニティバスなどは十分手の届くものであり，行政依存型から発想を変えて動き始めたことによって，他の地域にはない新しい成果が得られたといえる．

これまでの公共交通でみられた典型的な構図は，事業者や行政に頼りきった市民と，市民が利用しなければサービス改善もできないと考えている事業者が，並行して存在し続けているという状況であり，この構造を変える必要があった．

公共交通を自らの問題として捉えるという視点が住民の中に生まれてくることが重要である．バスの利用者が多かった日は嬉しいと一般住民が感じるような状況になれば公共交通にとって大きな力になる．公共交通に対する価値意識の変化が生じることが重要な要素である．

また，市民の手法は，柔軟性に富むことも有利な点である．反対が多ければやめようという姿勢は，むしろ反対のための反対を少なくし，前進に向けての力を引き出す場合がある．総論であっても各論であっても紛糾すればすべてが進まなくなり，その結果遅れるのは自分たちの利便性向上であるということになる．行政主導の施策は，それが進まなくなったときにその責任を行政に押し付けてしまうことができるが，市民主体のものはそれができない．そのことは厳しいことであるが，逆にだからこそ進むということもある．

例えば，運賃を1回200円とする原案に対しては，「100円でなければ乗らない」といったような強い要望があったが，資金スキームを自ら考えてみれば100円では運営が成立しないことが理解できる．1時間に1本の運行が計画された路線では，それでは不便という声が出たものの，それを30分間隔にするためには2倍の費用がかかるということを自ら当事者として考えれば，それでも満足しなければいけないと理解できる．

行政主体の従来のコミュニティバスでは，路線の設置に向けての住民運動が熱心であったにもかかわらず，出来上がった路線がほとんど利用されない例も少なくないように，陳情型の運動は必ずしも良好な路線を生み出しているとはいえない．安易な陳情型から脱皮し，市民の責任によって必要性を吟味していくという姿勢は真に必要なものを選別していくことにもつながるといえる．

6.3.5 課題

一般の市民は路線バス事業すなわち一般旅客自動車運送事業に関する専門知識が少ないことは当然であり，市民だけで実行することは難しい．時として先入観的な知識が無い方がよい場合もあり必ずしもマイナスばかりではないが，制度等に関する正確な知識は必要である．特に，安全に関することに関してはプロの参画は欠かせない．この意味において，市民組織と事業者がパートナーシップを組むことは重要であるし，これらをコーディネートする役割を果たすＮＰＯなどの人材も重要な役割を果たしていくものと考えられる．制度面にお

いては，車両制限令によって住宅地等においての路線設定が制約されることや，道路運送法等の運用において，小規模なコミュニティバス事業等を想定していない部分があるような点について，新しい対応策が必要であると考えられる部分がある．

　また，なにより重要なことは，このようなシステムを継続させていくことである．地元の企業等からの支援に支えられているシステムは，将来を約束されたものではなく，地域に対する貢献を日々続けていなければいけない．成立させた住民は，それぞれ自らの職業を抱えたボランティアであり，この事業に専念できるわけではないが，運行後においても利用促進活動など様々な努力を続けている．行政に頼らないことを前提とした仕組みであり，運行後も自立的な努力が中心となっていくべきであるが，実は行政にとってはこのような仕組みを応援することは，少ない税金で多くの便利なサービスを提供できるというメリットを持っている．資金面であるか否かは別として，このような仕組みを継続するために必要な支援を行っていくことは行政的にも検討されていくとよいと考えられる．

6.3.6　おわりに

　醍醐コミュニティバスは，市民のニーズを捉えきれない従来の公共交通に対して，市民の手によって新しいバスネットワークを作り出したもので，2004年2月の運行開始以降，想定以上の利用客を記録しながら運行が続けられている．市民が主体となって地元の企業なども協力して運行するバスシステムは，他の地域でも少しずつ登場しつつあるように，それぞれの地域に適した特徴ある新しい仕組みが規制緩和を契機としてさまざまな形で実現させることが可能となってきており，公共交通の新しい方向が芽生えつつあると感じられる．

6.4 社会実験を活用した国際通りのトランジットモール化への挑戦

6.4.1 社会実験の実施に至った背景

那覇市の国際通りは，戦後の沖縄で急激な復興・発展を遂げたことから「奇跡の1マイル」と呼ばれ沖縄のシンボルともいえる存在である．現在，沖縄に来る多くの観光客が国際通りを訪れており，近年の沖縄ブームもあり一見すると賑わいを見せているが，車社会の進展，郊外での商業施設の立地等により県民，市民の国際通りへの来街は減少している状況である．

写真6-6 国際通りの渋滞状況

国際通りの交通特性は，幅員18mの2車線道路に約2万台／日の自動車交通があり，混雑時平均旅行速度が約5km/hとひどい交通渋滞が発生している．また，メインストリートにしては歩道幅員が狭く，大気・騒音など沿道環境の面から見

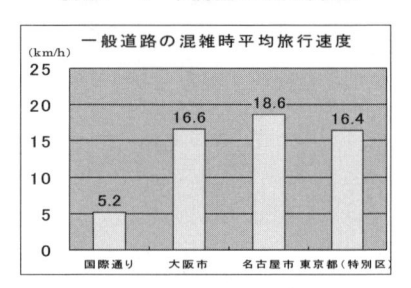

図6-5 混雑時平均旅行速度
（平成11年度道路交通センサス調査）

ても，決して快適に散策できる環境にはない．
このような状況のもと，モノレールの整備等を契機とし国際通りを快適に散策できる沖縄のメインストリートとして魅力的なものとするため，国際通りへのトランジットモールの導入が検討され，平成13年度から社会実験を実施することとなった．社会実験名は「奇跡の1マイル」をもじり「那覇市国際通りトランジットマイル」と名付けられた．

6.4.2 社会実験の概要

実施主体は，那覇市長を実行委員長とする実行委員会である．実行委員会は，学識経験者，沖縄総合事務局，沖縄県，沖縄県警，那覇商工会議所，那覇市国際通り商店街振興組合連合会から構成され，実行委員会幹事会には，バス協会，

NPO等も参画した.

実施日は，平成14年1月27日（日），8月31日（土），9月1日（日），9月7日（土），8日（日），平成15年11月21（金），11月22日（土），23日（日）である.

平成17年3月13日（日）には，本格導入に向けた試行が実施された．国際通りの道路空間を再配分し，交通規制を変更して，以下の二点を実施した．

①トランジットバスの運行方法（ルート，走行速度，料金設定等）
②荷捌き・集配システム導入実験

実験の結果，①休日の来街者数は，約17,000／日（H11）から，約29,000人／日（実験日休日平均（H14，H15））と，約1.7倍となった．②周辺商店街へのアンケート調査（H15）によると，トランジットモールが必要は約5割，必要ないは約2割であった．③トランジットバスの安全性（走行速度：5～10km/h）（H15）は，歩行者が危険を感じたは約2割，感じないは約6割であった．④沿道環境（NO_2，NO，NOx，CO）は，実験時間帯は改善効果が見られた．

写真6-7　社会実験状況（平成15年11月23日）

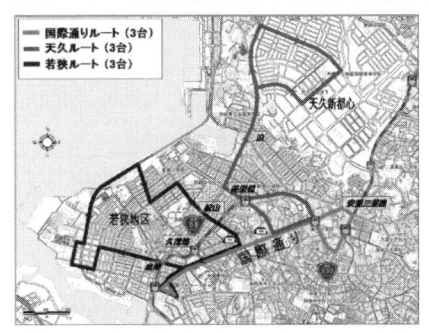

図6-6　トランジットバスルート（3ルート，H15）（口絵参照）

6.4.3　本格導入に向けたポイント

「那覇市国際通りトランジットマイル」が本格導入に向けて着実に進んでいる要因として，筆者の私見ではあるが，4点挙げたい．

①PDCAサイクルが実施されていること
②モノレール等周辺施設整備と一体的に実施されていること
③オープンカフェの導入による沿線商店の参加意識の向上
④全国的に注目されていることを地元が実感していること

①PDCAサイクルが実施されていること

　社会実験が平成13年度のプレ実施から平成16年度まで毎年度実施され，その都度，前年度の課題，反省を踏まえた実験内容が検討され，PDCAサイクルが行われた．例えば，トランジットバスの運行ルートを毎年度見直しており，平成14年度に天久新都心（大規模商業施設が立地）と国際通りを結ぶルートを設定したが，渋滞の影響で周回に想定以上の時間を要したため，平成15年度は渋滞ポイントを避けたルート設定とした．また，平成14年度はトランジットバスの運賃は無料であったが，トランジットバス利用者にアンケート調査を実施することにより，運賃として100円が妥当とする意見が最も多かったため，平成15年度は運賃を100円（1日乗車券は300円）とし，約7割の方がこの運賃が「ちょうど良い」と回答した．

　このように，1，2年で結論を出さず，試行錯誤を繰り返しながら4年にわたり社会実験を継続的に実施し，PDCAサイクルを繰り返せたことが，本格実施に有効に働いたと考える．さらに，PDCAサイクルの過程でのアンケート調査の結果公表等を通じて，国際通りをトランジットモール化した際の課題等について，行政，沿線商店街，住民等で情報共有を図ることを可能にし，次年度の社会実験を円滑に実施する環境を醸造できた．

②モノレール等周辺施設整備と一体的に実施されていること

　国際通りをトランジットモールとするために車両通行規制を実施する際には，周辺道路への影響が懸念されるが，沖縄都市モノレール（H15.8開業）の整備に併せ国際通りと並行する街路が整備されたことにより，周辺道路への影響は軽微であった．トランジットモールの本格実施の際には，この街路が路線バス（通常は国際通りを走行）の迂回路として活用される予定である．また，沖縄都市モノレールの整備により国際通りのアクセス性は向上し，さらに，国際通りの歩道拡幅や無電柱化の整備が進行しており，数年後には国際通りに快適な歩行空間が創出される予定である．

　これらの施設整備が国際通りのトランジットモール導入環境を良好なものとしているといえる．

③オープンカフェの導入による沿線商店の参加意識の向上

　平成15年度の社会実験よりオープンカフェを設置した．それ以前の社会実験では，沿線商店は社会実験を実施しているにもかかわらず特に通常の営業形態

となんら変わるところはなく，沿線商店は社会実験に参加していない状況であった．オープンカフェ設置後は，歩行者に開放された道路空間は，沿線商店も活用できる空間と認識され，沿線商店の社会実験への参加意識が高まったと考えられる．トランジットモールの本格実施にあたっては，沿線商店の理解は必要不可欠であることから，この参加意識の向上は社会実験の効用の1つと考えられる．

④**全国的に注目されていることを地元が実感していること**

社会実験が地元の熱意が冷めず4年にわたり継続されてきた大きな要因は，この取り組みが地元はもとより全国で注目されていることを地元の方々が実感していたためではないかと思う．自らの取り組みがどの程度意義のあるものかは本人ではなかなか分からないが，外部からの評価により認識することは少なくない．当該社会実験の場合，地元紙で報道されるとともに国土交通省道路局が作成した社会実験パンフレットに代表事例として紹介されたり，実験当日には，学識経験者等から構成される「社会実験の推進に関する懇談会（国土交通省道路局が設置）」の座長，委員が視察に訪れたりした．このように，全国で注目されていることを地元の多くの方々が実感することにより，自らの取り組みの意義を認識し，やり甲斐を増加させたことと思う．

6.4.4 おわりに

トランジットモールの本格実施に向けて，平成17年2月に旧実行委員会を改変し「那覇市国際通りトランジットマイル導入委員会」が設立され，10月には平成19年4月の本格導入を目標に検討を進めることが確認された．なお，トランジットモールを実施するのは毎週日曜日の12時から18時までの予定である．

最後に，社会実験の実施に関わった方々に敬意を表するとともに，国際通りがトランジットモールの実施により，沖縄のメインストリートとして更に輝きを増すことを期待する．

参考文献

1) 比嘉司：人に優しいまち，歩いて楽しいまちの実現
　―国際トランジットモール本格導入に向けて―「月刊道路」平成17年7月

6.5 道路文化創造社会実験 「TENJIN PICNIC」

　福岡天神地区では，「憩い」と「魅力」の創出を目的とし，地域主体の交通まちづくりを2004年から本格的に進めている．2004年（平成16年）は11月1日～12月31日までの約2ヶ月間の間，アメニティ再生プロジェクト，グッドライド・グッドパークプロジェクト，フリンジパーキングプロジェクトの3つのプロジェクトをパッケージした社会実験を行っている．実施主体は国，県，市，交通事業者，商工関係者，学識経験者などによる天神社会実験実行委員会である．

図6－7　「TENJIN PICNIC」3つのプロジェクト（口絵参照）
出典）天神ピクニックパンフレット

　アメニティ再生プロジェクトでは，憩いと賑わいに満ちた空間の創造を目的に，道路の歩行者専用化とオープンカフェ等を11月13日（土）と14日（日）の正午～20：00までの期間実施し，期間中はアートギャラリーやストリートパフォーマンスなど様々なイベントを実施している．

　グッドライド・グッドパークプロジェクトでは，きらめき通り駐輪場（1,071台），ソラリアターミナル駐輪場（480台）等において2ヶ月間の間，2～3時間の駐輪料金を優遇するとともに，天神地区の一部歩行者専用化にあわせ，自転車を押して歩いてもらう「おしチャリロード」の啓発，放置駐輪の撤去などの活動を行っている．

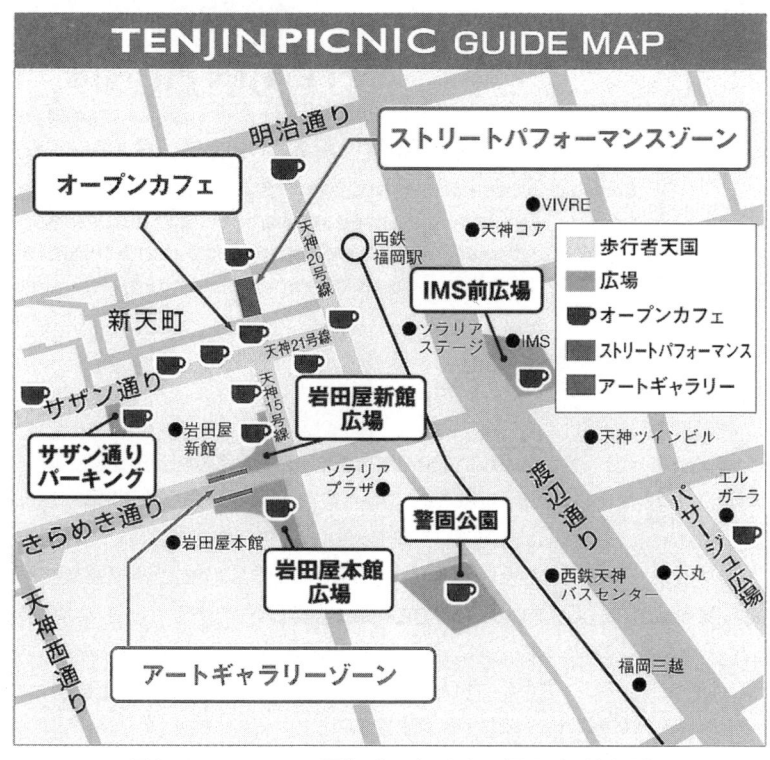

図6-8　アメニティ再生プロジェクトの概要（口絵参照）
出典）天神ピクニックパンフレット

写真6-8　サザン通りのオープンカフェ実施の様子（口絵参照）

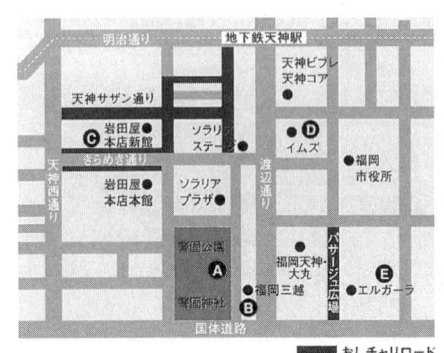

図6-9　おしチャリロードの指定区間　　　写真6-9　案内標識

　フリンジパーキングプロジェクトでは，11月1日（月）〜21日（日）までの約3週間，天神地区周辺に3箇所のフリンジパーキングを設定し，駐車場からシャトルバス（無料）の運行を行った．特定の商業施設で5,000円以上買い物した場合にはフリンジパーキングは5時間無料となる．

　実験の結果，周辺道路での歩行者交通量が増加しており，メインのサザン通りでは150％の増加となった．フリンジパーキング利用の滞在時間や利用店舗数は増加し，来客者や売り上げは5割以上の店舗で増加したと回答する結果が得られている．オープンカフェに対する満足度は高く（8割以上が満足），利用者の9割はまた利用したいと回答している．地区内への自動車流入交通量は1割減少し，周辺の道路状況は特に変化がないという結果が得られている．

　実験終了後，まちづくり連続フォーラムを3回開催し，戦略的なエリアマネジメント（＝地域主体による「まち」の企画・運営・管理）による天神モデル構築に向けた活発な議論が続けられている．

第6章　交通まちづくりの主役達

図6-10　フリンジパーキングの位置

写真6-10　フリンジパーキング

写真6-11　シャトルバス運行の様子

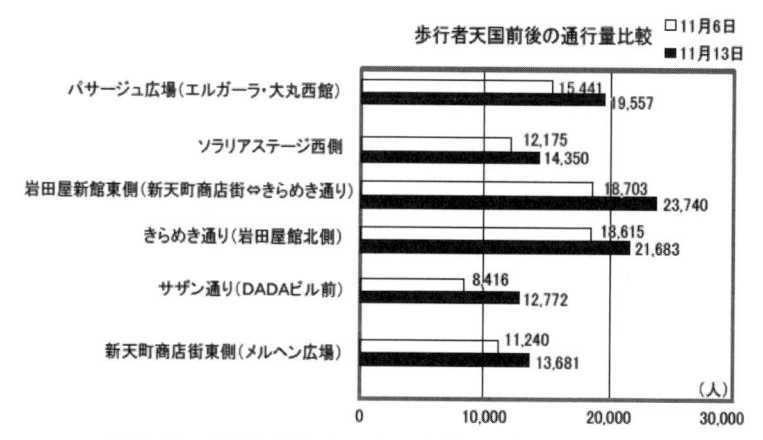

図6-11　「TENJIN PICNIC」の実験結果（歩行者の増加）

出典）天神社会実験実行委員会資料

天神社会実験実行委員長の声

出口 敦 氏
（九州大学大学院教授）

　天神地区は，九州・西日本を代表する商業地区ですが，近年，放置自転車の増加，交通渋滞，マナー悪化等の問題が顕在化してきました．集客力の点では，郊外との競争もあります．天神ピクニックは，そうした問題意識の下，地元の商業事業者，交通事業者，ボランティア団体，行政，大学の専門家などが協力，連携して複数の施策を組み合わせた社会実験です．多分これほど多彩な施策を組み合わせた社会実験は例を見ないでしょう．天神地区での歩行者天国は，これまでも提案はありながら実現できませんでした．実験という形で実現し，その効果や課題を検証できた意義は大きいと自負しています．

　事務局には，頻繁な企画運営会議の他に，福岡県警，タクシーや運送業の組合，協会などの関係組織との調整に奔走していただき，実施直前まで交渉は続きました．その原動力として，ビジョンや理念，更にいえば，都市に対する哲学が必要です．2年前に産官学組織の天神モビリティタウン協議会で検討したビジョンが役立ちました．拠り所となるビジョンや理念なしには実現しなかったでしょう．今回学んだことを全国の都心部の交通マネジメントにも役立てていただければと思います．

参考文献

1）天神社会実験実行委員会（2005），「憩いと魅力」の道路文化創造社会実験報告書，平成17年2月
2）出口敦，有馬隆文，趙世晨，吉田宏幸，名古屋泰之，高崎繁行（2005年7月），福岡市天神地区における社会実験とフリンジ駐車場システムの評価，都市・建築学研究院九州大学大学院人間環境学研究院紀要第8号，pp. 1-8
3）三浦香織，高木研作，出口敦，有馬隆文，趙世晨（2005年9月），天神地区の社会実験を通してみた道路空間の魅力形成に関する研究，建築学会学術講演梗概集オーガナイズドセッション（選抜梗概），F-1都市計画，日本建築学会，pp. 109-112

6.6 学生の豊かな発想で日本橋再生へ

～日本橋学生工房による街づくり～

　富士山，江戸城，日本橋 － 江戸の浮世絵に欠かせない三大要素の一つである日本橋は，江戸の中心として，また五街道の起点として，古くから人々が集い，活気に満ち，文化が花開いた街である．今なお残る多くの老舗と歴史的建造物からなる街並みは，他の地域では味わえない重厚な歴史と伝統の重みを感じさせられる．しかしながら昨今の東京都中央区日本橋は，かつての輝きを失ってしまっている．

　水の都といわれた江戸時代の水辺の美しさは影を潜め，日本橋川の水質は悪化し，川沿いの建物は川に背を向けて建てられている．周辺地域ではオフィスに空き店舗も目立ち，小売販売額でも周辺地域と差をつけられている．中でも日本橋川の上空を覆うように走る首都高速道路については，地元から移設を目指す運動が以前より行われている．

　日本橋学生工房は平成14年6月，日本橋都市再生検討委員会の委員長として地域の活性化に取り組む森地茂東京大学教授（当時）の呼びかけで発足した．日本橋には，地域への愛着とプライドを持った人達が多く住んでおり，現在各地で行われているような"スクラップ・アンド・ビルド"型の再開発では，地元の人達の理解を得るのは難しく地域に残る日本橋の良さが活かせないのではないか．この様な思いから，この日本橋学生工房は，従来の枠にとらわれることなく，複数の大学の土木や交通工学を専門とする学生が集まり，地域住民との交流を行う中で，日本橋に相応しい街並み，地域づくりを提案するという取り組みとして始まった．学生は日本橋のビルの一室に事務所を構え，机上の議論だけではなく，地元に飛び込んで，地域の人と一緒のイベントに参加し，意見交換を行いながら，この日本橋に相応しい街づくりについて模索を行っている．

　これまで第1期から第3期までの延べ35人の学生達が，自由な視点で日本橋周辺地区の街づくりについて考え，調査やボランティア活動，イベントなどを通じて地域の方々との交流・連携を行い，様々な提案を行ってきた．まず第1期の学生からは，地域の現状を把握するための模型作りからはじまり，最終的な提言としては「軒プロジェクト」として，通りに伝統的な建物の景観を連続

して演出することで，地域としての一体感，統一感を形成していくという街づくりの方法が提案された．

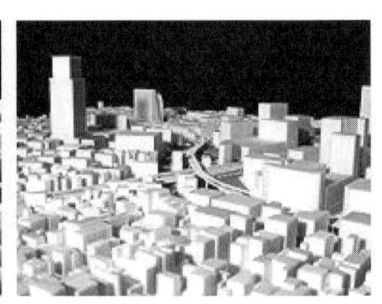

写真6-12　第1期学生が作成した地域の模型

　第2期の学生からは，日本橋川からみた街並み，地域づくりについて，世界各国の事例などをもとに，川を中心とした街づくりの提案が行われ，第3期の学生からは，仲通における電線地中化を機に，路面の石畳デザインの提案が行われた．特に3期目の学生の提案は，その後石畳舗装の施工にむけ，補助金を受ける主体として地元で「室町本町地域振興会」が結成されるなど，学生工房の活動が起爆剤となり，実際のまちづくりの実行段階にまで提案が活かされるようになった．現在は第4期目として，東京工業大学，武蔵工業大学など6つの大学から，土木・建築などを学ぶ10名の学生がそれぞれの専門性を融合させながら検討を行っている．

　最近，日本橋界隈では，三越新館，三井新館のオープン，中央通りの地下では道路の幅員を広げることで，人々がゆったりと歩き，ウィンドウショッピングが出来るような空間が整備されるなど，徐々に活気を取り戻しつつある．学生達の自由な発想と積極的な行動が，こうした地域の動きと相まって，より個性的で豊かな地域づくりへと結びついていくことを，地元の方々も含め多くの方々が，関心を持って見守っている．

写真6-13　日本橋橋洗いにおける地域との交流

著者略歴（五十音順）

赤羽 弘和　（あかはね・ひろかず）
千葉工業大学　教授
1986年，東京大学大学院工学系研究科博士課程修了．95年から現職．主な著書に「道路交通技術必携」（共著，建設物価調査会，2004年），「やさしい交通シミュレーション」（共著，交通工学研究会，2000年），「ITSインテリジェント交通システム」（共著，丸善，1997年）などがある．専門は交通工学．

石塚 雅明　（いしづか・まさあき）
株式会社　石塚計画デザイン事務所　代表取締役
1977年，北海道大学大学院工学研究科建築工学専攻修士課程終了．82年に柳田石塚建築計画事務所設立．02年に社名変更現在に至る．公益信託世田谷まちづくりファンド運営委員長などを勤める．主な著書に『参加の「場」をデザインする～まちづくりの合意形成・壁への挑戦～』（学芸出版社・2004年）．

今西 芳一　（いまにし・よしかず）
株式会社　公共計画研究所　代表取締役所長
1975年，東京大学大学院工学系研究科土木工学専門課程修了．88～89米国バンダービルト大学土木環境学科客員研究員．90年から現職．主な著書に「現代の新都市物流」（共著，森北出版，2005年），「成功するパークアンドライド失敗するパークアンドライド」（共著，交通工学研究会，2002年），「渋滞緩和の知恵袋」（共著，交通工学研究会，1999年）などがある．

城戸 寛　（きど・ひろし）
札幌市都市局開発事業部管理課　調整担当課長
1980年，立命館大学理工学部土木工学科卒業．同年札幌市建設局入庁．土木部道路課，株式会社札幌ドーム派遣，都心まちづくり推進室都心交通担当課長などを経て，2006年4月より現職．技術士（建設，総合技術監理部門）

沓掛 敏夫　（くつかけ・としお）
国土交通省道路局企画課道路経済調査室　課長補佐
1991年，京都大学工学部土木工学科卒業．同年建設省（当時）入省．道路局高速国道課，米国ミシガン大学大学院都市計画修士課程，関東地方整備局道路部道路計画第一課長などを経て，2004年から現職．

髙橋 勝美　（たかはし・かつみ）
財団法人　計量計画研究所都市・交通研究室　室長
1993年，東京大学大学院工学系研究科都市工学専攻修士課程修了．1993年，同研究所入所．2005年より現職．著書に「渋滞緩和の知恵袋」（共著，交通工学研究会，1999年），「成功するパークアンドライド失敗するパークアンドライド」（共著，交通工学研究会，2002年），「道路交通需要予測の理論と適用第1編利用者均衡配分の適用に向けて」（共著，土木学会，2003年）などがある．

中川 大　（なかがわ・だい）
京都大学大学院工学研究科都市社会工学専攻　助教授
1981年，京都大学大学院工学研究科修士課程修了．同年建設省入省．国土庁，東京工業大学助手，京都大学工学部助教授などを経て2003年から現職．主な著書に，「Transport Policy and Funding (Elsevier・2006)」，「整備新幹線評価論（ピーテック出版部，2000年）」，「Funding Transport Systems (Pergamon・1998)」など．

中村 文彦 (なかむら・ふみひこ)
横浜国立大学大学院工学研究院　教授
1987年，東京大学工学部都市工学専攻修了．東京大学工学部助手，アジア工科大学院助教授（海外派遣），横浜国立大学工学部助教授，横浜国立大学大学院環境情報研究院教授等を経て，2006年より現職．主な著書に，「都市交通計画（第2版）」（共著，技報堂出版，2003年），「成功するパークアンドライド失敗するパークアンドライド」（共著，交通工学研究会，2002年），「渋滞緩和の知恵袋」（共著，交通工学研究会，1999年），「バスはよみがえる」（共著，日本評論社，2000年）．

羽藤 英二 (はとう・えいじ)
東京大学大学院工学系研究科　助教授
1992年，広島大学大学院修了．日産自動車株式会社，愛媛大学助手，MIT客員研究員，Leeds大学客員研究員，UCサンタバーバラ校客員教授を経て，2006年より現職．世界交通学会 Bursary Prize，土木学会論文奨励賞，交通工学論文賞などを受賞．主な著書に「成功するパークアンドライド失敗するパークアンドライド」（共著，交通工学研究会，2002年），「渋滞緩和の知恵袋」（共著，交通工学研究会，1999年）などがある．

原田 昇 (はらた・のぼる)
東京大学大学院工学系研究科　教授
1983年，東京大学大学院工学系研究科都市工学専攻修了．工学博士取得．工学系研究科助教授，新領域創成科学研究科教授を経て，2005年より現職．著書に「都市交通計画」（共著，技報堂，2003年），「成功するパークアンドライド失敗するパークアンドライド」（共著，交通工学研究会，2002年），「渋滞緩和の知恵袋」（共著，交通工学研究会，1999年）などがある．

平石 浩之 (ひらいし・ひろゆき)
株式会社　日本能率協会総合研究所　主任研究員
1994年，東京都立大学土木工学科卒業．株式会社日本能率協会総合研究所研究員，横浜国立大学大学院環境情報研究院助手を経て，2003年より現職．著書に「成功するパークアンドライド失敗するパークアンドライド」（共著，交通工学研究会，2002年），「渋滞緩和の知恵袋」（共著，交通工学研究会，1999年）．執筆に「手作りカーシェアリングマニュアル」（共著，交通エコロジー・モビリティ財団，2005年）などがある．

牧村 和彦 (まきむら・かずひこ)
財団法人　計量計画研究所交通研究室　室長
1990年，岐阜大学大学院工学研究科建設工学専攻修了．同年財団法人計量計画研究所入所．2003年4月から現職．2004年東京大学工学系研究科非常勤講師，2005年岐阜大学工学部非常勤講師．2005年東京大学工学博士．最近の著書に，「道路交通需要予測の理論と適用，第1編」，（共著，土木学会，2003年），「建築設計資料集成（地域・都市Ⅱ・設計データ編）」，（分担執筆，日本建築学会，2004年），「交通渋滞徹底解剖」（共著，交通工学研究会，2005年）などがある．

松浦 利之 (まつうら・としゆき)
国土交通省都市・地域整備局都市計画課都市交通調査室　課長補佐
1994年，東京工業大学大学院理工学研究科土木工学専攻修了．同年建設省（当時）入省．道路局高速国道課，関東地方整備局相武国道事務所調査第二課長，内閣府沖縄総合事務局開発建設部道路建設課長などを経て，2005年から現職．

吉岡 宏高 （よしおか・ひろたか）
LRTさっぽろ　代表

1987年，福島大学経済学部卒業．2005年，札幌学院大学大学院地域社会マネジメント研究科修了．大学卒業後に株式会社たくぎん総合研究所主任研究員などを経て「まちづくりコーディネーター」として独立し，現在は札幌国際大学観光学部助教授．1996年に市民政策研究グループ「LRTさっぽろ」を結成し，札幌市の都市と交通について市民主体の政策提言を展開してきた．

交通まちづくり
世界の都市と日本の都市に学ぶ

平成18年7月　初版　第1刷
平成18年12月　初版　第2刷

編　　者　交通まちづくり研究会

発　　行　**社団法人　交通工学研究会**
〒101-0054
東京都千代田区神田錦町3-23　錦町MKビル5階
TEL 050-5507-7153　FAX 03-6410-8718
http://www.jste.or.jp/

発　売　所　丸善株式会社　出版事業部
東京都中央区日本橋3-9-2（〒103-8244）
TEL 03(3272)0521　FAX 03(3272)0693

印　　刷　第一資料印刷株式会社
東京都新宿区築地町8-7（〒162-0818）
TEL 03(3267)8211　FAX 03(3267)8222

本書の全部または一部を無断で複写複製（コピー）することは，著作権法上での例外を除き，禁じられています．

ISBN4-905990-59-9　C3051

~ 渋滞緩和の知恵袋 シリーズ ~

成功するパークアンドライド
失敗するパークアンドライド

◆◇◆　マーケティングの視点から考える　◆◇◆

(社)交通工学研究会 TDM研究会 編著　丸善(株)発売
平成 14 年 1 月発行　A5・160 頁　本体価格 2,000 円　会員価格 1,400 円税別　ISBN 4-905990-40-8

「パークアンドライドに取組む時, まず手にとって欲しい一冊」

　本書は, 交通需要管理方策(TDM)をわかりやすく紹介した既刊"渋滞緩和の知恵袋"シリーズとして, 渋滞緩和のため「パークアンドライド」を導入できないかとお悩みの諸兄のために「成功する秘訣」を整理したものです.

　行政主導で行われてきたパークアンドライド策の中で, 実験や実施段階で期待したような成果や運用が達成されない例には, 従来の交通施設整備と同様, 不特定多数を対象に「整備すれば利用する」という単純な発想がみられます. 実際に設計するパークアンドライドでは, 車利用者の中から「利用者を発掘するために設計する」という発想,「新しい商品を売り込むマーケティング」の発想が必要となります.

　そこで本書は社会実験や本格実施におけるパークアンドライドの設計にマーケティングの発想を取り入れ, 市場調査, 商品計画, プロモーション計画, 販売計画というマーケティングのプロセスと連動させながら, やさしく"成功するパークアンドライド"の秘訣を解説するように努めました. また前段として, パークアンドライドとは何か, マーケティングの発想が何故必要か, という基本的な事項を整理し, パークアンドライドの相性診断として, 導入条件が整っているのかのチェックリストも考案しています.

　本書の内容は, パークアンドライドの実施者と利用者の双方にとってメリットのあるパークアンドライドを設計し, 実施するのに役立つと考えます. 最後に, 本書の出版にご協力いただいた諸兄に深く感謝するとともに, 本書が「成功するパークアンドライド」を増やす一助となることを期待します.

((社)交通工学研究会・TDM 研究会　代表　原田　昇)

目　次

<挿絵>　各種パークアンドライド	第4章　パークアンドライド成功と失敗の分岐点
序　この本を読むにあたって	1.ステップ1　市場調査
第1章　パークアンドライドとは	2.ステップ2　商品計画
1.パークアンドライドの定義	3.ステップ3　プロモーション
2.パークアンドライドの意義	4.ステップ4　TDM の販売(販売促進)
第2章　どうすれば, うまくいくのか？	付　録 パークアンドライド関連知識
マーケティングの意義と考察	1.パークアンドライドの基礎知識
1.マーケティングの視点で考える意義	2.ベストプラクティス
2.マーケティングの視点での考察	3.TDM 用語集
第3章　パークアンドライド相性診断	
1.パークアンドライド7つの後悔から学ぶ	
2.導入条件チェックリスト	

「交通渋滞」徹底解剖

渋滞 その摩訶不思議な現象の本質に迫る！

大口 敬 編著　社団法人交通工学研究会 発行　丸善株式会社 発売
平成 17 年 8 月発行 A5・160 頁　本体価格 2,000 円　会員価格 1,800 円　税別　ISBN 4−905990−54−8

　本書は道路の「交通渋滞」現象をできる限り多角的な視点から徹底的に解剖し，また現状の技術的・政策的取組みの実態を紹介し，将来展望を提示します．渋滞とは何か，「交通渋滞」について「不思議だな」，「なぜだろう」と関心興味のある方であればどなたでも読めるように，分かりやすく読み解いていきます．

　交通分野のみならず，数学・物理学・社会科学・都市科学・政策科学・社会心理学・人間科学・行動科学などさまざまな視点から渋滞に切り込みます．「渋滞の切り札は自動運転？カーナビ？ETC？」，「当たる『渋滞予報』で儲ける方法？」，「ローマ皇帝カエサルが渋滞対策に奔走？」，「路上駐車取締りで地球温暖化対策？」，「次々と青に変わる魔法のような交通信号制御術」，「道路を『予約』するとは？」，「渋滞情報が新たな渋滞を起こす？」，「もしもクルマを使うことが『犯罪』だったら？」，など話題満載です！

　本書の中には数式や図も少し出てきますが，高校で習う程度の基本的な知識があればだれでも十分に理解できるよう配慮されています．交通工学・交通技術の必読入門書といえるでしょう．是非お買い求め下さい．

目 次

Ⅰ　交通渋滞の科学
　1章　交通渋滞とはなんだろうか
　2章　なぜ交通渋滞が発生するのか
　3章　どうして交通渋滞状況が分かるのか
Ⅱ　交通渋滞の対策技術
　4章　交通信号タイミングの決め方
　5章　VICS：情報提供と交通渋滞
　6章　ETC で渋滞をなくすことができるか？

Ⅲ　交通渋滞の政策科学
　7章　路上駐車と交通渋滞
　8章　有料道路制度と道路の予約制
　9章　利用者参加型の交通渋滞対策
　10 章　社会的ジレンマと交通渋滞

エピローグ：渋滞―その歴史と科学性
付録：交通渋滞に関連する研究とビジネスの最前線